KB065893

비 × 혼 × 수 × 업

비혼수업

지은이 강한별·김아람·이예닮·지나리·하현지
펴낸이 임상진
펴낸곳 (주)넥서스

초판 1쇄 발행 2020년 10월 10일
초판 3쇄 발행 2020년 12월 10일

출판신고 1992년 4월 3일 제311-2002-2호
10880 경기도 파주시 지목로 5 (신촌동)
Tel (02)330-5500 Fax (02)330-5555

ISBN 979-11-90927-72-7 03300

이 도서의 국립중앙도서관 출판예정도서목록(CIP)은 서지정보유통지원시스템
홈페이지(http://seoji.nl.go.kr)와 국가자료공동목록시스템(http://www.nl.go.kr/
kolisnet)에서 이용하실 수 있습니다. (CIP제어번호 : CIP2020039813)

www.nexusbook.com

즐 거 운
1인 가구
지 침 서

비×혼×수×업

강한별 | 김아람 | 이예닮 | 지나리 | 하현지

넥서스BOOKS

◆ ◆ ◆

　인간에 의한 재해와 위기가 기본인 시대에도 핵가족이 정상가족일 수 있을까? 자본주의 재생산 단위로서 결혼이 '노멀'일 수 있을까? 비혼은 기성세대가 받아들이기도 전에 빠르게 '뉴노멀'이 되고 있다. 아직 어려서, 제대로 된 사람을 못 만나서 그런 거라고 치부하기에는 막을 수 없는 흐름이다. 인류세 부담이 더 커지는 근미래에는 '남들처럼 평범한 행복'의 조건에 결혼이 아예 빠질 수도 있다. 이렇게 세대별 중심에서 개별 시민 중심으로 사회가 재편되려면 구성원의 마인드 리셋이 먼저다. 『비혼수업』은 당장 준비가 필요한 2030세대 당사자뿐만 아니라 저출산 고령화 관련 정책을 만들고 집행하는 이들에게도 좋은 안내서가 되어줄 것이다. 낯선 존재, 새로운 소비자를 이해하기 위해 '90년대생'을 공부했다면 이제 '비혼'을 공부할 차례다.

김진아, 울프소셜클럽 대표, 「나는 내 파이를 구할 뿐 인류를 구하러 온 게 아니라고」 저자

◆ ◆ ◆

처음 추천사 제의를 받았을 때도 그렇지만, 이 책을 끝까지 읽고 난 지금은 더더욱 추천사를 쓸 수나 있을까 하는 걱정 아닌 걱정이 든다. 어떻게 이 책이 담고 있는 다양한 정보와 재미, 공감을 넘어서는 무수한 감정들을 짧은 몇 문장 안에 다 담을 수 있을까. 탄탄한 근거자료와 통계를 바탕으로 비혼에 대한 개념을 다루는 것부터 출발해, 비혼으로 잘 살아가기 위해 반드시 필요한 것들을 다루고 있을 뿐만 아니라, '느슨한 연대'라는 말의 깊이를 그 어떤 미사여구가 들어간 문장보다도 본연의 색으로 잘 표현했다는 생각이 든다. 현대 사회에서 생각보다 꽤 많은 사람들이 '비혼'이라고 하면 엄청난 의미와 운동성을 갖고 있어야 한다고, 내가 앞으로 살아가면서 누릴 수 있는 '행복'과 '권리'를 어느 정도 포기해야 한다고 말하곤 한다. 이 책에서는 비혼에 대한 보다 다양한 관점을 제시한다. 나라는 사람이 잘 살아가기 위한, 나를 잘 돌보기 위한 의미에서의 비혼에 대해 폭넓게 이야기하는 점이 인상 깊었다.

모두에게 완벽한 해답을 제시한다기보다는, 비혼을 결심한 이들이라면 누구나 최소한 한 번쯤은 반드시 거치게 되는 고민들을 유익하고 유쾌하게 풀어나간다. 누군가 왜 비혼을 결심하게 되었냐고 묻는다면, 그리고 앞으로 혼자서 어떻게 살아갈 작정이냐고 질문을 던진다면 아무 말 없이 『비혼수업』을 추천해주고 싶다. 우리에겐 느슨한 연대가 필요하다. 이 책은 우리에게 느슨한 연결고리가 되어주기에 감히 충분하다고 말하고 싶다.

김혜원, 유튜브 〈에바EVA〉 운영, 비영리단체 'WNC' 대표

◆ ◆ ◆

오늘날 한국 사회에서 여성 개인의 원가족 구성원이 그를 더 이상 원가족에 속한 존재가 아닌 독립된 개인으로 받아들이게 할 수 있는 계기를 떠올려보자. 엄마아빠가 성인이 된 딸에게 집안의 재산을 분배할 때가 왔다고 결심할 명분을 찾아본다고도 해보자. 남성과의 결혼 말고 또 있을까?

결혼이 여성과 남성 모두에게 거치지 않고서는 성인으로 인정받지 못하는 사회적 관문이라는 점에 더해서 여성은 원가족에 속했다고 여겨지는 이상 구성원을 위해 감정적이고 경제적인 기여를 하기 위해 아무 때나 동원되는 존재였다. 이때 여성이 기여하는 원가족 구성원에는 자신보다 나이가 어린 남동생과 자신을 보호해야 하는 양육자가 전부 포함된다. 오빠의 학비를 벌기 위해 공장에 가는 여동생의 나라는 여전히 아버지의 밥을 차리는 딸들의 나라다.

결혼에서 이루어지는 재산의 분배 자체도 성별에 따라서 불평등하기는 이루 말할 수 없지만, 결혼 외에는 개인이 가족으로부터 독립할 수 있는 계기도 명분도 없고 사회적으로 인정도 혜택도 받을 수 없는 나라에서 결혼을 걷어찬다는 건 바보짓일지 모른다. 계산에 어두운 바보이든지 철드는 시기가 한없이 유예되는 바보이든지.

그러나 이 책의 주인공들은 아무리 보아도 바보 같지 않다. 내 눈에 이들은 원가족으로부터 벗어나겠다고 결혼해 가정을 유지하는 동안 투여되는 자신의 (아마도 일방적일) 감정적·신체적 노동을 손실로, 그로써 일상을 영위하며 얻는 주관적 만족감을 이득으로 취급할 줄 안다. 개인으로서 사회적 인정을 거머쥐기 위해서 여성에게 착취적으로 유지된 제도의 역사를 끊으려들 줄 안다. 결혼을 개인과 개인의 낭만적 사랑의 결실로 바라보는 관점이 역사의 한때에 발명된 구성물로 바라보고 있다는 점은 덤이다. 그러니 이 시대를 살아가는 여성들에게, 과연 비혼은 선택일까?

이민경, 「우리에겐 언어가 필요하다」 「탈코르셋: 도래한 상상」 저자

◆ ◆ ◆

가끔 10년 뒤, 20년 뒤 어떻게 살고 있을지 그려보곤 한다. 늘 그렇듯 막막해진다. 먼저 살아본 선배 비혼인들이 얼마나 잘살고

있는지 제대로 들어보지 못해서다. 그들이 "제법 살 만해"라고 이야기해줬다면 앞이 조금은 더 선명했을 텐데 말이다. 그러다 비혼여성 공동체 에미프 emif 를 알게 됐다. 에미프라는 우산 아래 모인 비혼여성들은 건강·커리어·재테크 등 서로의 고민을 함께 해결해보고자 지금도 고군분투 중이다. 그들의 존재에 묘한 위로를 받는다. 생각해보니 비혼의 삶이 막막했던 건 이런 고민들을 나 혼자 풀어가야 할 짐처럼 여겼기 때문이었던 것 같다.

에미프 공동대표들이 집필한 이 책은 그래서 더 소중하다. 책은 "비혼은 혼자서만 살아가겠다는 외침이 아니다. 무의식중에 완성형의 상태에 도달하지 못했다고 생각하며 살고 있을 때와, 의식적으로 나의 삶 그 자체는 완성형이며 내가 선택한 대로 이루어진다고 생각하며 살아갈 때의 삶은 결과적으로 너무나 많은 차이가 난다"고 말한다. 그러면서 비혼을 결정한 이들의 일거수일투족을 구체적으로 점검해준다. 비혼으로 살면서 자주 듣게 되는 말에 이 책이 하나하나 반박할 때는 사이다를 마시듯 공감하게 된다.

살아가는 방식에 대해 자기 스스로 결정한 것뿐인데, 세상 사람들은 비혼인들한테 뭐 그렇게 감 놔라, 배 놔라 하는 걸까? 그러다 비혼인의 돈·부동산·건강 관련 파트에서는 뼈를 흠씬 두들겨 맞는다. 유비무환. 마음만 앞세워서는 절대로 사냥에 성공할 수 없다!

그렇게 1인분의 삶을 거침없이, 즐겁게 살 수 있는 방법을 책은 조언한다. 마치 친구가 졸졸 따라다니며 '너 이건 챙겼어?', '이런 건 어때?'라고 알려주는 듯하다. 하다못해 청소하는 방법도 가르치고 집에서 키워볼 만한 반려식물도 추천한다.

수많은 비혼인의 등장은 '가족의 완성이 꼭 결혼일 필요가 없다'는 방증이다. 그렇다면 비혼은 관계의 축소가 아니라 확장이다. 이미 세계 곳곳에서는 지금보다 더 다양한 가족의 형태가 온전히 그 자체로서 인정받고 있다. 변화는 이미 시작됐다. 이 책은 그 변화의 물결 속에서 당신의 든든한 가이드가 되어줄 것이다. 책의 마지막 장을 덮으며 더 많은 비혼인이 다음 세대에게 이렇게 이야기할 날을 고대한다. "우리 제법 살 만해!"라고.

홍상지, 중앙일보 기자, 팟캐스트 〈듣다보면 똑똑해지는 라이프, 듣똑라〉 진행자

🕐 20대 비혼인의 낯설지만 기대되는 일상

드디어 퇴근이다. 온종일 앉아 있느라 뻐근한 몸을 두드리며 회사를 나섰다. 퇴근길 지옥철. 뜨끈하고 답답한 공기가 훅 끼쳐왔다. 그 와중에 산소가 부족한 건지 하품이 나왔다. 입이 찢어져라 하품을 하며 사람들 사이로 겨우 보이는 창 너머 풍경을 멍하니 바라보았다.

취업한 지 이제 6개월이 지났다. 입시 지옥, 학점 지옥에서 드디어 벗어나 종착역 같았던 취업에 도달했으나 끝이 아니었다. 취업은 또 다른 시작이었다. 하지만 나쁜 의미로 다가오진 않았다. 내가 앞으로 더욱 쌓아 나가야 할 나의 목표들을 생각하면 오히려 조금 더 힘내볼 수 있겠다는 생각이 든다. 내 앞에 펼쳐질 수많은 가능성을 위한 경제적 기반을 만들 수 있다. 앞으로도 수없이 겪어 나갈 사회생활의 첫 발자국이다. 이곳에서의 경험을 통하여 더욱 발전하게 될 것이다.

이렇게 생각하게 된 것도 다 비혼을 다짐하고부터다. 홀로 살아가기로 결정하니 내게 주어진 시간이 더욱 소중하게 느껴졌다. 1인 가구의 삶을 오롯이 구성하기 위해선 현재에 안주할 수 없다. 계속해서 만들어 나아가야 한다.

회사는 아직도 적응 중이다. 여전히 익숙하지 못한 업무들로 당황할 때도 있지만, 그럴 때마다 사수는 자기도 예전엔 그랬다며 위로의 말을 건네준다. 이 일을 하고 싶어서 계속 노력하고 달려왔는데 가끔 잊는다. 하고 싶은 일을 하면서 돈을 벌 수 있는 건 쉬운 일이 아니었는데 말이다.

휴대전화를 보다 다시 고개를 들었다. 창 너머 풍경이 끊임없이 바뀌고 있었다. 열차는 늘 같은 구간을 달리지만, 풍경은 항상 같지는 않다. 그날의 날씨, 계절, 요일에 따라 다른 풍경을 보여준다. 문득 나의 삶도 비슷하다는 생각이 들었다. 같은 일, 같은 하루를 보내고 있는 것처럼 보이지만 완전히 똑같은 하루는 없다. 날마다 다른 풍경과 함께 다른 하루를 살아간다.

🕐 30대 비혼인의 이제는 익숙한 일상

시끄러운 알람 소리에 잠에서 깼다. 시계는 7시 40분을 가리키고 있었다. 눈가에 낀 눈곱을 떼며 몸을 일으켰다. 머리맡에 뒀던 양말을 신고 비척비척 걸어가 물 한 잔을 마셨다. 냉장고에서 미리 싸둔 반찬을 꺼내 식탁에 뒀다. 사실은 그제 도시락이었지만 어제 급하게 나가다 깜박했다. 사식에 질려 일주일 전부터 도시락을 싸

보았는데 아직은 습관이 잡히지 않아 이렇게 하지 않으면 자꾸 잊어버린다. 소분해서 얼려뒀던 밥도 담았다. 훌륭한 점심이 될 것이다. 마저 씻고 옷을 입은 후 우산을 챙겨 밖을 나섰다. 밖엔 비가 내리고 있었다. 비가 오는 출근길, 너무 싫지만 별수 있겠는가. 출근하자.

회사에 도착하자마자 커피를 내렸다. 카페인을 충전하며 오늘 업무를 확인했다. 서랍에서 청광 차단 안경을 꺼내 썼다. 일을 시작해볼까. 창 너머 빗소리와 키보드 소리가 사무실을 채우고 있었다.

30대가 되니 일이 익숙해진 만큼 삶이 안정됨을 느낀다. 회사 근속연수는 7년이 넘어가고 있었다. 일이 지겹고 지루하긴 하지만, 이젠 마냥 싫어하기만 할 때는 지난 것 같다. 내 일에 대한 자부심이 생겼다. 이제는 준 전문가 정도는 되지 않았을까.

"○○씨 결혼은 언제 할 거야?"

"네?"

"아니, 우리가 밥 먹다 얘기가 나왔는데~"

또 시작이다. 점심시간에 싸 온 도시락을 천천히 먹고 있는데 웬 날벼락인지. 사내식당에서 밥을 흡입한 건지 벌써 돌아온 직장 상사가 밑도 끝도 없이 말을 걸어왔다. 하지만 익숙하다. 초반엔 저 비혼이에요, 결혼 생각 없어요, 왜 물어보시는데요? 등 진지하게 상대했지만 별로 귀담아듣지 않는지 얼마 지나지 않아 같은 질문을 해온다.

"저 돈 없어요."

이제는 그냥 아무 말로 얼버무린다. 상대가 대화의 주제를 찾기 위해 하는 의미 없이 던진 떡밥에 나는 비혼이고, 왜 비혼을 다짐했고, 왜 결혼을 하지 않는지를 구구절절 설명하기엔 소진되는 에너지가 아깝다. 업무로도 이미 피곤한데 사적이고 관련 없는 대화로 에너지를 소비하고 싶진 않았다. 어떤 상황에선 이기는 대화보단 효율적인 대화가 필요할 때가 있다. 남은 밥을 마저 입에 넣었다.

🕐 40대 비혼인의 노련한 일상

집에 돌아왔다. 바로 화장실로 직행해 샤워하고 머리를 대충 말린 뒤 침대 옆 의자에 앉아 읽다 만 책을 다시 펼쳐들었다. 기분에 따라 술도 곁들인다. 한참 책을 읽다 어느 정도 머리가 마른 것 같으면 책을 덮고 불을 끄고 잠을 청한다. 내일은 주말이다. 직장인이라면 언제나 고대하고 기다리는 주말.

눈이 부셔 잠에서 깼다. 잘 여미지 않은 커튼 사이로 해가 비집고 들어오고 있었다. 미적미적 일어나 커튼을 젖혔다. 갑자기 쏟아지는 밝은 햇살에 반사적으로 눈이 찌푸려졌다. 시야가 확 밝아졌다가 겨우 초점을 찾았다. 다시 침대에 털썩 누웠다. 침대 머리맡 테이블에 둔 휴대전화를 몇 번의 헛짚음 끝에 찾아냈다. 멍한 정신으로 시간을 확인했다.

09:36

일어나 쭉, 기지개를 켰다. 집에 뭐가 있더라. 가볍게 세수를 한 후 냉장고를 확인했다. 버터와 잼을 꺼내 식탁에 놓았다. 토스터를 꺼내고 식빵을 구웠다. 냉장고에 그나마 남아 있던 숨이 죽은 양상추와 방울토마토, 셀러리 등 채소들에 발사믹 소스를 뿌려 간단한 샐러드를 만들었다. 식빵은 샐러드를 만드는 도중에 다 구워졌는지 이미 머리를 내놓고 있었다. 식탁에 앉은 후 아직 따뜻한 토스트에 버터를 발랐다. 토스트의 온기에 버터가 녹아 스며들었다. 대충 때우는 것치곤 괜찮은 식사였다. 그제야 휴대전화에 뜬 알림들을 확인했다. 늦게 보내서 죄송하단 말과 함께 지난 모임 활동사진이 있었다. 사진을 저장하곤 인터넷을 실행해 증권 탭을 클릭했다. 경제 뉴스들을 훑었다.

이를 닦고 청소를 하기로 했다. 평일에 대충 먼지만 줍고 청소기만 돌리는 것과 달리 주말은 대청소 날로 정했다. 청소기를 꺼내 들었다. 보이지 않는 먼지들이 얼마나 많은지. 집 안 구석구석 침대 밑이나, 잘 보이지 않는 구석까지도 꼼꼼하게 청소기를 돌렸다. 청소를 마치고 노래를 틀었다. 블루투스 스피커로 재즈 음악이 흘러나왔다. 걸레질도 하고 일주일 동안 쌓였던 세탁물들을 넣고 세탁기를 돌렸다. 빨래를 널고 이불을 털고 물건을 제자리에 배치했더니 금세 1시가 되었다. 자가에서 보내는 소소한 주말의 절반이 지나고 있었다.

1시 반에 동네에 사는 비혼 친구와 산책 후 장을 보러 가기로 했다. 근처 공원에서 만나 가볍게 거닐며 주식 이야기를 나눴다. 상황이 안 좋아 보여서 손절했던 종목이 더 하락세라 다행이라는 이야기, 이번 이슈로 이 종목이 흥하지 않을까 하는 이야기, 이번에 장기

투자를 한 번 해보려고 하는데 어떤 게 좋을까 하는 이야기 등 쉴 새 없이 떠들었다. 돈의 흐름을 파악하는 이야기는 언제나 즐겁다.

돌아와서 샤워를 하고 노트북을 가지고 소파에 앉아 엑셀로 금전출납부를 정리했다. 재정 상태를 확인하고, 어디서 얼마를 쓰고 얼마를 정리하는지가 보이니 어떻게 자금을 관리할지도 정리된다. 안정적인 노후를 위해 이전부터 준비해온 습관 중 하나다. 앞으로의 삶을 위해서도 지속적으로 내 삶을 대비하고 키워나갈 것이다.

위 이야기를 보면서 당신의 머릿속엔 어떤 그림이 스치는가. 비혼인의 하루에 대한 생각. 혹시 당신이 상상하던 삶과 많이 다르게 특별한 부분이 있었을까? 아니면 '뭐야, 생각보다 별거 없네!' 싶었는가? 많은 사람들이 비혼을 무언가 이질적인 삶의 형태라고 여기는 시선에 비해 비혼의 삶은 딱히 특별하지 않다. 엄청난 의지를 불태워 모든 결혼주의자들을 타파해버리자는 선언이나 운동이 아니다. 비혼은 우리가 상상하는 여유롭고, 편안하고, 즐겁고, 생산적인 삶. '나'를 가장 중심에 두고 살 수 있는 평범한 삶이다.

앞에서 본 자연스러운 일상 속 인물들처럼 그저 비혼의 삶을 살아가는 다섯 명의 여성이 모여 이 책을 함께 썼다. '비혼'을 주제로 책을 쓰면서 여러 생각이 들었다. 우리가 살아가는 삶의 모습, 우리 이야기를 우리 목소리로 쓸 수 있어 매우 기뻤다. 그러나 한편으로는 이런 생각이 들었다. 이 당연한 삶의 한 형태가 책까지 나올 법한 특별한 일인 건가?

사실 알고 있다. 아직 우리 사회는 비혼의 삶이 당연한 선택지가 아니다. 비혼이라는 단어가 활발하게 쓰인 지도 얼마 되지 않았다. 이제는 색안경을 벗고 다양한 삶의 형태를 있는 그대로 받아들일 수 있는 열린 사회가 됐으면 좋겠다. 우리에게 비혼은 당연한 삶의 모습이다. 그 당연한 삶의 모습을 보며 비혼인들에게는 서로의 존재를 확인하는 연대가, 비혼을 고민하는 이들에겐 용기가 되기를 바라며 책을 시작한다.

비혼의 삶을 잘 살아갈 수 있을지, 궁금할 당신을 위해 20개의 문항으로 이루어진 간단한 비혼 테스트를 준비해보았다. 아래의 문항에 따라 본인에게 해당하는 사항을 체크해보자.

비혼 테스트

☐ 좋아하는 것들로만 가득 채우기에도 인생은 너무 짧다.
☐ 건강을 위해 체력 관리를 하고 있다.
☐ 혼자 사는 데 필요한 요소들을 생각해본 적이 있다.
☐ 안정적인 삶을 위한 적금 및 재테크를 하고 있다.
☐ 여가에 능력개발 및 새로운 능력을 키우기 위해 노력한다.
☐ 노년의 나를 생각하며 설렘을 느낀다.
☐ 생산적인 활동의 중요성을 알고 있다.
☐ 내 분야에서 인정받고 싶다.
☐ 나이가 들어도 계속 일하고 싶다.
☐ 무궁무진한 나의 가능성을 반드시 실현하고 싶다.
☐ ○○엄마, ○○아빠, 며느리 등의 호칭보다는 내 이름 석 자로 불리고 싶다.
☐ 내가 원할 때 시간과 장소에 구애받지 않고 어디든 떠날 수 있어야 한다.
☐ 온전한 내 삶의 주인이 되고 싶다.
☐ 세상이 정해놓은 틀은 나를 가두기에 너무 좁다.
☐ 결혼은 선택이라는 말에 동의한다.
☐ 미혼과 비혼의 차이를 설명할 수 있다.
☐ 비혼은 다양한 삶의 형태에 있어 하나의 자연스러운 선택지라고 생각한다.
☐ 주변에 비혼에 대해 함께 이야기할 친구가 있다.
☐ 결혼하지 않고 살아갈 미래의 모습을 그려본 적이 있다.
☐ 누군가의 방식에 맞추는 것보다 나 자신의 꿈을 이루는 것이 중요하다.

체크 개수
- **6개 이상**: 비혼 라이프 초심자, 당신의 무한한 가능성을 믿고 조금 더 나아가 보아요!
- **12개 이상**: 충분한 준비가 된 중급자, 이제 차근차근 구체적인 계획들을 세워볼까요?
- **18개 이상**: 상급자의 경지에 도달한 야망 넘치는 당신! 당신에게는 비혼이 최고의 선택지!

contents

PART 1. Expression

PART 2. Myself

PART 3. Important

PART 4. Fun

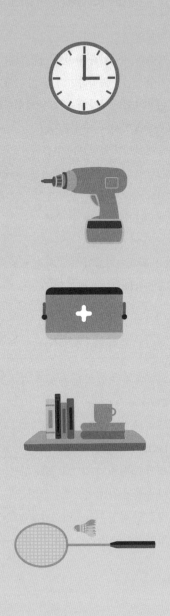

Expression

1

비비비자로
시작하는 말 : 비혼

세상은 빠르게 변한다. 사회는 따라가기도 벅찰 정도로 바쁘게 움직이고, 그 사회를 이루는 구성원들은 언제나 보이지 않는 레일 위를 달린다. 우리는 익히 들었다. 좋은 중학교를 가야 좋은 고등학교를 가고, 좋은 고등학교를 가야 좋은 대학교를 갈 수 있으며, 좋은 대학교를 가야 좋은 직장을 얻을 수 있다고. 그래서 죽어라 노력해 겨우겨우 바늘구멍 같은 취업문을 들어섰더니, 아니 글쎄 이번엔 결혼을 하라는 것이 아닌가! SNS나 인터넷 기사 속에는 당장 지구가 멸망한대도 사랑 노래를 부를 것 같은 사람들의 이야기가 흘러넘친다. 대체 사랑이 뭐라고, 결혼이 뭐라고.

결혼은 일종의 퀘스트다. 인생이라는 RPG 게임에서 일정 시점이 되면 반드시 노출되는 메인 퀘스트. 게임을 시작하면 우리는 이

미션을 무조건 한 번은 마주친다. 나라면 어떻게 할까. 더 이상 소개팅을 나가는 일도 이상한 사람과 선을 보는 일도 싫다. 더군다나 이 퀘스트는 수락을 하고 안 하고에 따라 게임의 엔딩이 송두리째 바뀐다. 어떻게 해야 할까. 한참을 고민했다.

"결혼 생각은 없으신가요?"

퀘스트를 알리는 팝업창이 눈앞에 보였다. 꼭 결혼을 해야 할까. 머리가 복잡했다. 마치 퇴근길 강남역 만원 지하철처럼. 안 그래도 고민으로 가득 찬 내 속을 꾸역꾸역 밀고 들어오는 기분이었다. 정신이 아득해졌다. 이럴 바에 차라리 결혼하지 말자. 두 눈을 꼭 감고 그냥 팝업창을 닫아버렸다. 퀘스트를 거절하면 하늘이라도 무너지는 줄 알았다. 두눈박이 마을 속 외눈박이가 이런 느낌이었을까. 잘못한 것도 없는데 괜스레 신경이 쓰이고 눈치가 보였다. 하지만 그것도 잠시. 강남역에서 출발한 지하철이 잠실역을 지나면 한산해지듯 나의 마음도 차분해졌고 다시 평화를 되찾았다. 그래서 비혼을 결심하고 수년이 지난 지금까지도 나는 별일 없이 잘 지낸다. 나뿐만이 아니라, 이 책에 등장하는 다섯 명의 비혼인 모두 잘 지내고 있다.

"엄마, 난 혼자 살 거야."

내가 최초로 비혼을 결심한 사실을 알렸던 상대는 어머니였다. 엄밀히 말하자면 어머니 덕분에 비혼을 결심한 셈이다. 어머니는 다정하지만 독단적인 아버지와, 그런 아버지의 가족들 사이에서 오랫동안 힘들어 했다. 그의 말버릇은 "너희는 커서 결혼하지 마라"

였다. 그래서일까. 어머니에게 '평생 결혼하지 않고 혼자 살겠다'는 결심을 전해도 별로 놀라지 않았다. 그저 혼자 살든 좋은 사람 만나서 결혼을 하든 딸이 하고 싶은 대로 하길 바랄 뿐.

'평생 혼자 살겠다'는 생각에 대한 주변인들의 반응이 모두 어머니 같지는 않았다. '결혼을 했을 때 얻을 수 있는 기쁨을 평생 모르고 살 수는 없어', '나중 되면 마음에 드는 사람이 생길 수도 있는데 왜 지금부터 비혼이라고 딱 잘라서 단정 지어?', '그런 애들이 꼭 제일 먼저 결혼하더라' 등 부정적인 반응이 다수였다. 왜일까? 문득 궁금해졌다. 비혼이 마른하늘에서 뚝 떨어진 개념도 아닌데. 그저 '결혼하지 않고도 혼자 재밌게 사는 삶'을 말하는 단어가 '싱글 라이프' '혼삶' '독신주의자'에서 '비혼'으로 달라진 것뿐인데. 최근에서야 〈나 혼자 산다〉 같은 방송 프로그램이 인기를 끌면서 1인 가구가 조명되는 분위기가 형성되는 추세이지만 여전히 사람들의 인식은 '그래도 결혼은 해야 한다'에 무게가 실려 있다.

기혼인 듯 미혼 아닌 비혼 같은 나

모든 행동에는 이유가 있다. 건강한 신체를 만들기 위해 운동을 하고, 마음의 힘을 기르기 위해 독서를 한다. 결혼은 어떤가. 우리는 무엇을 위해 결혼을 할까. 우선 전통적으로 결혼은 당연한 관례였다. 동서고금을 막론하고 결혼은 가문을 유지하거나 세력을 확장하는 가장 강력한 수단이었다. 미국 드라마 〈왕좌의 게임〉만 봐도 등장인물들은 결혼으로 엄청나게 엮인다. 과거에는 '결혼을 한다' 외의 선택지는 존재하지 않았다. '결혼'은 유구한 역사로 이어져 인류에게 당연한 하나의 코스가 되었다. 이러한 인식은 우리의 언어에서도 찾아볼 수 있다. 결혼의 상태를 지칭하는 단어는 'YES or NO'의 선택지가 아니라 'YES or unYES'의 선택지로 제공된다.

국립국어원은 결혼을 다음과 같이 정의한다. '남녀가 정식으로 부부관계를 맺음.' 다시 말하면 결혼은 사회에서 합의된 여성과 남성의 관계성을 의미한다. 우리는 사회가 인정하는 관계, 이 관계성에 주목해보았다. 문명이 발전한 이래로, 가정에서 남성이 가장이 되어야 했던 대부분의 사회에서는 남성의 사회적 지위가 여성보다 높았다. 이는 가장의 '체면'을 위해 실제로 자신보다 상대적으로 사회적 지위가 낮은 여성을 배우자로 선택하는 사회적 분위기와 맞닿아 있다. 또 남성은 가장이 되기 위해 필요 이상의 경제력과 힘을 갖추어야 했으며, 여성은 자신의 재능과 상관없는 육아와 가사에 집중해야만 했다. 같은 혈통과 지위를 가지고 태어난 자식이어도 남성에게는 더 나은 사회적 진출을 위한 도전의 기회가 주어졌다면, 여성에게는 그런 남성을 보조하는 역할만 강요되었다. 자연스럽게 남성의 경제활동과 여성의 가사활동은 고착되었다. 결과적으로 무형의 관계가 완성됐다.

이러한 사고관은 현대까지 이어진다. 사람을 등급으로 나누는 'ABCD이론'은 전통적 가치관이 현대까지 이어지고 있는 대표적인 사례다. 실제로 결혼 정보회사에서는 여성 배우자의 등급을 나눌 때 너무 고학력자이거나 유학 경력 등 높은 스펙을 감점 요소로 활용한다. 'ABCD이론'은 다음과 같이 설명한다. 사람을 등급으로 나눈다면, A급 남성은 B급 여성과 결혼하고자 하고, B급 남성은 C급 여성과 결혼한다. 그렇기 때문에 결국 A급 여성과 D급 남성은 배우자를 구하지 못한다. 결혼시장에서는 이 ABCD이론에 빗대 사회적 지위나 개인의 능력이 뛰어난 여성과, 혹은 그 반대의 남성이 결혼하지 못하는 이유를 설명하는 경우가 많다. 무한경쟁사회에서 '결혼'을 위해 사람을 또다시 등급으로 나누는 관습은 우리의 마음을 조급하게 만들고 불필요한 스트레스를 만들어낸다.

정말 백 보 양보해서 그렇게 힘들게 결혼에 골인했다고 치자. 두 사람은 과연 동화 속 주인공처럼 '오래오래 행복하게' 살 수 있을까? 포털사이트에 '결혼생활'을 검색해보자. 기대했던 가구 리뷰와 꿀팁이 있어야 할 자리에는 부부상담과 소송, 변호사 등 이혼과 관련된 포스트들이 가득했다. 어디에도 해피엔딩의 이야기는 없었다. 행복이 끝나버린 해피-엔딩. 인터넷은 행복을 갈망하는 사람들로 가득했다.

우리 사회는 사람을 '기혼'과 '미혼'으로 분류한다. 이미 결혼한 사람, 아니면 아직 결혼하지 않은 사람. 여기서 '아직 결혼을 하지 않은 사람'을 뜻하는 한자의 원어는 아닐 미(未)를 사용했다. '아직 완전하지 않다'는 의미를 결혼의 앞에 붙여 Not yet의 의미로 결혼의 상태를 규정한 것이다. 즉, 미혼은 오직 결혼을 통해서만 완전해진다. 이러한 인식은 오랜 세월 우리 사회에 스며들었다. 관공서나 기업의 서류부터 인터넷의 사소한 설문지까지. 우리의 상태를 표시할 때 제공되는 선택지는 오직 '미혼'과 '기혼'이었으며, 사회에서 처음 만난 사람들이 유대를 쌓아가기 시작할 때 으레 오가는 화제도 '결혼'이 되었다. 한 사회를 구성하고 있는 구성원이 결혼이라는 관계를 거쳐야만 완전해질 수 있다면, 온전해진 인간들은 응당 행복했어야 한다. 하지만 현대 사회의 정보들은 사실은 그렇지 않다는 신호를 보내고 있다.

님이라는 글자에 점 하나만 찍으면

이번엔 좀 더 공신력 있는 기관의 정보를 찾아보기로 했다. 국

'결혼' 감성 연관어 TOP10 (출처: 다음소프트)

긍정/부정/중립 비율

45%   55%

내 빅데이터 전문 분석기관의 인공지능을 통해 사람들이 '결혼'에 대해 어떤 느낌을 가지고 있는지 알아보았다. 결과값은 포털사이트의 검색값과 크게 다르지 않았다. 결혼과 관련된 감성어로는 '행복하다' '좋다' '충분하다'와 같이 만족도가 느껴지는 언어와 동시에, '이혼' '폭력적인' '울다' '무섭다' '싫다' 등의 직접적인 감정이 드러나는 언어도 있었다. 여기서 긍정적인 연관어와 부정적인 연관어를 비교해보았을 때, '사랑'이라는 단어를 제외하면 긍정적인 단어보다 부정적인 단어가 61% 더 많았다(2020년 3월 기준).

'사랑'이라는 단어를 제외한 이유는 사랑이라는 말이 온전히 긍정적인 감정을 불러일으키지는 않기 때문이다. 결혼과 사랑은 동의어처럼 쓰일 만큼 연결성이 강하다. 사랑은 행복과 불행을 동시에 가져다준다. '이 사람을 너무 사랑해서 결혼하고 싶어요'와 '남편이 저를 사랑하지 않는 것 같아요'의 반응은 사랑에 대한 양극단의 감정을 보여준다. 결국 빅데이터에서도 기대했던 행복한 결혼 생활의 모습은 찾아보기 힘들었다.

수십 년을 생판 남인 채로 살았던 사람을 하루아침에 덜컥 집 안으로 들여 평생을 함께 살아가야만 하는 이 의문스러운 관습. 결혼이라는 제도에 대해 곱씹어볼수록 회의감이 짙어진다. 결혼으로 골머리를 앓다가 책까지 쓰게 된 우리처럼, 적지 않은 사람들이 결혼이라는 퀘스트에 근본적인 의문을 가진다. 이윽고 사람들은 'unYES' 대신 퀘스트 자체를 수락하지 않겠다는 'NO'라는 선택지를 선택하기 시작했다. '아직' 안 한 것도, 결혼시장에 뛰어들었으나 결혼을 '못' 한 것도 아니다. 정말 '안' 하겠다는 것이다.

그렇게 아주 최근에서야 새로 갱신된 선택지, 바로 '비혼'이다. '비혼'은 No의 뜻을 가진 아닐 비(非)자를 사용해 '결혼을 하지 않음'을 의미한다. 누군가와 결혼하지 않고도 나 자신과 함께 평생을 살아가겠다는 믿음. 비혼을 결심한 모든 사람들에게는 이러한 믿음이 마음 한 켠 자리하고 있다. 그렇기에 이 시스템 속으로 아직 편입되지 않은 사람들인 '미혼'과, 시스템의 틀에서 나와 자신의 삶을 선택한 '비혼'에는 엄연한 차이가 존재한다.

마치 '지향하다'와 '지양하다'처럼 한 끗 차이로 의미하는 바가 완전히 다르다. '미혼'과 '비혼'은 언뜻 비슷해보이지만 뜻이 전혀 다르다. '나 아직 미혼이야'라는 말은 아직 결혼을 하지 못했지만 언젠가 결혼하겠다는 어감이다. 그러나 이와 반대로 '나 비혼이야'라는 말은 결혼에 대한 고려 자체를 삶에서 제외했다는 의미가 깃

들어 있다. 말은 씨가 된다. 언어는 힘이 있다. 스스로의 상태를 규정하는 언어는 신중하게 사용할 필요가 있다.

모두가 입을 모아 말한다. '그래도 결혼은 해야지.' 요즘은 백마 탄 왕자도 자기 커리어를 쌓느라 바쁘다. 이 치열한 사회에서 결혼을 해도 힘들고, 안 해도 어차피 힘들 거라면 구태여 힘든 일을 또 엎고 살아가야 할 필요가 있을까? 인생에서 가장 낭만적이고 환상적이라는 이벤트에 대해 물음을 던져볼 필요가 있다. 누구나 생각해보았지만 누구도 입 밖으로 꺼내지는 못 했던. 진짜 '나'를 찾아가는 여정. 만일 당신이 결혼을 망설이고 있거나 혹은 결혼하지 '않기'를 망설이고 있다면, 이어지는 이야기에 귀를 기울여 보았으면 한다.

2

비혼
바로 알기

"나 비혼이야!"

이 말이 당신에게는 어떤 어조와 느낌으로 다가오는가? 2020년, 밀레니엄이 20년이나 지난 지금에도 비혼의 삶을 살아가겠다는 결심은 무슨 비장한 선언처럼 결의에 차서 당찬 표정으로 이야기해야 할 것만 같다. 현대 사회는 다양한 삶의 모습이 공존한다. 우리는 각기 다른 다양성을 존중해야 한다고 배우면서 자랐다. 그런데 유독 결혼과 관련해서는 사회가 '당연하다'고 규정하고 있는 삶의 형태를 한 발짝이라도 벗어나면 온 세상이 호들갑을 떤다. 툭 던지는 말 한마디 '넌 왜 결혼 안 해?', '뭔가 문제가 있어서 결혼 못하는 거잖아.' 수군거리는 행동 한 켠에 묻어 있는 당연함은 악의적이지 않다. 그래서 듣는 이의 생각을 무시하는 일이 타인의 권리를 침해하는 것이라 생각하지 못하는 상황도 종종 일어난다.

한국 사회에서 '결혼'은 너무나 당연한 삶의 관문이다. 어린아이들이 보는 동화책도 "결혼해서 행복하게 살았답니다"로 끝나고, 드라마의 해피엔딩을 말할 때도 '결혼한 화목한 가정'의 모습을 비춰주며 막을 내린다. 매스미디어는 결혼을 우리 삶에서 궁극적으로 이뤄내야 하는 결실인 것처럼 그린다. 커플을 맺어주는 프로그램, 연애를 위한 시그널을 읽어내지 못하면 큰일이 나는 것처럼 말하는 프로그램 등등. 이러한 미디어의 메시지는 '결혼'이라는 궁극적인 종착지에 와드를 찍고 내달린다. 정말, 우리는 결혼하지 않곤 살아갈 수 없나?

결혼을 하면 행복할 수 있다는 데에 동의한다. 하지만 결혼을 한다고 모두가 행복해지지는 않는다. 그런데도 우리 사회는 결혼이 절대 선이라고 이야기한다. 결혼만 하면 세상만사 모든 문제가 해결되는 것처럼 말이다. 2016년 9월, 사회에서 규정한 '올바른 삶'을 선택하지 않겠다고 당당하게 말하는 사람들에게 이름이 생겼다. 그들은 결혼이라는 제도를 거부하고 내가 선택한 삶 그 자체를 받아들이며 살아가겠다고 했다. 그렇게 그들은 처음으로 '비혼'이라는 단어를 말했다. '비혼'이라는 단어는 인터넷을 통해서 가시화되기 시작했다.

2020년 1월 2일 한 일간지 기획기사로 비혼여성공동체 '에미프emif'가 소개됐다. 기사 제목은 "남자 없이 잘살 수 있다 : 늘어나는 비

혼여성공동체"였다. 새벽 5시에 업로드된 기사에 아침 9시를 기준으로 6,000개의 댓글이 달렸다. 그리고 채 24시간이 지나지 않아 댓글 개수는 1만 개에 육박했다. 댓글을 찬찬히 훑으면서 한국 사회가 '결혼을 하지 않는 개인'을 어떻게 바라보고 있는지 알 수 있었다. 댓글의 50% 이상이 다음과 같은 내용이었다. '레즈비언이냐', '남자가 되고 싶은 거면 성전환 수술을 해', '나라에 기여하는 것도 없으면서 세금 탐내지 마라', '출산의 의무를 다하지 않을 거면 군대 가라' 등등. 댓글 다는 사람들은 굉장히 화가 나 있었다. 놀라웠던 건 비혼을 주제로 다루는 기사에 이렇게나 많은 사람이 댓글을 남길 정도로 관심을 가지고 있었다는 점이었다. 대체 비혼, 그게 뭔데 이토록 많은 사람들이 비혼의 삶에 관심을 가질까.

결혼과 출산의 상관관계?

비혼의 삶을 살겠다는 말은 동성애자라는 커밍아웃이 아니다. 성별을 바꾸고 싶다는 선언도 아니다. 또 비혼으로 살아간다고 해서 세금을 내지 않는 특별 계층이 되는 것도 아니다. 비혼인들도 당연히 세금을 내는 국민으로서 안정감 있는 삶을 보장받을 권리가 있다. 기사에 달린 댓글 중에서 가장 눈에 띄게 들어오는 내용은 다름 아닌 출산과 군대의 상관관계였다. 왜 그런지 알 수 없지만 유독 우리나라는 출산을 국방의 의무와 대치시켜 이야기하는 경우가 잦다. 이런 미스 매치는 사람들의 보편적 인식이 결혼과 출산을 인과 관계에 놓인 개념으로 여기는 데서 생겨난다.

1인 가구가 기하급수적으로 늘어난 2015년을 지나면서 보편적인 정상가족 이데올로기에 대한 환상은 많이 사라졌다. 하지만 아직도 많은 사람들이 '정상가족'이라는 말을 들으면 결혼을 한 부부와 아이 두 명을 떠올린다. 거기서 그치면 그나마 다행일 텐데 안타깝게도 그와 동시에 정상성이라는 울타리 밖에 있는 다양한 삶의 형태를 마치 비정상인 것처럼 여긴다. 손가락질하거나 불쌍해하는 반응만이 문제는 아니다. 타인의 삶의 형태를 신기해하고 특이한 것으로 여기는 반응 모두가 '정상성'을 바라는 반응이다.

이런 이유들 때문일까. '저 비혼이에요'라고 말하면 유독 '낮은 출생률'에 대한 대책에 대해 어떻게 생각하느냐는 질문을 듣는다. 그러나 결혼과 출산은 엄연히 다른 범주의 문제다. 결혼과 출산의 상관관계를 서로 분리시키지 않으면 오히려 낮은 출생률에 대한 원인을 정확하게 짚지 못하고, 문제해결을 더디게 만들 수 있다. '결혼은 당연히 해야 하는 사회적 행위이고, 결혼을 하면 출산은 당연히 따라오는 과정이며, 이는 대한민국 국민 누구나 거쳐야 하는 의무다'라는 생각은 착각이다. 정말로 출생률을 걱정한다면 결혼을 하지 않고 아이를 낳거나, 아이를 낳은 후 한 부모 가정이 되는 경우, 결혼은 하고 싶지 않지만 아이는 가지고 싶은 개인에게 초점을 맞추면 될 일이다. 국가든 개인이든 낮은 출생률 문제는 결혼과 상관없이 다양한 출산의 형태에 대해 미비한 사회적 지원에 준비된 재원이 흘러가도록 노력을 하면 된다. 인과관계를 제대로 짚지 못한 그릇되고 편향적인 인식을 바로 해야 비혼인들의 선택과 비혼의 삶을 바르게 바라볼 수 있다.

1인분의 삶

비혼을 선언하자 많은 사람들이 외롭지 않느냐고 질문했다. 놀랍게도 우리는 비혼을 결심하고 난 뒤 외로움을 느낄 겨를이 없다. 주식을 비롯한 여러 가지 재테크 방법에 대해 노하우를 공유하는 경제 스터디 모임을 갖고, 비슷한 삶의 지향을 가진 이들과 영화나 연극 등 문화생활을 함께 즐긴 다음 감상을 나누고, 체력 증진을 위해 함께 모여 운동하고, 커리어를 쌓기 위한 정보교류 모임에 자유롭게 참여하고, 어디든 훌쩍 떠나고 싶을 땐 제약 없이 움직일 수 있다.

눈치챘겠지만 이 모든 것은 비혼인이라서 할 수 있는 일들이 아니다. 다만 비혼의 삶을 결심하자 나 스스로의 마음가짐에서 변화가 생겼다. 더는 '어디에서 어떤 활동을 하더라도 그 자리에 나의 평생의 단짝이 있을지도 몰라'라는 생각을 하지 않게 되었다. 그러자 알게 모르게 분산되던 관심이 모임 주제에 온전히 집중되었다. 타인의 시야에 들기 위해 신경 쓰던 것들이 관심에서 사라지니, 새로운 중심으로 시선이 옮겨갔다. 어디에서 무얼 하든 평생의 반려자를 만날지도 모른다는 기대감이 '남에게 어떻게 보일까?'라는 걱정으로 변질되어 이것저것 신경 쓰느라 위축되었던 삶의 모습들 중 많은 부분이 바뀌었다.

관점을 바꾸자 주변에 나와 같은 선택을 하고 살아가는 사람이 많아졌다. 그러다 보니 비혼을 택하는 사람들과의 공동체를 꾸려 조금 더 가까운 관계를 형성하게 됐고, 서로 간의 신뢰를 구축하는 기회들이 생겨났다. 정말 재미있게도 되레 어떤 특수한 감정이 오가는 관계에 집착하지 않게 되면서 비혼공동체 안에서 만나는 사람들과의 관계가 훨씬 더 끈끈하고 즐거워졌다. 내 삶의 모든 것을 스스로 결정해야 하는 삶이 익숙해지고, 감정의 의존 없이 홀로 서는 것이 편해지고 나니 되레 함께 시간을 보내는 친구들과도 더 돈독해졌다. 그렇게 나 스스로에게 여유를 찾게 되면서 타인에 대한 감정의 여유 공간도 확장되어갔다. '나의 삶'에서 '우리의 삶'으로 영역이 확장되면서 정말로 사람을 좋아하는 감정이 어떤 느낌인지에 대해서도 다시금 생각해볼 수 있었다.

"사람은 완벽하지 않기 때문에 혼자서는 살 수 없다"라는 말은 어찌 보면 당연하기도 하고 따스한 위로의 말이다. 사람과 사람의 관계는 원래 서로의 부족함을 채우며 상호작용하는 거다. 하지만 이러한 인간관계의 품앗이는 꼭 '결혼'의 형태로 묶이지 않은 관계에서도 얼마든지 가능하다. 되레 서로가 서로의 영역을 침범하지 않되, 유기적인 연결로 함께할 수 있는 범주를 넓히는 친구 관계가 더 건강하게 유지되는 경우도 많다. 비혼공동체를 이루고 뜻이 맞는 친구들을 만나면서 이러한 생각이 더 확고해졌다.

"이기적으로 살 거면서 세금 탐내지 마라"라는 말의 이면에는 비혼인들을 노후에 대한 대책이 없는 사람으로 바라보는 시선이 서려 있다. 이기적이라는 이미지에는 **'출산을 하지 않는다 → 국가의 노동력 생산에 기여하지 않는다 → 개인주의적인 생각이다 → 이기적이다'**라는 생각의 흐름이 들어가 있다. 그리고 세금 탐내지 말라는 말은 국가의 노동력 생산에 기여하지 않으면서 국가에서 주는 세금 혜택을 받을 생각을 하지 말라는 이야기를 축약해서 나온 말일 테다. 비혼으로 살아가겠다는 것이 곧 세금을 내지 않겠다는 것이 아닌데 왜 이러한 논리로 전개가 되는지 의문이다. 그뿐만 아니라 많은 비혼인들은 이미 알고 있다. 결혼이 기본 값인 세상은 인간의 기본권에 대한 모든 복지 혜택이 결혼주의자들에게 맞춰져 있다는 걸. 때문에 나의 안정적인 삶을 위해서라도 노력하지 않고 손 놓고 있을 수는 없다. 비혼인이 복지의 대상이기만 할 것이라는 생각은 세상의 일방적인 편견이다.

비혼은 '혼자서만 살아가겠다'는 외침이 아니다. 무의식중에 완성형의 상태에 도달하지 못했다고 생각하며 살고 있을 때와, 의식적으로 나의 삶 그 자체는 완성형이며 내가 선택하는 대로 이루어진다고 생각하며 살아갈 때의 삶은 결과적으로 너무나 많은 차이가 난다. 완벽해야 한다는 이야기가 아니다. 서로의 입장에서 솔직한 정서적 교류를 나눌 수 있고, 자신의 감정을 솔직하게 표현해도 괜찮은 상태. 때에 맞는 TPO(시간 time, 장소 place, 상황 occasion)를 지키고, 내가 존중되는 것이 중요한 만큼 주변 관계인이 불편할 수 있는 범주를 침해하지 않는 지혜를 훈련해보자는 말이다.

3

우리는
단절되지 않는다

　　비혼의 삶이 인간으로서의 질적인 만족을 준다고 해
도, 한국 사회에서 비혼은 여전히 차가운 시선의 대상이다. '나 비
혼이야' 하면 으레 이기적이거나 노후에 대한 대책이 없는 사람이
된다. 정말 비혼을 주장하는 사람들은 이상한 사람들일까? 여기 비
혼을 공공연하게 선언 또는 인정한 유명인들의 말을 모아보았다.

"결혼? 상상도 하지 마세요."
"누군가의 여자로 사는 것도 좋지만 내 이름 석 자를 빛내면서
멋있게 사는 것도 좋다."

- 배우 김혜수

"결혼은 얽매이는 것, 하고 싶은 일 너무 많아."

"나중에는 정말 좋아하는 사람이 생겼는데, 그 사람과 하고 싶은 일들을 자유롭게 할 수 있다면 생각해볼 수는 있을 것 같다. 하지만 그런 것들을 꼭 결혼하지 않아도 할 수 있을 것 같다."

– 배우 문근영

"저는 일과 결혼했어요."

"결혼에 대해 생각해본 적이 없다. 나 자신을 사랑하는 데 더 집중하고 싶다."

– 배우 김서형

"결혼, 정말 해야 되나요?"

"못 하는 게 아니라 불편해서 안 해요."

– 희극인 김숙

"내 경력이 있기 때문에 나만 생각하고 사는 게 편하다."

"일에서 이루지 못한 아쉬움 때문에 결혼하면 후회할 것 같다."

– 배우 최여진

"노래하는 데 결혼은 도움이 안 되는 것 같다. 결혼하면 나만 생각하고 노래할 수 없을 것 같아서 결혼을 안 한다."

– 가수 이소라

이들에게서 찾아볼 수 있는 공통적인 키워드가 있다. 바로 '나'다. 남부러울 것 없이 모든 걸 갖추고 사는 사람들도 자신의 꿈을 좇기 위해 결혼이라는 선택지를 내려놓았다. 나 자신으로 살기 위해서는 다른 주변의 누구도 아닌 바로 나 자신에게 집중해야 한다는 간단한 진리를 우리는 쉽게 간과한다. 한국 사회에서 결혼이라는 관문을 통과한 사람은 자신보다 '가족'에게 집중하게 되어 있다. 이러한 사회 시스템은 여성에게는 직접적인 정서적·육체적 부담으로, 남성에게는 과도한 경제적 부담이라는 심리적인 이미지로 발현된다. 특히 여성은 결혼 이후 삶의 선택지에 가족밖에 없다고 보아도 무방하다. 위의 유명인들 역시 그러한 맥락에서 결혼 대신 '나'를 선택하지 않았을까. 결혼에 국한되는 삶이 아닌 자신의 삶을 살고자 하는 욕구는 평범한 사람이나 '하늘의 별' 같은 사람이나 조금도 다르지 않다.

상상도 못한 정체

결혼을 기점으로 삶의 궤적은 크게 변한다. '결혼으로 힘들어진 삶'이라는 말을 들어보지 않은 이는 없으리라. 이런 말을 들을 때면 네이트 판을 들여다보지 않아도 주변에 한두 명은 떠오르게 마련이다. 쓸개라도 빼줄 것 같던 배우자가 결혼을 하고 보니 전혀 다른 사람이 되었다던가, 시가와 처가 식구들과의 마찰로 고통받는 일은 특별한 사연 축에 끼지도 못 한다. 그런데도 많은 사람들이 결혼에 대한 환상을 포기하지 못한다. 이것만 해결하면, 저것만 넘어서면 결혼의 끝에 어떤 희망의 결실이 있으리라는 굳은 믿음을 갖는다. 심리적으로 인간은 자신이 가장 관심 있는 주제로 대화를 유도하려는 경향이 있다. 그래서 결혼 전, 결혼을 준비하는 기간 동안 대화의 모든 주제가 통일되어 있다. 대부분의 사람들이 결혼이라는 주제를 마치 날씨나 건강 염려와 같은 주제처럼 '누구나 관심이 있고 서로 통할 것'이라고 착각한다.

식당에서 끼니를 한 끼 해결하려고 해도 메뉴를 두고 한참을 고민하는 게 사람이다. 그런데 결혼은 한 번 마음먹으면 한 사람과 평생을 함께해야 한다. 향후 50년의 운명이 한 번의 선택에 달려 있다. 그렇기에 선택 여부에 따라 평생이 좌우되는 결혼에 대해 심사숙고하는 것은 당연하다. 하지만 우리 사회는 당장에라도 짝을 찾지 않으면 큰일이 날 것 같은 분위기가 만연하다. 촉박하게 생각해서 충분한 고민을 하지 못하게 만들려고 사회·경제·문화 모든 부분에서 결혼을 핵심 메시지로 내세우는 건 아닐까? 러시아 속담에 "전쟁터에 가기 전에는 한 번 기도하고, 바다에 가게 되면 두 번 기도하고, 그리고 결혼생활에 들어가기 전에는 세 번 기도하라"라는 말이 있다. 만일 당신이 비혼에 대한 확신이 부족하게 느껴진다면 미혼으로 살면서 충분히 고민을 하면 된다. 그러다 결혼을 해야겠다면 그때 선택해도 늦지 않다. 고민의 시간이 더 필요하다면 시간을 두고 지켜보면 된다.

결혼 그게 뭔데 어떻게 하는 건데

우리는 어떤 상황이나 물체가 '정상적인 상태'와 다를 때 그것을 '이상하다'라고 표현한다. 그렇다면 정상적인 상태는 무엇인가. 이는 사회가 합의로 결정한다. 결혼에는 어떤 사회적 합의가 있을까. '사회의 구성원은 결혼을 해야 한다', '아이를 낳아 국가에 노동력을 제공해야 한다' 정도가 있겠다. 미디어에서는 연일 결혼만이 인생의 유일한 해답인 듯 결혼을 찬미하고, 결혼이 당연한 일이라 조언하는 어른들이 이를 입증한다. 이 모든 흐름은 결혼을 하지 않고, 아이를 낳지 않으면, 비정상적인 사회 구성원이 된다는 무언의 메시지를 전한다. 문제는 여기에 당사자의 의견이 들어갈 자리가 없다는 점. 결혼이라는 제도를 선택하지 않는 사람들은 사회구조에 순응하지 않는 사람, 적응하지 못하는 사람으로 비추어진다. 이미 시스템이 완성된 기존의 사회체계는 새로운 형태의 행동을 '구조에 대한 도전'으로 받아들이기 때문이다. 이러한 도전은 현재의 안정적인 상태를 해친다고 여겨지고, 이는 곧 사회 시스템을 무너뜨릴 수 있다는 두려움으로 작용한다. 이에 안정성을 유지하려는 방어기제로 범주 밖의 사람들에게 낙인을 찍는다. 그렇게 사회가 바라는 사랑·연애와 결혼을 하지 않고, 나의 삶을 살겠다는 사람들에게는 너무도 쉽게 '이상하다'라는 딱지가 붙는다.

유독 한국은 1인 가구에 대한 배타성이 강하다. 3인·4인 가구에는 갖지 않는 잘못된 인식들이 1인 가구에는 존재한다. 가령 '보

호자가 없다' '쓸쓸하다' '위험하다'의 수식어들이 혼자 사는 사람에게 따라붙는다. 혼자 산다고 해서 무조건 보호자가 없거나 쓸쓸하고 위험한 환경에서 살아가는 건 아니다. 결혼을 해도 얼마든지 보호자가 없고, 쓸쓸하고, 위험할 수 있다. 특히 다인 가구나 부부관계 사이에서 벌어지는 갈등은 단순한 해프닝으로 넘어가는 경우가 많아 가시화되거나 수치로 드러나지 않는다. 이러한 비혼에 대한 사회적 낙인은 역설적으로 비혼인들이 마음을 다잡게 만드는 일등 공신이다.

결혼을 생각하지 않는 사람은 자연스럽게 자신이 추구하는 자신의 가치관을 좇는다. 흔히 인생은 B Birth 와 D Death 사이의 C Choice 라고 한다. 아니, 비혼인들에게 인생은 A Adult 와 C Child 사이의 B Bihon 이다. 세상에 나와 흙으로 돌아갈 때까지 선택을 이어가는 삶도 인생이라고 할 수 있겠으나 비혼인들에게 삶은 비혼 그 자체다. 태초의 우리는 감정에 솔직했다. 그러나 조금씩 성장하면서 사회화라는 명목 아래 자신의 감정을 숨기는 법을 배웠다. 어른이 된 우리는 감정이 완전히 배제된 이성적인 상태만이 정답이라 생각하기 쉽다. 오늘날 사람들은 자신의 목소리를 내는 사람을 '자기 주장이 강한 사람'으로 만들어 사회에 기능하지 않는 자로 만들고, 세상의 관성에 몸을 맡기고 고개 숙이는 것이 제 몫을 하는 방법이라 생각한다. 가장 꾸밈이 없는 사람과 꾸미는 법밖에 모르는 사람. 비혼인은 이 어린이와 어른 사이의 균형을 찾은 사람들이다.

우리는 모두 자신만의 추진력이 있다. 어린아이가 걷고 싶어 했던 길, 어른이 이루고 싶던 꿈을 조화롭게 설계할 수 있는 힘. 비혼인들은 이 두 가지의 갈래를 적절히 조율할 수 있다. 자신의 경계선을 구분할 줄 알고 또 이 경계선 안에서 자신만의 야망과 비전을 찾아간다. 인터넷이 현대인의 생활과 밀접해지면서 비혼인들의 능력은 공중누각이 아니라 현실이 되었다. SNS에는 구체적으로 자신의 열망을 공유하는 사람들이 늘었고, 이들은 지금까지도 서로에게 영감을 받으며 함께 성장한다. 주변인의 위치가 아닌, 집단의 중심에서 사회를 이끌어가는 지도자의 위치를 탐하는 열망. 이 열망을 현실로 만들기 위해 그들은 철저한 자기계발(하이스펙)과 결단력(용기), 그리고 기회(가능성)를 연마한다. (하이스펙과 용기, 가능성을 결합하면 '하용가'라는 단어가 된다. 이 단어는 본래 남성들 사이에서 '하이, 용돈 만남 가능?'이라는 미성년자 대상의 성착취 은어로 사용되던 단어였으나, 단어의 의미를 정화하자는 움직임의 일환으로 SNS를 활용하는 비혼인들이 '하이스펙, 용기, 가능성'이라는 뜻으로 재정의해 사용하게 되었다.) 이제 비혼인들은 가감 없이 야망을 드러낸다. 그리고 그 야망에 전력으로 매진할 수 있는 환경을 직접 구성하고 일구어낸다. 열심히 노력하는 사회의 구성원은 당연히 사회에 다양한 방식으로 이바지하게 된다. 세상의 편견 속에서 그 편견에 정면으로 맞서는 삶을 살아내는 비혼인들의 약진은 지금도 계속되고 있다.

일과 결혼했다고 말한 배우 김서형 씨를 보라. 결혼 좀 안 하면 어떤가. 세상은 하고 싶은 일로 가득하다. 이 책을 읽고 있는 사람들도 각자 비혼을 결심한 순간은 달랐겠지만, 내가 나로 잘살고 싶다는 열망은 모두 동일하다. 내가 나로 잘살기 위해서는 주거, 경제 등의 물리적인 요소가 중요한 만큼 '나는 혼자가 아니다', '이상한 사람이 아니다'라는 자기 확신을 갖는 것도 매우 중요하다. 이왕 한번 사는 거 누군가의 사람으로 기억되기보다 나의 이름으로 비혼의 삶을 멋지게 살아보는 건 어떨까. 자신의 이름 석 자를 빛내는 사람이 되는 것도 충분히 멋진 일이다.

4

24시간이 모자라 :
비혼의 하루

살아가는 방식에 대해 자기 스스로 결정한 것뿐인데, 세상 사람들은 비혼인들한테 뭘 그렇게 감 놔라, 배 놔라 할까. 오지랖이 '정'으로 둔갑하는 한국 말고 다른 나라의 비혼인들도 사정이 비슷할까? 결론부터 말하면 비슷하면서 비슷하지 않다. 우선 '비혼'이라는 개념 자체는 한국에서 처음 등장했다. 비혼이라는 단어가 등장하기 전에는 싱글, 독신, 미혼 등 '결혼하지 않는 사람'을 의미하는 단어들이 쓰였다. 해외의 사정도 마찬가지다. 'non-marriage'라는 단어는 결혼하지 않는 사람을 통용해 칭하는 용어였다. 하지만 이 단어는 '비혼'보다는 '미혼'에 더 가까운 의미를 갖고 있다. 그렇기에 실제 비혼의 개념과는 거리가 있다. 서구권에는 아직 비혼의 개념 자체가 없기 때문에 한국어를 그대로 차용해

'Bihon'이라 쓴다.

하지만 삶의 '방식'과 '형태'는 다르다. 삶의 방식을 말하는 비혼의 개념과 달리 물리적 가구 형태인 1인 가구는 전 세계적으로 증가하는 추세다. 요즘은 핵가족마저도 다시 전자 단위로 쪼개져 핵이 아닌 전자가족으로 그 형태가 바뀌고 있다. 그 때문에 많은 나라들이 1인 가구를 중심으로 한 세금제도나 주거의 형태 등에 대한 활발한 논의를 진행 중이다. 이러한 시대적인 흐름 속에 지구촌 다른 국가들은 변화를 어떻게 준비하고 있을까?

선진국의 1인 가구 정책

전 세계에서 얼마나 1인 가구가 증가했는지 살펴보자. 각국의 1인 가구 분포 그래프를 살펴보면, 미국과 일본을 포함한 대다수의 선진국들이 1960년대 이후로 꾸준히 상승세의 곡선을 그리고 있음을 확인할 수 있다. 유럽권 국가도 마찬가지다. 2017년 기준 유럽 내 1인 가구의 비율은 34%, 덴마크나 스웨덴의 경우에는 각각 국가 인구 전체의 44%에서 51%까지가 1인 가구로 이루어진 것으로 나타났다.

한국보다 30년 전 먼저 가족의 변화를 경험했던 다른 국가들의 1인 가구 지원 정책은 어떨까. 1인 가구가 증가하는 흐름은 상대적으로 복지정책이 잘 구비된 국가들에서부터 나타났다. 스웨덴과 덴마크는 이미 1970년대부터 1인 가구를 위한 복지 시스템을 구

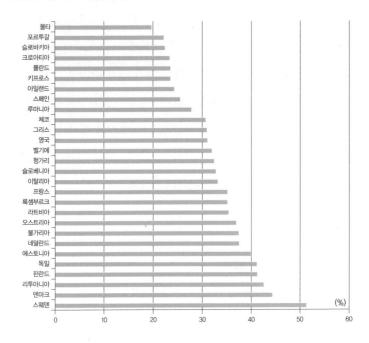

축했으니 한국보다 반백 년이나 앞선 셈이다. 이들 국가가 1인 가
구에게 지원하는 정책들은 대체로 주거와 세금 지원의 영역에 있
다. 스웨덴은 소득 수준과 상관없이 모든 국민이 갓 성인이 된 만
18세부터 얼마든지 임대주택과 공공주택에 입주할 수 있다. 또한
최근 우리나라에서 부상하고 있는 새로운 공유 주거형태인 코하우
징 co-housing도 1970년대 덴마크에서 출발한 프로그램이다.

　비유럽권 국가들은 어떨까. 개인주의적 성향이 강한 국가인 미
국과 일본을 보자. 옛날부터 일본은 결혼을 해도 신혼부부가 바로

출가하지 않았다. 신부는 신부의 집에서, 신랑은 신랑의 집에서 각각 생활하면서 서로의 집으로 왕래하다 일정 수준의 경제력이 갖추어지면 그때 두 사람의 살림을 꾸리곤 했다. 문화 자체가 독립성이 강하다 보니 오래 전부터 1인 가구에 대한 정책을 탄탄하게 준비할 수 있었다. 현재 일본은 임대주택에 대한 보조금을 지원해주기도 하고 지역 복지 차원에서의 네트워크도 안정적으로 자리 잡았다. 미국도 주택 보조금을 제공하는 정책인 SRO Single Room Occupancy, SHFYA Support Housing for Families and Young Adult 등 연령대에 따라 여러 가지 프로그램들을 이용해볼 수 있다. 또한 두 국가는 공통으로 주거의 질을 위한 법적인 가이드라인이 마련되어 있다. 일본은 자치구별로 건축기준 조례가 제정되어 있고, 미국도 1인 가구를 대상으로 하는 주택에 대한 규제가 존재한다. 다만 미국은 현재 여성 1인 가구를 위한 정책이 미비한 실정이니 참고하자.

이렇듯 많은 나라들이 변화하는 가구 형태에 민감하게 반응하고 있다. 확실한 점은 많은 국가들이 늘어나고 있는 새로운 삶의 형태에 대해 이상하다고 받아들이는 것이 아니라, 점점 변화해가는 형태로 인식하고 있다.

5

거친 세계와 불안한 정책과
그걸 지켜보는 1인 가구

　　전 세계에서 증가하는 1인 가구. 그중에서도 우리나
라는 단연 인상적인 추이를 보이고 있다. 앞에서 전 세계의 1인 가
구의 수가 1960년대부터 지금까지 약 60년간 꾸준히 상승세를
그리며 상승한다고 했다. 그렇다면 이번엔 1인 가구의 수가 얼마
나 가파르게 상승했는지 살펴보자. 다음 표는 각 국가의 인구 대비
1인 가구의 비율을 높은 순서부터 정렬한 표다. 왼쪽에서 세 번째
그래프가 우리나라의 것인데 기간 대비 성장률을 보았을 때 다른
국가들과 확연한 차이를 확인할 수 있다.

　　2015년 기준 27.2%였던 1인 가구의 비율은 현재 30%를 돌
파해 통계청은 2045년 한국 전체 인구의 36.3%가 1인 가구 형태
로 살아갈 것이라 예측하고 있다. 같은 해 4인 가구의 예상 비율이

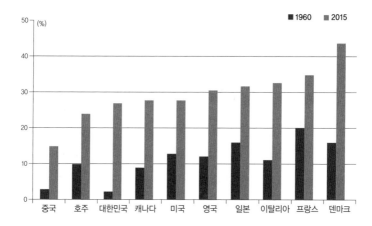

7.4%임을 보면 1인 가구의 성장 추세는 가히 어마어마한 수준이다. 물론 여기서 1인 가구는 아직 배우자를 찾지 못해 혼자 사는 사람이나 배우자와 사별한 사람도 포함되어 있다. 눈여겨볼 점은 1인 가구와 함께 결혼을 선택하지 않는 사람도 폭발적으로 상승하는 부분이다. 얼마 전 인구보건복지협회의 조사에서도 47.3%의 20대 미혼 여성과 남성이 향후 결혼 의사가 없다고 응답했고, 여성 응답자 중에서는 57%가 결혼을 하지 않겠다고 답했다. 만 40세까지 비혼으로 살아가는 여성도 30년 새 10배가 넘게 증가했다. 한국보건사회연구원의 조사에서 1974년생 여성이 만 40세가 되었을 때까지 결혼하지 않은 여성이 12.07%였는데, 30년 전 조사에서는 만 40세가 되었을 때까지 비혼이었던 여성은 고작 1.24%밖에 되지 않았다.

나로 잘살고 싶은 사람들이 이렇게나 많은데, 왜 문을 열고 거리로 나가면 다정한 커플들이 가득하고 비혼인들은 보이지 않을까. 그 답은 열악한 우리나라의 1인 가구 정책에 있다. 550만이 넘는 인구가 혼자 살아가는 데도 이를 위한 국가 정책은 아주 미흡한 상태다. 해외에서 1인 가구를 위해 여러 가지 정책들을 끊임없이 시행하는 데 반해 한국은 정책 변화의 속도가 생활양식의 변화를 따라잡지 못하고 있다. 가족을 이루는 단위 중에서 1인 가구의 비중이 가장 높은데도 아직까지 한국은 다인 가구만을 가족이라 여긴다. 그렇다면 지금 1인 가구에게 가장 큰 벽은 무엇일까.

예상했겠지만, 집이다. 선진국들의 지원 정책이 주거 지원과 경제적인 지원에 초점을 맞추고 있는 것도 이러한 이유 때문이다. 물론 한국에도 1인 비혼 가구를 위한 정책이 전무한 건 아니다. 한국토지주택공사(LH)와 서울주택도시공사(SH)에서 행복주택을 매년 일정량씩 보급한다. 개인이 직접 주거 매물을 구할 수 있도록 전세금을 지원해주기도 한다. 하지만 지원 가능한 주택의 수량은 턱없이 부족하고 주택 마련에 필요한 비용 지원은 부동산 시장에서 요구하는 수준에 한참 못 미친다. 이렇게 미비한 정책임에도 작은 혜택이나마 필요한 사람들이 많아 경쟁률이 어마어마하다. 행복주택의 경우 신혼부부에게 많은 혜택이 돌아가지, 정작 주거 취약계층인 1인 비혼 가구는 배제되어 있다. 매물 100세대 중 청년에게 지원되는 세대는 단 몇 세대뿐이다. 실 평수가 4평 남짓한 공간임에도 평균 경쟁률이 100:1은 우스운 수준이고 서울이나 수도권은

500:1을 훌쩍 넘기도 한다. 1인 가구가 이렇게 주거의 안정을 위해 고전하고 있을 동안 결혼을 고려하고 있는 예비 신혼부부나 신혼부부는 2~4:1 정도의 경쟁률을 거쳐 빠르게 안정된 기반을 다져간다. 이 때문에 1인 가구가 행복주택에 입주할 수 있는 가능성을 로또에 당첨될 확률과 비교하기도 한다.

놀랍게도 저도 국민입니다만?

국가는 정책으로 말한다. 국민은 정책을 통해 국가가 어떤 방향으로 나라를 이끌어가고자 하는지 알 수 있다. 이를테면 신혼부부에게 많은 지원이 이어지는 건 결혼하지 않는 사람들을 의도적으로 사회에서 배제하려는 국가의 메시지로 해석할 수 있다. 유감스럽게도 정책을 만드는 기관조차 결혼과 출산의 상관관계를 바로 보지 못한다. 그들은 결혼하면 자연스럽게 아이를 낳을 것이라는 인식을 기반으로 소위 '결혼 적령기'에 있는 사람들에게 적극적으로 결혼을 장려한다. 이는 '결혼을 한 사람들'에게 혜택을 몰아주는 일이 계속 반복되는 이유다. 국가의 정책 결정 과정에는 '결혼'이라는 제도 안에서 희생되는 개인의 인생이 고려되지 않는다. 결혼을 하면 출산을 할 것이고, 출산이 이루어지면 사회의 인적 재원, 즉 노동력 확보 문제가 해결되리라 생각하는 단순한 논리다. 전국 각 지자체에서 정기적으로 여는 행사인 〈미혼남녀 인연 만들기〉를 볼까. 경상남도 진주시는 이 프로그램을 '결혼 적령기 미혼남녀에게 소중한 인연을 만날 수 있는 기회를 제공하고 결혼에 대한 긍정적 인식을 높이기 위해' 개최한다며 적극적으로 젊은이들의 만남을 어필했다. 여기서 끝이 아니다. 한국에서 배우자를 찾지 못했지만 결혼은 하고 싶은 사람을 위해 지자체에서 국제결혼을 알선해주기도 한다. 인신매매에 준하는 결혼 지원금은 심지어 20세 이상의 남성에게만 지원이 된다. 거센 비난이 쏟아지는 데에도 꾸준히 사업이 유지되고 있다.

반면 1인 가구에 대한 지원은 어떨까. 지자체는 1인 가구를 결혼시장으로 끌어들이기 위해 들이는 노력과 지원만큼 1인 가구의 생활과 안전에도 관심을 갖고 있을까? 아무리 살펴봐도 긍정적인 답을 내놓기 어렵다. 지금도 핵가족 중심의 정책은 매년 쏟아져 나오고, 출산에 대한 직접 지원금은 날로 늘어나지만 이에 비해 1인 가구는 마치 없는 가족 형태인 것처럼 가려져 왔다. 애초에 1인 가구가 정책의 고려대상이 아니었으니, 1인 가구의 삶을 다루는 통계자료나 사회적 연구가 부족한 것은 당연하다. 정책을 만들기 위해서는 근거자료가 필요한데 비혼인들과 같은 1인 가구가 살아가는 모습을 연구한 적이 없으니 '없는 형태 취급' 하기엔 안성맞춤이다. 그래도 늘어가는 1인 가구를 아예 외면할 수는 없는 노릇이니 가뭄에 콩 나듯 1인 가구를 위한 정책이 등장한다. 그나마 시행되는 정책도 프로젝트 성이다. 심지어 성별에 따라 제한적이다.

서울시 양천구에서는 50대 중년 독거 남성을 대상으로 한 지원

프로젝트 〈나비남〉을 시행한다. '나는 혼자가 아니다'는 의미의 이 복지사업은 이혼, 실직 등으로 사회에서 멀어진 남성들에게 복지, 일자리, 주거와 같은 생활정보와 함께 지속적인 모니터링을 제공하면서 그들이 실패에서 재기할 수 있도록 한다. 〈나비남〉의 사업 대상이 50대 독거 남성으로 한정된 이유는 50대 독신 남성의 고독사 비율이 가장 높기 때문이라고 한다. 특정 성별과 연령층에 대한 관심은 높은 반면, 보편적인 1인 가구에 대해서는 상대적으로 관심이 미미하다.

정부나 지자체에서 정책을 만들 때 그에 합당한 근거나 배경이 필요하다는 데 동의한다. 하지만 그 근거나 배경에는 마땅히 사회적인 시선이 담겨 있다는 점을 꼭 짚고 싶다. 근거자료를 취득하는 과정에서부터 주관적인 판단이 담긴 정책의 결과물은 사회 문제를 올바르게 반영한다고 보기 어렵다. 선택적인 복지로 인해 외면받는 사람들이 있어서는 안 된다. 인위적으로 가려진 사각지대에 있는 삶을 가진 사람들에게도 복지 혜택은 돌아가야 맞지 않을까?

이렇게도 험난한 한국에서 1인 가구에게는 또 다른 난관이 기다리고 있다. 1인 가구는 함부로 아파서도 안 된다. 우리나라 의료 정책상 큰 질병이나 사고로 인해 수술을 하게 되었을 때, 수술 동의서에 서명을 할 수 있는 사람이 제한적인 탓이다. 수술 동의서는 환자의 건강상태와 관계없이 의무적으로 법정 대리인이 서명을 해야 한다. 이때 법정 대리인은 법률상으로 결혼을 한 배우자 혹은 부모나 자녀 등 직계가족으로 한정된다. 동거인이나 가까운 친구의 서명은 불가능하다. 의료법상 형제남매도 안 된다. 응급상황에는 환자의 위급함이나 수술종류 또는 병원 운영에 따라 일부 예외가 적용되겠으나, 원칙적으로는 본인이나 직계가족의 서명만 유효하다. 해외 일부 국가에서는 사전의료의향서 Advance Directives, AD 를 작성하면 유사 시 보호자의 동의서를 작성하지 않아도 수술이 가능하다고 한다.

세계는 증가하고 있는 1인 가구를 주목하면서 이들이 사회의 망 안에서 온전하게 생활할 수 있도록 노력한다. 그에 비해 한국은 삶의 방식을 존중하기보다는 그들이 전통적인 가정의 형태로 편입되기를 바란다. '가족'에 관한 대부분의 정부 정책도 여전히 부모-

자식으로 형성된 4인 가족을 기준으로 형성되어 있다. 갈수록 개인화가 심해지는 세계의 흐름과 거리가 멀기만 한 한국에서 비혼인들이 살아남기란 쉽지 않다. 우리나라도 1인 가구 그리고 비혼가구가 늘어남에 따라 여러 가지 정책적 변화들을 꾀해야 한다. 더 이상 눈 가리고 아웅 식으로 분명히 존재하는 삶의 궤적에 침묵해서는 안 된다.

_____ **6**

결혼?
비혼!

"나는 정말 비혼의 삶을 살 수 있을까?" 이 질문을 이렇게 바꿔보자. "나는 결혼해서 살아갈 수 있는 사람일까?" 그렇다면 결혼을 위해서 꼭 필요한 것은 과연 무엇일까? 결혼을 한다면 그 준비과정에서 금전적인 것을 제쳐 두고 어떠한 고민을 해야 할까? 유일한 타인과 평생을 함께 살기 위해서는 과연 어떤 소양을 고민하며 키워야 하는 걸까? 서로 다른 환경에서 자라온 두 사람이 어떠한 이변이 없는 한 한 집에서 가정을 이루고 살아야 하는데, 다른 사람들은 이에 대한 책임감, 성실함, 꾸준함, 인내심 등에 대한 요소를 모두 고민해보며 결혼을 택하는 것일까?

결혼했음에도 그다지 행복해하지 않는 이들의 모습을 보며 결혼이란 무엇일까에 대한 고민을 하던 나에게 깨달음은 어느 날 갑자기 찾아왔다. 바로 결혼한 지인들의 입을 통해서.

"아내(혹은 남편)가 애들 데리고 친정 갔을 때가 제일 행복해."
"결혼하고 눈치 보는 일이 늘었어."
"너는 결혼하지 마. 인생을 즐겨!"
"결혼하니 내 삶이 없는 거 같아."

이런 이야기들을 주변에서 흔하게 들을 수 있다. 현실을 살아가고 있는 당사자들의 입을 통해 나오는 말이라 생각해볼 지점이 더 많다. 도대체 왜, 서로 사랑하여 가정을 이루고 살아가고 있음에도 불구하고 자신의 처지를 안타깝다는 식으로 말할까. 결혼은 단순한 두 사람의 결합이 아닌 법적 제도로 이루어진 가족 간의 관계가 새로 생겨나는 것이다. 서로에 대한 책임감과 같은 감내해야 하는 수많은 요소가 결혼생활을 피로하게 만드는 것일까? 이따금 주위의 결혼한 사람들과 대화를 나눌 때, 그들은 즐거운 얼굴로 (진지한 사람들도 간혹 있지만) 결혼생활에 대해 부정적인 이야기들을 언급하면서 진심으로 비혼을 택했다고 말하는 사람을 응원한다. 이 과정에서 앞서 말한 농담조의 말들을 그리 어렵지 않게 들을 수 있는데, 자신의 삶을 자조적으로 한탄하는 그들의 모습을 보고 있노라면 이유 모를 찜찜함이 생긴다. 그들은 왜 결혼생활에서 이전보다 높은 만족을 얻지 못할까.

이유는 바로 '자유'다. 마음 편히 분리되지 못하는 혹은 떠날 수

없는 물리적인 공간에 대한 자유이자, 응당 한 가정을 이루었다면 일거수일투족을 함께하며 모든 과정을 공유해야 한다는 관계의 자유, 그리고 이러한 것들이 자신을 둘러싼 상황에서 오는 압박과 스트레스에 대한 심리적 자유. 결혼한 사람들의 삶에서 가장 필수적이면서도 제대로 지켜지지 못하는 것이 바로 자유였음이, 이러한 농담을 통해 드러난다.

　결혼은 어떠한 방식으로든 개인의 자유를 제약한다. 이는 결혼의 본질을 고민하게 한다. 이 본질을 이해하면 누구나 자신 있게 말할 수 있게 된다.

　"그래, 비혼이다."

　당신이 구속되는 삶을 싫어하는 사람이고, 특히 심리적인 자유가 필요한 사람이라면 비혼의 삶은 최선의 선택지가 될 수 있다. 세상을 자유롭게 살고 싶어 하는 마음은 누구나 같다. 하지만 본인이 생각하는 자유의 정의와 그 범위에 대한 생각은 각자의 몫이다. 같은 출발점에 서 있지만 우리는 그저 비혼이란 삶의 방향으로 함께 향할 뿐이다.

결혼하지 않는 삶

모든 것이 선택지의 연속인 자유에는 그에 대한 책임이 따른다. 누군가는 이러한 점을 어렵게 여기거나 심지어는 두렵게 생각하여 비혼을 쉽게 결심하지 못할 수도 있다. 비혼을 택하는 순간 사회적인 제도 속에서 분리되어 보호받지 못하는 것은 아닐까, 홀로 덩그러니 남게 되는 것은 아닐까 걱정한다. 그러나 비혼은 '결혼하지 않는 삶'에 대한 선택일 뿐, 결코 사회에 등을 돌리고 홀로 외롭게 고립되는 것이 아니다. 비혼을 결심한 사람들은 두려움이 없다. 비혼을 택하고 얻은 그 자유 속에서 자신의 무한한 가능성을 발전시킬수 있는 기회를 잡고, 배워가는 모든 과정마다 자신과 같은 사람들이 함께하는 것을 알고 있기 때문이다. 우리는 결코 두려워할 필요가 없다. 홀로 살아가는 자유를 누리며 사는 것, 비혼인들이 꿈꾸는 미래다.

자, 이쯤에서 다시 첫 질문으로 돌아가 보자. 나는 비혼의 삶을 살 수 있는 사람인가? 어떤 마음을 갖고 비혼이란 선택지를 택했는가? 보다 독립적인 주체로 자리 잡기 위해 어떠한 능력을 기르고자 하며 어떤 노력을 기울이고 있는가? 결혼에 대한 마음가짐에 비한다면 비혼을 결심하는 것은 꽤나 수월하게 느껴질 것이다. 우리에게는 '자유'와 자기 자신으로 존재할 수 있다는 '온전함'이라는 무기가 있다.

자유의 조건

개인이 자유를 느낄 수 있는 조건은 무엇일까에 대해 고민해본다면 가장 먼저 경제력 즉, '돈'이 떠오른다. 돈은 경제 사회에서는 빠질 수 없는 필수요소다. 자본주의 안에 살고 있는 우리에게 '돈만 있으면 다 되잖아'라는 말은 더 이상 농담이 아니다. 그렇다면 이 돈으로 얻을 수 있는 자유의 조건은 무엇일까? 바로 편안하게 휴식할 수 있는 공간을 마련하는 일이다. 사람은 늘 자기만의 공간이 확보되어 있어야 한다. 가족, 연인, 친구, 그 누가 되었든 간에 아무리 좋은 사람과 함께하더라도 말이다.

개인 공간은 지극히 사적이며 은밀하고 어떠한 누구도 침범하거나 요구할 수 없는 개인만의 영역이다. 그 공간에서만큼은 자신이 보호받고 있다는 느낌을 받을 수 있어야 하며, 외부적인 요소들로 인해 쌓여 있었던 스트레스를 완화할 수 있어야 한다. 또한 혼자 있는 자신의 상태를 온전히 받아들이고 즐길 수 있는 상태가 되어야 한다. 우리는 늘 외부 자극으로 인해 피로해질 수밖에 없다. 외부 자극이란 인간관계에서 오는 감정이 될 수도 있고 단순히 시각적·후각적·청각적인 감각을 말할 수도 있다. 이러한 피로는 누구나 당연히 겪는 것들이지만 그렇다고 해서 얕잡아 보아서는 안 된다.

나는 한 집에서 두 가족이 함께 살았었다. 한 가족은 나의 원래 가족(엄마와 언니)이었고, 나머지 한 가족은 언니의 결혼과 출산 및 육아에 따라 함께 살게 된 형부와 조카로, 총 다섯 명의 사람이 함께 살았다. 처음엔 모두가 함께 사는 것에 대해 별다른 고민 없이, '사람이 많아도 내 방이 있으니 괜찮을 거야'라고만 생각했다. 그러나 크나큰 오산이었다. 분명 내 방과 거실 사이에는 두꺼운 콘크리트 벽체가 가로지르며 두 공간을 철저히 분리하고 있었다. 문을 닫고 생활하면 그 안에 주어진 공간만큼은 온전히 나의 영역이라 굳게 믿었다. 그러나 방이 분리되어 있었음에도 문틈을 통해 공간은 하나로 연결되어 있었다. 노크 없이 벌컥 열리는 문을 포함해 나만의 영역은 끊임없이, 매우 다양한 방법으로 침범당했다. 단 하루도 마음 편히 쉴 수 없었고 스트레스는 날로 쌓여갔다.

하루하루 정신적으로 지쳐가던 그 시기에 마침내 언니네 가족이 독립하게 되었다. 그들이 떠나고 남은 빈 방에 때마침 집을 구하고 있던 내 친구들을 들이며 함께 살게 되었다. 가족 구성원이 교체되고 나서 나의 정신은 놀라울 만큼 빠른 속도로 회복되었다. 물론 또 다른 가족을 꾸리는 과정에서 많은 시행착오가 있었다. 단순히 친구로만 지내는 것과 한 공간에서 함께 살아가는 것은 같을 수 없기에, 서로의 생활패턴을 공유하고 각자의 삶을 이해하는 시간이 꼭 필요했다.

"주말에는 집에서 조용하게 편히 쉬고 싶어."
"잠귀가 밝아서 모닝콜 소리가 너무 크지 않았으면 좋겠어."
"밤낮이 바뀌어 있을 때가 많아서 너희가 불편할까 봐 걱정돼."

서로의 영역을 위해 함께 살면서 꼭 지켜야 할 이야기도 나눴다.

"나 없을 때는 절대 내 방에 들어오지 않기. 내가 있을 때는 물어보고 들어오기."
"방에서 작업하고 있을 때는 소음 주의해주기."
"화장실 쓰고 나올 때 배수구 정리 꼭 하기."

차례대로 돌아가며 자신에 관한 이야기와 서로에게 바라는 점들에 대해 솔직하게 터놓았다. 그 모든 것을 수렴하여 우리 집만의 규칙을 만들었다. 이러한 과정이 있었기에 구성원들은 빠르게 평온을 되찾고 독립된 공간의 자유를 누릴 수 있었다. 이 사례를 들어 강조하고 싶은 점이 있다면 바로, 이러한 형태로도 함께 사는 삶이 충분히 가능하다는 사실이다. 다양한 가능성을 열어두고 비혼으로서의 삶을 그려보기를 바란다.

책임감, 성실함, 꾸준함, 인내심 등은 비단 결혼을 생각하는 사람뿐만 아니라 이 세상을 살아가는 우리 모두가 가져야 할 덕목이다. 비혼의 삶을 인생에서 맞닥뜨리는 모든 문제를 혼자 책임져야 한다고 생각하고 지레 겁먹는 사람들이 많다. 하지만 꼭 그러한 것은 아니다. 비혼인들끼리도 협력할 수 있고, 얼마든지 상호 합의 하에 가족을 구성할 수 있다. 함께 사는 구성원 모두가 자기만의 방을 두면서 공용공간인 거실과 주방을 통해 일부의 삶을 공유하는 형태, 다달이 내야 하는 월세와 관리비를 제외하면 그 어떤 금전적인 관계나 법적인 관계로 얽이지 않은, 철저한 타인으로 살아가는 주거 공동체. 무척 매정하게 들릴 수 있으나 이는 결코 부정적인 표현이 아니다. 오히려 서로에게 얽혀 있지 않기 때문에 더 친근하고 즐거운 삶을 살아갈 수 있다. 여기에 약간의 '배려'만 더해지면 더할 나위 없다. 누군가에게 어떠한 것도 바라지 않고 가능한 내가 할 수 있는 선에서 '적당히' 행하는 공생의 삶이 필요하다.

결혼생활을 하며 개인적인 행동을 했을 때 그것은 곧 이기심으로 비친다. 하지만 개인과 개인이 결합해 살아가는 형태에서는 서로가 언제든지 개인 행동을 할 수 있고 또 얼마든지 협업할 수 있다. 즉, 집합과 해제가 용이한 관계. 가령 방문을 닫아두고 각자의 시간을 보내다가도, 문을 열고 나와 공용공간인 거실과 주방으로 가는 순간 서로의 시간을 공유할 수 있고, 어떠한 난관에 가로막혀 골머리를 앓고 있을 때 함께 해결할 방안을 모색할 수 있다. 개인의 자유가 보장되기에 늘 유동적으로 협의할 수 있다. 이렇듯 관계의 자율성에서 오는 심리적인 자유는 우리에게 더 안정적이고 만족도 높은 삶을 보장한다. 적당한 관계를 유지하며 서로 어려울 때 도움의 손길을 내밀면 그 손을 잡아주고 기쁠 때 함께 기뻐하는 그러한 삶을.

솔직하게 고백하건대, 평생을 이러한 형태로 살아가고 싶다. 대신 미래에는 스케일을 키워 지역마다 비혼 공동주택단지를 세우면 어떨까. 꽤 멋진 계획이지 않은가? 지금 당신도 같은 생각을 하고 있다면 훗날 우리는 서로의 근사한 이웃이 될 수 있다.

7

비혼능력
검정시험

간혹 결혼에 대한 생각이 있음에도, 결혼하지 않은 상태에 있는 자신을 스스로 비혼이라 일컫는 경우가 있다. 이 책을 읽고 있는 당신이라면 앞서 나온 내용을 통해 미혼과 비혼의 차이쯤은 쉽게 이해할 수 있으리라. 비혼의 명확하지 않은 정체성에 흔들려본 적이 있나? 비혼을 고민 중이거나 혹은 비혼을 선택할 마음의 준비가 되었음에도 아직 확신이 부족한가? 그런 당신을 위해 준비해둔 것이 바로 책 앞부분(17쪽)에 나왔던 비혼 테스트다.

당신이 상상하고 있던 비혼의 이미지와 질문 항목의 많은 부분이 일치했다면 당신은 비혼의 삶을 살아갈 준비가 되어 있다. 간단한 비혼 테스트를 통해 짐작해보았듯, 개인이 비혼이라는 선택지를 택함으로써 가장 가치 있게 여겨지는 것은 바로, 야망을 갖는 행위 그 자체다. 야망은 크고 높은 지향점을 설정하여 끊임없이 우리를 움직이게 하며 배워나가는 삶을 살게끔 하는 강력한 원동력이다. 어떠한 목표를 이루고자 하는 야망을 품고 나면 자연스레 그에 따른 계획을 세우는 행위로 이어진다. 목표 도달을 위해서는 꽤 구체적이고 현실 가능성 있는 방안들을 구상하게 되는데, 예컨대 '3년 이내로 전세자금을 벌겠다'는 목표를 세웠다면 자신의 현재 상황을 파악하는 과정을 거쳐 '한 달에 얼마씩, 어떤 방법을 통해 자금을 모아야지', '그러기 위해서는 매달 고정지출 비용과 변동지출 비용을 나누어 관리해야겠다'와 같은 실천 가능한 일의 목록을 체계적으로 정리하게 된다.

우리는 어린 시절부터 모두가 각자의 야망을 다양한 형태로 품으며 살아간다. 이러한 말을 들으면 전혀 공감할 수 없는 사람도 있을 테고 왠지 열심히 살아야만 한다는 압박처럼 느껴져 부담스러워하는 사람 또한 있다.

"나는 인생에 있어 별다른 목표가 없어."

"왜 꼭 야망을 품고 살아야 해?"

단언컨대, 이렇게 말하는 이들조차 깊은 내면을 들여다 보면 각자의 욕망을 지니고 있다. 다만 그 욕망을 전혀 인지하고 있지 못하거나 인지했더라도 현실에서 어떠한 방법으로 표출해야 하는지를 모를 뿐이다. '원대한 목표 없이 그저 편안한 노후생활을 보내고 싶다'라는 말에 많은 사람들이 공감할 것이다. 세상에 그 어느 누가 편안한 노후를 마다할까! 그러나 이 문장은 굉장히 모순적이다. 저

문장에는 이미 인생에 있어 원하는 바가 아주 명확히 드러나 있다. 모두 알다시피, 편안한 노후란 그저 흘러가는 대로 산다고 해서 저절로 얻어지지 않는다. 이러한 삶에 대한 목표가 생겨나는 순간, 미래의 나를 위해 현재에서 부단히 노력해야만 한다. 돈을 조금 더 모으고, 노후 대비 연금에 대한 정보를 알아보는 등이 그 과정에 해당한다. 살아가는 데 필수적인 요소에 대한 준비이니 너무나 당연한 거라고, 남들도 다 하는 별거 아닌 행동이라 생각할 수도 있지만, 이 또한 '늙어서는 편히 쉬고 싶다'는 욕망이 반영된 목표를 향해 나아가는 준비과정임은 변하지 않는다.

어린 시절부터 봐왔던 나의 친구들은 정말이지 하고 싶은 것이 끝이 없는, 매사에 열정적인 야망가들이었다. 그러나 점차 나이가 들어감에 따라 친구들과 나누는 꿈에 대한 대화에서 이해할 수 없는 흐름이 생기기 시작했다. 10대에는 '열심히 공부해서 좋은 대학교에 갈 거야', '어느 학과를 가서 어떤 직업을 가질 거야', '성인이 되면 여행도 가고 다양한 취미활동도 해보고 싶어'라는 말로 대한민국의 학생으로서 치열하게 공부해야 하는 환경에 대해, 미래의 가치 즉 개인의 목표를 최우선에 두고 이를 돌파하고자 하는 욕망이 있었다. 20대 초반에는 '학점 관리 잘해서 좋은 직장에 입사해야지', '어학 준비 열심히 해서 워킹홀리데이 가야지', '다양한 나라를 여행하면서 견문을 넓힐 거야'와 같이 자신의 가치를 실질적으로 확장해낼 수 있는 방안들에 대해 이야기했었다. 확실히 10대 때보다 깊어진 고민과 구체적인 방안들이 나오기 시작했다. 그러나 20대 중반을 거쳐 후반이 된 지금, 친구들과의 대화는 어딘가 많이 달라져 있었다. '서른이 되기 전에는 결혼해야지', '일 조금 더 하다가 서른 초중반에 결혼하려고', '결혼해서 애 잘 키워야지' 등 친구들이 결혼을 고민하기 시작하자 결혼 이후의 그들의 미래에는 그들 자신만을 위한 꿈이 사라졌다.

언제나 자기 자신의 가치 향상에 대해 고민하고 더욱 나아가고자 했던 친구들에게 결혼이란 선택지가 주어지고 난 뒤, 그 무궁무진하던 가능성이 일정 선을 넘지 못하고 멈춰버리고 말았다. 당장 결혼에 대한 상상과 출산 및 육아에 대한 경험은 미디어 혹은 서적을 통해 얼마든지 간접적인 경험이 가능했기 때문에 그것에 대한 상상은 그다지 어렵지 않았다. 그러나 문제는 그다음이었다. '육아를 2년 정도 하고 다시 복귀할 거야'라든가 '애 다 키워 놓으면 그때 놀아야지'와 같은 확신할 수 없는 말들만 내뱉었다. 여기에 더해 경력 단절에 대한 걱정과 두려움으로 '남은 생을 전업주부로 살겠다'고 선언하는 친구도 있었다. 전업주부가 그렇게 쉬운 역할도 아니다. 정당한 노동 가치를 인정받지 못하는 가사노동을 전적으로 책임지는 전업주부로의 삶은 개인이 성취를 느끼기 어렵다. 이는 전업주부로서 살아가는 이들이 공통적으로 힘들다고 말하는 부분이다.

분명 꿈 많고 욕심 많았던, 야망 가득했던 친구들의 입에서 이렇게 무기력하고 무책임한 말들이 나오는 게 믿기지 않았다. 자신을 잃어가는 모습에 대한 안타까움보다 먼저 느낀 감정은 당혹함과 실망감이었다. 왜 스스로 자신의 앞날에 펼쳐진 무한한 가능성을 축소할까. 친구들을 그렇게 만든 원인은 따로 있었다. 개인이 선택할 수 있는 범주 밖의 많은 요소들이 그들이 결혼을 선택하게끔 만들었다. 우리는 모두 알고 있다. 결혼이란 선택이 새로운 행복을 가져다줄 수 있다는 사실을. 그러나 그와 동시에 내가 가졌던 것을 내려놓아야 하는 타협이 필요하다. 그렇기에 친구들이 선택한 삶에 끼어들어 뭐라고 말할 수 없었다.

인생을 바라보는 새로운 관점

사람들이 비혼을 택하는 가장 큰 이유 중 하나로 자기 자신의

'능력개발'을 이야기한다. 내가 벌어들이는 자원을 온전히 나 자신에게 투자하며 성장할 기회를 주고, 다양한 경험을 쌓아가며 살아갈 수 있도록 하고 싶은 욕구가 누구에게나 있다. 비혼을 결심하기 이전에 존재하지도 않는 미래의 가족을 떠올리며 그들을 위해 어떤 것들을 익혀야 할지 진지하게 고민했던 시기가 있었다. 아무래도 가부장적인 환경에서 평생을 살아온지라, 상상 속의 나를 자연스레 현모양처의 모습으로 그리곤 했다. 가족에게 맛있는 음식을 제공하기 위해 요리를 배워야 하나? 내조를 잘하기 위해서는 어떤 마음가짐과 생활패턴을 가져야 할까? 시댁과 좋은 관계를 유지하기 위해 애교를 조금 부려야 할까? 모든 고민의 기준이 내가 아닌 타인에게 맞추어져 있었다. 좋은 아내이자 좋은 엄마, 좋은 며느리가 되기 위해 나의 관심사와는 전혀 상관없는 불필요한 정보들을 억지로 습득했다. 누군지도 모를 남의 행복을 위해 자신을 어떻게 바꿔야 할지 고민하는 그 시간 동안, 정작 현재를 살아가고 있는 자신에게 도움이 되는 것은 무엇인지, 내가 정말 좋아하는 건 무엇인지 대한 생각은 해보지도 않았다. 그랬던 스스로에게 비혼이란 선택지가 주어진 순간, 인생을 바라보는 관점 또한 달라졌다.

무엇보다 중요했던 건 '경제적인 안정성'을 확보하기 위한 방법이었다. 다양한 생각이 복잡하게 머릿속을 떠돌았지만, 개중 한 번에 낚아채 올린 것은 바로 직업의 전문성이었다. 직업의 전문성, 직장에서 살아남아야 한다는 절실함. 현재 몸을 담고 있는 업계에서 능력을 인정받기 위해서 더 많이 공부하고 발전해야겠다는 생각이

들었다. 자격증을 취득했고 이전보다 진지하게 일에 임하며 대체 불가한 사람이 되고자 노력하게 됐다. 사회의 일원으로 살아남고자 하는 노력을 아끼지 않으니 체력적으로 피곤할 때도 있지만 머릿속이 맑아졌다. 내가 나의 삶을 책임지고 가꾸어 나간다는 사실이 온몸으로 느껴졌다. 이러한 노력들은 지금도 계속해서 진행되고 있으며, 살아가는 동안 우리가 고민하고 가꾸어 나가야 할 부분이다.

또 하나의 중요한 요소는 역시나 '건강'이었다. 이때 건강은 신체적 건강과 정신적인 건강을 동시에 말한다. 신기하게도 인생의 초점을 남에게 맞추려고만 할 때는 미처 고려하기 힘들었던 요소였다. 주체적인 자아를 정립하고 비혼의 삶에 집중하면 많은 일의 원동력을 자기 자신에게서 얻게 된다. 내가 아프고 무너진다면 모든 게 소용이 없어지기 때문에 건강을 잃으면 내 삶을 잃는 것과 같다. 건강한 신체를 갖기 위해 다양한 운동을 새롭게 접해보며, 신체 건강뿐만 아니라 정신건강에도 관심을 기울여보자. 아무리 건강한 신체를 지녔더라도 정신건강이 나빠지기 시작하면 몸은 놀라운 속도로 악화되기 마련이다. 우리가 느끼는 부정적인 감정들은 절대적으로 나쁜 것은 아니다. 더 큰 자극으로부터 우리를 보호해주는 역할을 하기 때문이다. 그럼에도 너무나 오랜 시간을 혼자서만 해결하려 든다면 그것은 정말 나쁜 결과를 초래할 수 있다. 충분히 고독한 시간을 가져야 함도 중요하지만 다른 사람을 만나며 생각의 환기를 자주 시켜줘야 함을 잊지 말자.

마지막으로 이야기해볼 키워드는 '자유'다. 너무도 추상적인 표현이라 막연하게만 떠다니는 '자유'라는 개념은 사람들과 어울리는 관계의 자율성을 의미할 수도 있고, 그 관계에서 오는 감정에 대한 심리적 자유를 의미할 수도 있다. 무엇보다 내가 원할 때 언제라도 남의 신경을 쓰지 않고 주변을 차단할 수 있는 자유라고 할 수 있겠다. 물론 업무 중에 갑작스레 잠수를 타는 등 무책임한 행동을 하라는 뜻은 아니다. 심신이 지쳤을 때 자기 스스로에게 휴식을 주기 위해 잠시 인간관계에 거리를 두는 것은 무척 중요하다. 외부자극으로부터의 차단은 나를 보호하기 위한 원초적인 행동이다. 이 과정을 통해 더욱 차분한 사고가 가능하며, 자신을 단단하게 다질 수 있다. 특히 특정인과 지독하게 얽힌 관계가 아닐 때 우리는 언제든 어디로든 훌쩍 떠날 수 있다. 물론 나 스스로 준비가 되어 있는 상태여야 하겠다. 가능하다면 필요할 때 망설이지 말고 넓은 세상으로 가서 후회 없이 많은 경험을 누리도록 하자.

이렇게 자신감에 찬 상태에서 청사진을 그리다 보면 모든 게 완벽하기만 하다. 그러나 간과하지 말자. 세상에 완벽한 삶이란 없다. 낙관적인 사고방식은 좋으나 대책 없는 낙천주의는 매우 위험하다. 이럴 때 필요한 것은 바로, 앞서 그 상황을 살아간 경험자의 조언이다.

우리가 만났던 다양한 연령대의 비혼인들의 삶을 토대로, 각 연령별로 살아가는 데에 직면하게 되는 문제들을 인터뷰 형식으로 정리해보았다. 인터뷰에 언급되는 A, B, C는 여러 대상의 의견을 녹여 각색한 대표 인물이다. 여기 언급되지 않은 10대나 50~70대까지 더 다양한 연령대의 비혼인들과 만나 이야기 나누는 기회들이 생겨나기를 바란다.

Q1 본인의 연령대에서 비혼인으로 살아가는 데 가장 큰 난관은 뭐라고 생각하는가?

20대 A 씨

돈이다. 비혼을 다짐한 후 나 자신을 먹여 살려야 한다는 책임감이 생겼다. '나 혼자만의 힘으로 먹고살아야 한다'라는 생각에 사로잡혀 한동안 심리적인 부담감이 상당했다. 조금씩 경제적인 독립을 이뤄가는 과정에서 예상외의 지출이 계속해서 생겨나는 상황이었던지라 더욱더 그러했다. 그동안 신경 쓰지도 않고 살았던 영역들이 그제야 눈에 들어오면서, 세상 물정을 참 모르고 살았음을 실감하게 됐다. 보험, 적금, 부동산 등 배울 것들은 넘쳐나는데 생전 접해본 적 없던 분야를 의지박약인 내가 혼자 공부하기란 쉽지 않은 일이었다.

30대 B 씨

무언가 번듯이 이뤄놓은 것이 없다는 심리적인 불안감이 가장 컸다. 그동안 모아둔 돈으로 전셋집을 알아보는 과정에서 많은 난관이 있었지만, 다행히 지금은 괜찮은 매물을 구해서 살고 있다. 그러나 30대에 찾아온 사춘기(!)로 인해 불안정한 감정은 늘 이리저리 요동치곤 한다. 일터에서는 위아래로 치이는 일이 많아지고 연차가 쌓임에 따라 책임을 져야 할 일들이 늘어나며 어깨가 무거워졌다.

40대 C 씨

확실히 2030 때보다는 안정적인 삶을 살아가고 있다. 회사 일은 이제 너무도 익숙해졌다. 그러나 열심히 달려왔던 만큼 가장 크게 간과했던 것이 바로 건강이었다. 어느 순간에 훅 오더라. 몸은 계속해서 자잘한 신호를 보내고 있었는데 애써 무신경하게 외면하며 살아왔던 탓이기도 하겠지. 한번 상해버린 몸은 절대 원래의 상태로 복구되지 않는다는 걸 뼈저리게 실감하고 있다. 마음만큼은 20대 열정 넘치던 때 그대로라고 자부하지만 몸이 따라 주질 않으니 그 점이 가장 속상하다.

Q2 그 난관을 어떻게 극복 및 해결하였는가?

20대 A 씨

때마침 내 고민을 들어준 친구를 통해 비혼공동체의 존재를 알게 되었다. 그 공동체 안에는 여러 사람들의 관심사에 따라 다양한 모임이 있었는데, 그중 경제 스터디 모임이 있다는 얘기를 듣고선 고민 없이 마음을 굳혔다. 다양한 사람들과 함께 배워가는 방식을 택하자 소속감과 그에 따른 책임감도 생겨났다. 열심히 하는 구성원들이 있기에 나도 뒤처지지 않기 위해 더 열심히 배워가고 있다. 아무것도 시도하지 않은 채 혼자 있을 때와 달리 오가는 정보의 양과 질 또한 달라졌다. 나와 비슷한 또래의 사람들이 전문적인 지식을 술술 꺼내놓는 모습을 보며 꽤 충격적이기도 했고 확실한 자극이 되기도 했다. 스터디 모임을 통해 나의 관심 영역 밖에 있던 다양한 주제에 관해 공부할 수 있는 기회가 생겼고, 어렵게만 느껴졌던 투자 종류를 알아보며 그중 나에게 맞는 방식을 찾아가고 있다.

30대 B 씨

나 또한 A가 말하는 경제 스터디 모임에서 활동 중이다. 나 역시 새로운 정보들을 배워가는 입장이지만 부동산을 공부할 때만큼은 전셋집을 구하는 과정에서 내가 직접 발품 팔아가며 획득했던 정보들을 스터디 구성원들에게 아낌없이 공유해주었다. 내 이야기에 집중하는 이들의 반짝이는 눈을 보면 그렇게 뿌듯할 수가 없다.

나는 집을 얻어 독립한 이후로 꽤 자주 지인들을 집으로 초대하여 즐거운 시간을 보낸다. 함께 와인을 마시거나 영화를 보거나 보드게임을 하는 등 다양한 일들이 벌어지는 시끌벅적한 곳이 되었다. 사람 만나는 것을 좋아하는 성향이어서 비혼공동체에서 만난 사람들과 함께 일과 관련된 관계에서 오는 스트레스를 해소하고 있다. 건강한 인간관계란 이런 건가 하는 생각이 든다.

40대 C 씨

이 나이가 되니 새로운 것보단 해왔던 것에 더 안정감을 느끼는 것은 사실이다. 비혼공동체에는 무척이나 다양한 분야의 사람들이 있더라. 어느 날은 요가를 하는 회원이 소규모 원데이 클래스를 연다는 소식을 듣고 빠르게 신청했다. 의사가 건강하게 먹고 스트레칭을 자주 하라 했는데 음식이야 자신 있었지만 스트레칭은 왜인지 너무나 멀게 느껴졌기에 이 원데이 클래스가 기회라 생각했다. 수업에 참여해 나의 몸 상태에 따른 맞춤형 스트레칭을 배우며, 건강에 관심 있는 사람들과는 음식·운동 등 더 많은 이야기를 나누었다. 몸이 지치면 정신 또한 지치게 마련이다. 이러한 상황에서 함께 공통된 주제로 대화를 나누고, 여가를 함께 보낼 수 있는 사람들이 있다는 사실만으로도 많은 위안이 된다.

Q3 다른 세대들에게 해주고 싶은 말이 있다면?

20대 A 씨

10대에게 해주고 싶은 말이 있다. 비혼에 대한 사회적 인식이 빠르게 변화하고 있는 만큼 이미 10대에 비혼을 택하는 경우가 많은 것으로 알고 있다. 비혼을 결심하고 막연한 두려움에 빠진 사람도 있을 테고, 아직 아무런 감흥이 없을 수도 있을 테다. 어떠한 반응이 정답인 것은 아니다. 다만 한 가지 자신 있게 해줄 수 있는 말은, 바로 '비혼을 선택한 것을 즐기고 준비하라!'라는 것이다. 준비란 단어에 겁먹을 필요 없다. 여행을 떠날 때 무엇을 할지 계획을 세우고 그 계획에 맞춰 준비물 리스트를 써 내려가듯, 이 과정은 아주 자연스럽고 즐거운 일이 될 것이다.

30대 B 씨

20대에 대한 후회가 가장 많다. 그래서 그 세대들에게 말해주고 싶다. 조금이라도 시간적 여유가 있을 때 경제적인 상식을 많이 쌓아 놓아라. 부동산·주택 관련 제도나 세금 관리 등 경제적인 독립 이후 실질적으로 필요한 제도들에 대한 기초 지식을 갖춰야 한다.

그리고 그 누구라도 나처럼 30대에 또다시 사춘기가 찾아올 수 있다. 지치는 시기가 오더라도 마음 맞는 사람들을 만나 함께 시간을 보내며 일상 속에서도 소소한 여유를 즐길 줄 아는 사람이 되길 바란다.

40대 C 씨

내 윗세대인 50대(혹은 그 이상)를 살아가는 비혼인들에게 하고 싶은 말이 있다. 나보다 연령대가 높은 사람 중 미혼 아닌 비혼을 외치는 이는 그리 많지 않다. 과거에는 결혼하지 않은 사람을 바라보는 시선조차 곱지 않았으니 충분히 이해할 수 있다. 그럼에도 비혼을 택했다고 당당히 외치는 사람들에게 당신의 뒤로 나의 세대, 그리고 그 뒤로 수많은 세대가 함께하고 있다고 자랑스럽게 말해주고 싶다. 기성세대로 자리 잡은 우리 세대 또한 보다 젊은 세대에게 비혼인으로서 충분한 롤모델이 되어야겠다는 일말의 책임감을 느끼며 말이다. 언젠가 70대 비혼인이 나온 영상을 접한 적이 있었다. 2분 남짓한 짧은 영상이 얼마나 큰 충격으로 다가왔는지, 큰 용기로 다가왔는지 모른다. 나도 누군가에게 그러한 존재로 남을 수 있기를 소망한다.

누구나 나이가 들어가면서 직면하게 되는 문제들이 있기 마련이다. 앞서 경험을 해낸 사람들의 이야기를 접하는 과정은 일종의 예습과도 같다. 그들의 조언을 통해 도움이나 위안을 얻었길 바란다. 만약 비혼을 결심하고 머리가 아파졌다 하는 사람이 있다면, 무리하지 말고 잠시 쉬었다 가라고 말해주고 싶다. 충분히 쉬었다가 제 호흡을 되찾고 다른 이들이 지나온 길을 차근차근 천천히 따라오라고. 휴식을 거쳐 안정된 마음으로 다른 사람들이 다져놓은 그 길을 따라가는 과정에서 당신은 더 성장할 것이라 믿어 의심치 않는다. 자, 어깨 펴고 당당하게 비혼을 맞이하자!

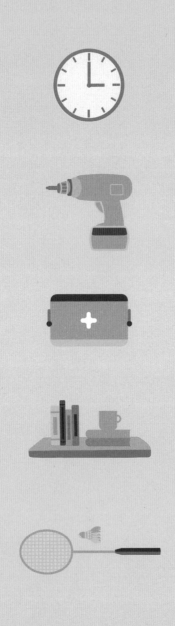

PART 2

Myself

1

한국 사회에서 비혼으로 살아가기란 쉽지 않다. 이번 장의 제목들은 비혼의 삶을 사는 우리가 살아가면서 너무 쉽게 듣는 이야기들이다. 세상이 끼고 있는 색안경에 우리가 가진 색을 입혀보려고 한다. 듣기 불편했던 말들을 직접 언급하거나, 그 말들에 숨어 있는 이면들을 파헤쳐보거나, 아예 뒤집어버리기는 방식으로 우리의 진짜 이야기를 담았다. 가능성과 긍정의 시야가 넓어지는 계기가 되어 세상에 지친 당신에게 조금이나마 힘이 되기를 바란다.

—————— 1

아직
어려서 그래

어렸을 적 TV를 봤을 때 얼마나 인상적이었는지 아직도 기억나는 말들이 있다. '남편이 룸살롱을 가는 걸 이해해줘야 한다. 가지 않으면 업무적인 불이익이 있다', '빨래는 세탁기가 해주고 청소는 청소기가 해주는데 뭐가 힘드냐', '운동할 시간이 없다고? 아기를 안고 앉았다 일어났다 하면 되는 거 아니냐' 등등. 미디어에서 비추는 결혼생활이 썩 좋아 보이지 않았다. 오래전부터 이런 말의 홍수 속에서 비혼 의지를 불태웠다.

"얼마나 살았다고 벌써 그러니."

"나이 먹어봐라. 그때도 그렇게 생각하나."

"아직 어려서 그래." 아주 어렸을 때부터 현재까지 '결혼 안 할 건데요?'라고 말하면 귀에 딱지가 앉도록 듣던 말이었다. 비혼을 다짐하고 살아가는 사람 중 이러한 말을 안 들어본 사람 없을 테다.

　이런 이야기는 비혼공동체 인터뷰 댓글로도 만나볼 수 있었다. 인터뷰는 단체에 대한 소개와 왜 우리가 비혼을 다짐하게 됐는지 등이 주된 내용이었다. 기사 사진 밑에 작게 나이가 나와 있었다. 20대 중반, 30대 초반인 단체 대표들의 나이를 보고 사람들은 흥분했다. 비혼을 다짐한 이유가 분명히 나와 있음에도 단순히 나이에만 꽂혀 댓글을 쓰는 사람들이 많았다. 어려서 그런 말을 할 수 있는 거라고, 나중에는 외롭고 비참해진다고. 무수히 많은 사람들이 같은 이야기를 하고 있었다. 각기 다른 아이디를 가진 사람들이 똑같은 말을 댓글로 남겼다. 현실에서 지겹도록 듣던 말을 온라인에서도 똑같이 접했다. 단순히 비혼공동체에 대한 소개임에도 불구하고 미친 듯이 달리는 악플에 상처를 받기도 했지만, 한편으론 맥락 없는 비난이 놀라웠다. 비혼 다짐과 나이 사이에 무슨 상관관계가 있을까? 물론 100세 시대에서 20대는 비교적 어린 나이다. 하지만 아주 어렸을 때부터 비혼을 다짐하며 삶의 동반자를 고려하지 않았던 사람들은 이런 반응을 이해하기 어렵다. 누구보다 신중하고 깊게 생각해보았던 개인의 선택이 송두리째 부정당하는 기분도 든다. 비혼은 나의 오래된 선택이자 오랫동안 생각하고 결정한 나의 삶이다. 그럼에도 내 나이가 그저 어리기 때문에, 아직 덜 살았기 때문에 비혼은 미숙한 선택이 되는 걸까?

　우리는 살면서 많은 선택의 순간에 놓인다. 요즘은 빠르면 초등학생 때부터 입시를 준비한다. 너무 극단적인 예시라고 생각되는

가. 그렇다면 보편적인 이야기를 해보자. 대한민국 의무 교육을 따라왔다면 초등학생 때 중학교에 가기 위해 n지망 순서를 정한다. 중학교 때 역시 n지망 순서를 고민하거나 혹은 예고, 외고, 특성화고 등을 정해 입시를 준비하기도 한다. 고등학생으로 올라가면 문이과, 제2외국어를 선택한다. 그게 끝인가? 고3이 되면 사탐/과탐 중에 2과목을, AB/가나/홀수짝수 형을, 심지어 대학에 갈지 말지까지도 끊임없는 선택의 연속이다. 그리고 이러한 선택은 모두 성인이 되기 이전에 이루어진다. 그런데 내 평생의 전공과 진로에 대한 준비나 선택을 할 때는 아직 어려서 뭘 모른다고 무시하듯 말하지 않는다. 모두가 그 시기에 당연히 해야 하는 중요한 선택이라고 여긴다. 오히려 자신의 전공과 진로에 대해 깊게 생각하지 않으면 미래에 대한 책임감이 없다며 손가락질한다.

"아직 어려서 이과 가는 거야."

"그런 애들이 제일 먼저 예고 준비하더라."

"좀 더 살아봐라. 윤리와 사상 선택할 걸 후회한다?"

학창시절 선택들에 대해서는 이런 말을 하지 않는다. 바꾸어 말하니 어색하거나 혹은 웃기게 느껴지지 않는가? 학생 때의 선택은 당연하게 여기면서 비혼에 대해선 대체 뭘 모른다고 하는 것일까?

그러면 결혼은 어리지 않아서 결정한 성숙하고 어른스러운 선택일까? '어려서 그래'라는 말로, 나이로 판가름하려 하지만 실속 없는 말일 뿐이다. 결혼한다고 어른이 아니라 사회를 경험하고 경험이 쌓이면서 성숙해지는 것이다. 결혼이 그러한 사회 경험 중 하나일 수도 있겠으나, "결혼 = 성숙"은 아니다.

세상 모든 사람이 똑같이 살 필요는 없고 그럴 수도 없다. 하지만 유독 결혼만은 같은 생애주기로 경험하길 바란다. 10대, 20대부터 결혼을 생각하며 좋은 '배우자' 찾기에 눈을 돌려야 하는 것도 아닌데 말이다. 결혼에서 눈을 떼면 신기하게도 더 많은 선택지가내 인생 안으로 들어온다. 결혼으로 인해 포기해야 할 것들이 없어진다. 내 자본을 더 축적할 수 있고, 상대의 가족들과의 관계에 대해서도 염려할 필요가 없다. '아직 어려서 그래'라는 말은 더 나이를먹게 되면 '안 하는 게 아니라 못하는 거야'라는 말로 바뀐다. 이러든 저러든 비혼 선택은 잘못된 것이라는 전제가 깔려 있다. 그러니사회에서 하는 말들을 신경 쓰기보다는 내가 무엇을 할 수 있는지를 생각하는 게 좀 더 생산적이겠다. 비혼은 세상 물정 모르고 책임감이 없어서 하는 선택이 아니라 가능성을 위한 선택이기에.

젊음이 부러워서 하는 소리가 아니라면 비혼이라는 선택도 존중하자. 비혼은 더 많은 선택을 할 수 있게 하는 선택지일 뿐이다.

2

이제 결혼할
나이네

"너 이제 몇 살이지?" "올해로 28살 됐어요."

친척들과 오랜만에 만날 때마다 빠지지 않는 이야기다. 어색함을 무르기 위해 혹은 관심의 표현이란 이유로 대화는 시작된다. 대뜸 나이를 묻는 질문만 듣고도 다음 말을 예측할 수 있다. 그 말에 답하는 목소리에는 자연스럽게 한숨이 묻어나온다. 아니나 다를까, 대답을 들은 상대방은 여지없이 "아이고 벌써? 이제 결혼할 나이네!"란다.

그렇다, 결혼이다. 결혼 적령기로 대두되는 20대 후반부터 30대 초반 연령대의 사람들이면 모두 한 번쯤 '결혼할 나이'라는 이야기를 들어보았을 거다. 살아오면서 늘 '나이'와 '무언가를 해야 할 시기'를 연관 지어왔다. 마치 게임 속 캐릭터가 레벨 업을 하기 위한 미션 같다. 고등학생 때는 입시를, 대학생 때는 취업을, 그리고 취업이란 미션을 끝낸 뒤 서른을 바라볼 나이가 되니 결혼이란 미션이 주어졌다. '너 지금 결혼해야지, 나중에 하려면 하고 싶어도 못해', '빨리 가는 게 현명한 거야.' 전혀 공감할 수 없는 주변의 잔소리를 뒤로한 채 문득 이런 생각이 들었다. 비단 결혼뿐만 아니더라도, 앞으로 나의 남은 인생은 정해진 미션의 연속인 걸까? 무언가를 해야 하는 나이라는 게 정말 존재하는 걸까?

결혼을 빼놓고도 흔히 사회통념상 그려지는 연령대별 이미지가 있다. 학업에 열중하며 대입을 준비하는 10대, 사회초년생으로서 무엇이든 도전하며 배워나가는 20대, 어느 정도 커리어를 갖추고 저축해놓은 돈으로 내 집 마련의 꿈을 이루는 30대, 경제 수익성과 안정성의 균형을 갖춘 40대, 모아놓은 자산을 불리며 노후를 계획하는 50대, 편안하고 여유로운 노후를 보내는 60대. 이 글을 읽는 당신은 어느 정도 공감이 가는가? 30대가 되면 내 명의의 집과 멋진 차가 있을 거란 확신이 있었다. 직장에 다니고 있다면 엄청난 노력형 인재가, 창업을 했다면 멋지고 능력 좋은 대표가 되어 있으리란 막연한 기대도 가지고 살았다. 그러나 막상 30대로 진입하기 직전이 되니 썩 그러하지 못했다. 기대치가 높았던 걸까. 그러나 '목표는 높게, 꿈은 크게!'라고 하지 않던가. 문제는 높게 설정한 목표가 아닌, 이상과 현실의 괴리에서 겪는 내면의 감정에 있었다.

곧 서른이 되는 사람이 현대 사회에서 손에 뭔가 이렇다 할 성과를 쥐고, 눈에 보이는 눈부신 성과를 이뤄내는 것은 어렵다. 이를

인지한 순간 초조함과 불안함이 몰려오기 시작한다. '어? 곧 있으면 집도 사고 차도 사야 할 나이인데?', '나름 열심히 살았다고 자부했는데, 왜 여태 돈이…', '난 왜 아직도 일을 잘 못할까', '이 일로 내가 만족할 만한 돈을 벌면서 살아갈 수 있을까', '평생 이렇게 아무것도 이루지 못하고 살면 어떡하지?' 한번 들이닥친 부정적인 생각은 꼬리에 꼬리를 물고 계속해서 스스로를 괴롭혔다.

삶에 대한 고민과 온갖 생각들이 머릿속에서 정신없이 뒤엉킬 때, 우리는 다시금 사춘기를 맞이한 듯한 혼란스러운 상태가 된다. 아직은 어리기만 한 위치에 있던 20대에서 책임을 져야 할 '진짜 어른'이 되어버린 30대가 되면서 그에 대한 부담감이 생겨났다. 사람은 누구나 현재의 불안하고 부족함투성이인 인생에서 벗어나고자 새로운 도피처를 찾는다. 그건 준비되지 않은 유학이 되거나 독립일 수도 있는데 유독 도피처로 결혼을 말하는 경우가 많다.

현재의 불안감에 대한 수동적인 해소법으로 도피를 택한 사람들의 결말은 대개 좋지 못하다. 현재의 삶을 잘 돌보지 못한 채 그 사실을 외면하는 것은 결코 건강한 해소의 방법이 아니다. 도피가 이유가 되는 선택은 본인이 감당해야 할 책임의 영역을 더 넓히는 꼴이 되어버린다.

비혼을 택한 우리는 어떻게 살아야 할까. 인생 계획표에 결혼이 지워지면서 흰 도화지처럼 남은 인생에 앞으로 어떠한 가능성을 그려볼 수 있을까? 비혼의 장점을 살릴 수 있는 계획을 세워보고자 했다. 비혼의 가장 큰 장점은 당연히 스스로에게 쓸 시간이 늘어난다는 점이다. 평상시 혹은 어린 시절부터 꿈꿔왔던 모습을 쭉 나열하고 그 꿈을 이루기 위해 실제 어떤 노력을 해야 할지에 대해 생각했다. 예를 들어, 단순히 '영어를 잘하고 싶다'라는 바람을 목표로 구체화시키는 식이다. 해외에서 사람을 만날 때 흔히 사용되는 언어는 영어다. 단순 관광이라면 영어를 못해도 그만이지만 조금 더 깊은 경험을 원한다면 언어가 중요해진다. 다양한 나라의 사람과 깊은 대화를 나눈다든가, 언젠가는 해외에서 일을 하는 상상이 우리를 배움의 길로 이끈다. 초등학교 교육과정부터 지겹도록 꾸준히 배워왔던 영어지만 나는 단 한 번도 영어시간이 즐거웠던 적이 없었다. 흥미는 물론 실력도 없었다. 그런데 목표가 생기고 나서 다시 접한 영어는 충격적일 만큼 즐거웠다. 물론 여전히 말을 내뱉기는 쉽지 않아도 공부가 이리도 즐거울 수 있다니! 자못 놀랄 수밖에 없다.

인생의 이모작을 준비한다며 부업을 하거나 퇴근 후 교육 프로그램에 참여하는 사람도 늘고 있다. 쉴 틈 없이 바쁜 나날을 보내는 사람들을 보면, 어쩐지 안타까운 마음이 들어 조금은 쉬어가라고 얘기해준다. 그러나 그들은 당당히 웃으며 현재 자신의 상태가 너무나 만족스럽다며, 인생의 완벽한 순간을 즐기고 있다고 답한다. 자신에게 집중하고 스스로를 발전시키는 사람의 모습이 저렇게나 멋진 거구나, 감탄하며 그들의 하루하루를 응원한다.

이런 경우도 있다. 독서를 통한 간접경험을 중요하게 생각하던 사람들이 모여, 타인의 생각과 가치를 교류하기 위한 소규모의 독서모임을 만들기도 한다. 이러한 모임에서는 개인의 지식 범주를 확장시키며 타인의 경험들과 어우러지는 삶의 방향성을 제시하기도 한다. 이렇듯 다양한 형태로 자기계발을 하며 사는 비혼인들을 보며 늘 자극을 받는다. 이 과정에서 우리는 또 다른 원동력을 얻게 된다.

당신의 계획은 무엇인가? 만약 당장에 무얼 해야 할지 모르겠다 하더라도 조급해하거나 걱정할 필요 없다. 우리에게는 결정적인 확신이 있다. 남은 생애 모든 순간을 오롯이 본인을 위해 쓸 수 있다는 사실 말이다. 그러니 시간을 여유롭게 두고서라도 본인이 정말로 원하는 바에 대한 고민을 해보고 되도록 구체적인 계획을 세워보자. 얼핏 이기적으로 보이지만 나를 건강하게 성장시켜 그 긍정적인 가치들을 사회로 환원하는 그 흐름은 결국 이타적인 삶이다. 그러니 눈치 보지 말고 언제, 어디서나 당신이 원한다면 그 무엇이든 해내는 삶을 살아가기를 바란다. 무언가를 해야 할 시기는 정해져 있을지 모르나 나이만큼은 결코 중요치 않다. 왜, 유명한 노래가사도 있지 않은가. "나이는 숫자, 마음이 진짜. 가슴이 뛰는 대로 가면 돼." 사회적인 시선이나 주변의 말들에 휩쓸리지 말고 내자신의 소리에 가장 귀 기울이며 살아가자. 무궁무진한 가능성으로 펼쳐질 우리의 삶을 위해!

3

애 좋아하는 거 보니
결혼할 때 다 됐네

"아, 아기 너무 귀여워!" "애 키울 때 다 됐네."

특별한 취미나 기호를 가지고 있다고 해서 그것이 일정한 결말로 귀결되지는 않는다. 그런데 사회는 그렇게 생각하는 것 같다고 느낄 때가 왕왕 있다.

"아, 고양이 귀여워!" "고양이 키울 때 다 됐네."

"햄스터 너무 좋다!" "햄스터 키울 때 다 됐네."

"커피 너무 좋아." "커피콩 키울 때 다 됐네."

당신은 무엇을 좋아하는가? 과일을 좋아하는가? 그렇다면 과일 농사할 때가 다 됐나 보다. 당장 귀농을 준비해보자. 이런 말이 어색한가? 이상한가? 호감이 특정 대상에 대한 육성 의지는 아니다. 그런데 왜 '아기'에 대한 호감만 비추면 놓칠세라 결혼, 출산, 육아와 엮어 그 세계로 밀어넣으려고 하는 걸까.

아기 좋아 ━━━━▶ **결혼할 때 다 됐네**
⬆
이 사이의 논리 점프, 간극은 결혼주의 사회가 메꿔주고 있다.

이렇듯 인과가 맞지 않는 표현을 우리는 너무 많이 알고 있다. '청소를 좋아하니까 결혼해서 사랑받겠네', '요리를 좋아하니까 결혼하면 아침밥 굶길 일은 없겠네', 운동을 좋아하면 '그렇게 우악스러우면 남편이 싫어해', 어쩌다 명절에 만두라도 잘 빚으면 '예쁜 딸 낳겠네' 등등. 원인이 무엇이든 모든 결과가 결혼으로 귀결된다. 나의 취미나 기호, 심지어 행동 하나하나를, 결혼을 위해 익히거나 갖추고 있는 것인 양 이야기한다.

당연한 말이지만 모든 선호가 책임으로 이어지지는 않는다. 아이를 좋아한다는 건 양육 의지에 대한 내포가 아니다. 핸드폰을 좋아한다고 반도체 제조를 위해 공장에 취직할 때가 되는 게 아니듯, 아기를 좋아한다고 아기 키울 때가 되는 것이 아니다. 이런 사회의 획일화된 시선이 답답하다. 그리고 사실 사람은 유전학적으로 아기를 보면 귀여워하도록 설계되어 있다는 '귀여움의 이론'도 있다. 이 이론대로라면 아기의 비율과 가깝다면 망치도 귀여워 보인다. 단순히 귀엽고 예쁘다는 특징만으로 생명의 성장을 책임지기는 힘들다. 반려동물도 그 책임이 버거운데, 육성이 훨씬 복잡한 사람에

Myself _____

있어서는 왜 단순하게 결론 지을까. 아이가 귀여우면 결혼할 때가 되었다는 말은 선택에 뒤따르는 책임과 감수해야 할 위험을 의도적으로 지워낸다. 아기는 인격체다. 나와 다른 하나의 인격체를 키우는 것은 단순히 귀엽다는 이유로 덜컥 결정할 일이 아니다. 나를 감당하는 것도 바쁘고 벅찬데 다른 이를 키운다는 것은 도박과도 다름없다.

사회에서 통용되는 결혼 적령기란 20대 중반에서 30대 초반을 아우른다. '결혼해야 할 적정한 때'에 대해서는 누구나 쉽게 이야기한다. 하지만 그 시기에 한 인간에게 꼭 필요한 제반환경을 스스로 마련해야 한다는 사실에 대해서는 다들 눈을 흐린다. 20대 중반에서 30대 초반은 나의 인생을 지탱해줄 기둥을 세우는 시기가 되어야 한다. 디자인을 전공했다면 세부적인 많은 분야들 중 내가 어떤 분야의 디자이너로 살아갈지에 대해 이 시기에 경험해볼 수 있다.

전자공학과나 건축, 회계 등을 전공했다면 각종 자격증을 준비하며 자기만의 전문성을 고양시키기 위해 힘쓸 수 있다. 언론, 미디어 전공이라면 사회, 경제, 문화 등 다양한 분야 중에 자신의 열정을 쏟을 수 있는 분야가 어디인지 선택할 수 있게 다양한 채널을 경험해보고 어느 방향으로 나아갈지 확인해야 한다. 예술을 전공하는 사람이라면 온 시간을 쏟아 자신의 필모그라피를 만드는 데 집중해야 하는 시기다. 따로 대학을 다니고 있지 않은 사람들도 마찬가지다. 기술을 습득하거나, 창업을 위한 자신만의 콘텐츠 개발에 힘쓰거나 무엇이 되었든 '나'를 만들어가는 시간으로 보내는 것이 맞다. 전공대로 직업을 선택하는 일이 거의 없다고 말하는 세상이니 전공과 완전 무관한 일을 하게 되더라도 이렇게 나만의 알맹이를 빚어가는 시기를 가져야 함에는 틀림이 없다.

비혼인들은 남들보다 더 열심히 살아야 한다고 생각하는 경향이 있다. 실제로 많은 비혼인이 이를 입증한다. 그들이 열심히 살아가는 이유는 미래와 노후를 위해서이기도 하지만, 남들에게 싫은 소리를 듣고 싶지 않아서이기도 하다. 때로는 피곤하다고 느낄 수도 있지만 매순간 나 스스로의 성장을 마주하면서 즐거움을 느낀다. 이때 놓쳐서는 안 되는 부분이 있다. 바로 '여가 관리'다. 모든 이의 삶에서 여가는 필수다. 하지만 비혼인들은 열심히 살아야 한다는 생각이 강해 상대적으로 훨씬 여가를 놓치기 쉽다. 바쁘게 살면서 편견 어린 시선에 쉽게 노출되어 있는 비혼인에게는 여가를 어떻게 보내느냐가 삶의 질 향상에 큰 영향을 끼친다. 쉼 없이 달려

갈 수만은 없다. 치열하게 나의 삶을 만들면서 여가시간을 확보해 내가 소진되지 않도록 해야 하는 때, 비혼으로 살아가는 모든 순간이 바로 그때다. 여가, 어떻게 잘 관리할 수 있을까?

여가 루틴을 만들어보자

사람들은 여가를 여유와 혼용해서 사용한다. 그러나 두 단어는 의미가 다르다. 여가는 '일이 없어 남는 시간'이고, 여유는 '느긋하고 차분하게 생각하거나 행동하는 마음의 상태'를 말한다. 간단히 말해 여가는 시간, 여유는 상태다. 바빠도 여유가 있을 수 있고, 바쁘지 않은데 여유가 없을 수도 있다. 우리는 여유 있는 삶, 그러니까 마음이 편안한 삶을 커다란 지표로 삼고 살아가야 한다. 이러한 여유는 나의 시간이 바쁘게 달리는 '성과'와 제대로 쉬어갈 수 있는 '여가'가 만나 만족감을 형성하면서 만들어진다. 여가라고 특별한 활동을 할 필요는 없다. 우선 자신이 어떤 활동을 할 때 가장 행복하고 보람을 느끼는지 생각해보자. 그리고 집 혹은 가까운 곳에서 할 수 있는 간단한 것부터 시작해보자. 여가활동은 가까워서 쉽게 할 수 있는 것이 좋다. 너무 어렵거나, 여가를 보내기 위해 또 시간을 들여 이동해야 하는 번거로움이 따른다면 지속 가능성이 낮아진다. 선택의 폭이 넓을 때, 하루라도 시간을 지체하지 말고 그 시간을 내 것으로 만들자.

여가 루틴을 만드는 방법도 있다. 여가를 보내겠답시고 마구잡

이로 시작하기엔 너무 막막한 감이 있다. 내가 좋아하는 것, 할 수 있는 것과 남는 시간을 정리해 조금씩 실천해보는 것이다. 산책을 다닌다든지, 자전거를 탄다든지, 집 근처에 산이 있다면 가볍게 등산을 하는 식이다. 여가에 루틴까지 있어야 해? 너무 빡빡한 거 아니야? 라고 생각할 수도 있다. 하지만 루틴이 정착되면 습관이 된다. 습관이 되면 루틴에 맞추어 생활도 변한다. 운동 루틴이 습관되면 운동을 할 것이기 때문에 그에 맞춰 밥은 언제 먹을지도 정해지고, 빨래를 언제까지 할지도, 이동거리 계산도 정해진다. 처음이 어

렵지 흐름을 타면 몸이 알아서 실행하고 있는 나를 발견할 수 있을
것이다.

"아, 고양이 귀여워!"
"고양이의 꾹꾹이를 보면 너무 행복하지."

"햄스터 너무 좋다!"
"햄스터 쳇바퀴 돌고 있는 거 보면 시간 가는 줄 모르겠다니까."

"커피 너무 좋아."
"이번에 새로 나온 원두 있는데 드립커피 한 잔 할래?"

우리가 어떤 것을 선택했을 때 개인의 기호나 취향이 일괄적으
로 하나의 답을 향해 가는 대화로 흐르지 않았으면 한다. 오롯이 자
신을 챙기며 살아가는 비혼인들의 삶에 대한 존중 어린 시선이 하
루빨리 정착되어야 하는 이유다. 그리고 그런 세상이 하루 빨리 찾
아오지 않더라도 위축될 필요는 없다. 우리 스스로 주변을 좋아하
는 것들로 가득 채우고 여유 있는 때를 살아가면 될 일이다.

4

어떻게 인생을 혼자 사니? : 마음의 방이 필요할 때

비혼이라고 말하면 가장 많이 듣는 이야기가 있다. 바로 "어떻게 혼자 살아?"다. 이 질문을 처음 받았을 땐 의아함이 들었다. 한참을 고민하다가 '어떻게?'라는 물음에 맞춰, 진짜로 어떻게 혼자 살 것인지에 대해 대답을 했던 기억이 난다. 나중에 생각해보니 질문을 던졌던 사람은 내가 어떻게 혼자 살 것인지 궁금한 게 아니라, 인생은 혼자 살 수 없다고 생각하며 말했던 것 같다. 그 뒤로 "인생을 어떻게 혼자 살아?"라는 질문을 들을 때면 속으로 대답한다. '그럼 어떻게 인생을 둘이 살아? 아니면, 셋이 혹은 넷이?'

때로 인생의 진리인 듯 누구나 당연하게 생각하는 말들이 잘 들어보면 서로 대치되는 상극의 내용인 경우들이 있다. 이런 모순들은 불변의 진리처럼 우리 주변을 메우고 있다. 예를 들면 "돈이 최고다. 돈이 없으면 인생이 불행하다"는 것과 "돈을 좇는 삶은 불행한 삶이다. 돈이 많아도 불행한 사람이 얼마나 많은가? 인생에는 돈 외에 중요한 것이 많다. 돈에 집중하지 말라"라는 말이 공존한다. 이 글을 읽는 당신은 무엇이 정답이라고 생각하는가? 과연 이러한 물음에 정답이 있긴 한 걸까?

비혼인이라면 대체로 결혼에 관한 의견만큼은 어느 정도 비슷한 답을 내리라 생각한다. 하지만 그 안의 세세한 결을 따져보면 서로 다른 가치관들을 가지고 있을 게 분명하다. 누군가는 법적인 구속이 싫기 때문에 결혼만 하지 않을 뿐 동거나 연애는 좋다고 생각할 수 있고, 누군가는 타인과 관계 맺는 것이 불편해 온전히 혼자 살고자 비혼을 다짐했을 수도 있다. 또 누군가는 결혼은 안 해도 혼자 아이는 키우고 싶다고 생각할 수도 있다. 지금 이에 대한 정답을 내리자는 게 아니다. 정답을 내릴 수도 없고, 절대적인 정답이라는 게 있는 것도 아니다. 결국 우리가 찾고자 하는 '정답'은 통일된 무엇이 아니다. 개개인의 내면 기준과 가치관에 따라 '나의 정답'은 서로 다를 수밖에 없다.

다시 첫 질문으로 돌아가 보자. "어떻게 인생을 혼자 살아?" 이 질문을 던지는 이는 당신이 정말 어떻게 혼자 사는지 궁금한 게 아닐 가능성이 높다. 하지만 비혼을 결심하고 실천하고 있는 우리는 '어떻게'에 조금 더 집중해서 비혼의 삶을 바라볼 필요가 있다. 어떻게 혼자 살 수 있을까? 한국 사회에서 비혼인으로 사는 삶은 녹록

하지 않다. 특히 비혼인은 삶의 연대책임을 질 법적 동료(여기서 법적 동료는 배우자를 말한다)가 없다. 그렇기 때문에 혼자 서는 힘이 그 누구보다 중요하다. 바로 자립(自立)이다. 보통 현대 사회에서 자립은 나를 책임지고 먹여 살릴 수 있는 경제력과 내 한 몸 뉘일 수 있는 공간이 있음을 말한다. 비혼인들에게 특히 유명한 고전인 버지니아 울프의 『자기만의 방』에서도 이에 대한 중요성을 거듭 강조하고 있다.

그전까지 나는 신문사들에 잡다한 일거리를 구걸하고 여기에다 원숭이 쇼를 기고하고 저기에다 결혼식을 취재함으로써 생계를 이어나갔지요. … 그러나 지금까지도 그러한 것보다 더한 고통이라고 여겨지는 것은 그 당시 내 마음속에서 싹튼 두려움과 쓰라림의 녹이었습니다. 우선 자신이 원하지 않는 일을 항상 하고 있다는 사실 … 그리고 그것을 묻어버리면 죽는 것이나 다름없는 하나의 재능(작은 것이지만 소유자에게는 소중한)이 소멸하고 있으며 그와 함께 나 자신, 나의 영혼도 소멸하고 있다는 생각, 이 모든 것들이 나무의 생명을 고갈시키며 봄날의 개화를 잠식하는 녹과 같았습니다.

여성이 글을 쓴다면, 그 여성은 가족의 공동 거실에서 써야만 했을 겁니다. … 그 시간마저 언제나 방해를 받기 마련입니다. 그런 곳에서라면 산문과 픽션을 쓰는 편이 시나 희곡을 쓰는 편보다

쉬울 것입니다. 집중력이 덜 필요하니까요. 제인 오스틴은 죽는 날까지 그런 식으로 글을 썼습니다.

버지니아 울프가 무엇을 강조하고 있는지 알 수 있다. 내가 원하는 일을 선택할 수 있는 경제력과 이를 지속할 수 있게 하는 기반인 공간의 중요성. 이런 점 때문인지 100여 년 전 책이지만 지금 시대를 살아가는 우리에게도 여전히 큰 울림을 준다.

종종 1인분의 삶을 책임지고 꾸려나가는 것이 버겁게 느껴지는 날은 이 구절을 읽으며 '아, 이 과정은 원래 이렇게 힘들구나'라는 보편성에 기댄 위로를 받는다. 그리고 '그럼에도 죽는 날까지 글쓰기를 포기하지 않은 이'에 대한 구절에서 나아가고자 하는 방향에 대한 의지와 용기를 얻는다.

인간이 인간다운 삶을 영위하기 위해서는 나만의 공간이 필요하고 이를 유지할 수 있는 경제적 능력이 필요하다는 이야기를 했다. 특히 한국 사회에서 나 홀로 살아가기 위해서는 '사회적 정상성' 밖에서 더욱 피나는 노력을 해야만 한다. 하지만 1년 365일, 끊임없이 달리기엔 고달프고 벅찬 순간이 찾아온다. 그렇다면 이렇게 힘들고 다 포기하고 싶어지는 순간에, 다시 열정적으로 삶을 살아 나갈 힘은 어디서 충전해야 할까? 외부에서 마법같이 충전되는 무언가가 있다면 좋겠지만 그런 건 없다. 결국 그 해답은 내 안에 있다. 바로 자기만의 방을 만드는 것이다. 우리는 물리적인 자기만의 방과 함께 '내부' 즉, 내 마음 안에도 나만의 공간을 만들어야 한다. 많은 현대인들이 마음의 공간이 없어서 힘들어한다. 다양한 심리적 어려움과 질환이 무서운 속도로 늘고 있고, 병원과 심리센터를 찾는 이도 매해 지속적으로 늘고 있다. 뿐만 아니라 서점에는 심리서적 코너가 따로 마련되어 있고, 심리를 다루는 영상들이 인기이며, 요가센터나 명상센터와 같은 마음을 가라앉혀 줄 수 있는 시설에도 많은 사람이 몰리고 있다. 이러한 사회적인 현상은 많은 사람들이 내면의 방이 없어 이것의 대체재를 찾아헤매고 있음을 방증한다. 잠시 생각해보자. 당신은 자신만의 마음 공간이 있는가?

이런 이야기가 보이지 않는 실체, 뜬구름 같은 이야기로 들릴 수도 있다. 그렇다면 묻고 싶다. 당신이 원한 비혼의 삶은 무엇이었는지, 지금 내 모습이 그와 일치하는지, 그리고 내가 원하는 것들을 구체적으로 알고 있는지. 모두에게 천편일률적으로 정해진 정답은 없지만, 적어도 나만의 기준은 갖고 있어야 한다.

마음의 방이 필요해

마음의 방은 어떻게 만들 수 있을까? 추천하는 방법은 '이미지 트레이닝'이다. 주로 운동선수들의 트레이닝 방법으로 많이 사용되는 이미지 트레이닝은 특정 상황을 머릿속으로 계속 그려보며 몸과 마음을 단련하는 훈련법으로, 마음의 방을 만드는 데에도 효과적이다. 말 그대로 마음속의 방을 상상하면 된다. 나만의 집, 나만의 공간, 나만의 작업실, 나만의 차⋯ 많이 꿈꿔봤을 거다. 멋진 가구를 두고, 필요한 작업 도구를 구비하고, 좋아하는 색의 시트를 넣고⋯ 생각하기만 해도 행복한 것들. 내 마음속에도 똑같은 공간이 있다고 생각하며 상상의 나래를 펼쳐보자. 처음에는 잘 떠오르지 않을 것이다. 그럴 때는 기존에 봤던 자료들을 참고해서 떠올려도 좋고 이미지 트레이닝 전에 검색해봐도 좋다. 다양한 자료를 찾아보는 일은 이미지를 다채롭게 만드는 좋은 방법이다. 다만 주의할 점은 이미지 트레이닝을 하는 순간에는 자료를 찾지 않는 것이다. 이때는 편안한 자세로 오로지 내 안의 공간을 상상하고 그리는 것에 집중해야 한다.

처음 접하는 이에게는 생소해서 '이게 뭐지?' 싶을 수 있다. 그래서 내가 했던 과정을 나누려고 한다. 나의 첫 공간은, 그리 가파르지 않은 동산 위에 크고 울창한 나무가 한 그루 있는 곳이었다. 봄에서 초여름으로 가는 날씨에 따뜻한 바람이 훅 불어오고 주변은 꽤 고요한 상태. 가끔 나뭇잎 사이로 해가 살짝 들어와 눈이 부신 오후의 시간. 나무 밑에 돗자리를 펴고 편안하게 누워 있는 내 모습. 이 상상은 굳어 있던 몸과 마음을 편안하게 풀고 진정하는 데 큰 효과가 있었다. 하지만 차츰 사용하다 보니 긴장을 풀고 휴식을 취하는 것 외에 다른 감정들과 생각들을 탐색하기에는 부족한 면이 있었다. 그런 욕구를 인식한 후에는 그에 따라 새로운 공간을 만들었고 현재는 때에 따라, 필요에 따라 자유롭게 사용하고 있다. 마음의 공간을 그릴 때 정형화된 무언가를 만들어야 할 필요는 전혀 없다. 물

속, 우주, 그 외의 새로운 장소를 마음껏 만들어보자. 나에게 가장 편한 공간이기만 하면 된다.

마음 안의 방을 만들어 집중할 수 있게 되면, 그다음 단계는 마음의 방 안에서 해야 할 일들을 만들어본다. 그 안에서 뭔가를 정리할 수도 있고, 안 해봤던 도전을 해볼 수도 있으며, 펑펑 울 수도 있다. 예를 들면 지긋지긋한 잡생각을 쓰레기로 이미지화하여 그것을 열심히 쓸고 모아서 불태워버릴 수도 있고, 이리저리 엉켜 있던 생각을 커다란 실타래로 만들어 차근차근 풀어볼 수도 있으며, 멋진 서재를 만들어 나만의 추억을 정리하고 저장해둘 수도 있다.

이런 과정들은 감정의 해소 외에도 일상생활 속에서 항상 같은 생각의 쳇바퀴에 빠져 있을 땐 미처 발견하지 못했던 생각들을 발견하게 해주고 때로는 새로운 관점까지 안겨준다. 이러한 이미지 트레이닝을 사용한 마음 공간 만들기는, 예술치료에서 사용하는 심상화와 마음 챙김에서 말하는 집중, 알아차림, 명상 등을 모두 가능하게 한다. 또한 사전 지식이 적고 전문적으로 훈련이 되어 있지 않아도 평상시에 익숙하던 시각과 이미지를 활용하여 내가 직접 만들어나가는 것이기 때문에 쉽고 편하게 접근할 수 있다.

내가 이미지 트레이닝을 시작한 이유는 명상도, 운동도, 그림과 글쓰기도, 모두 나에게 몰입의 경험을 주지 못했기 때문이다. 항상 뭔가를 하는 행위에 의식이 쏠려서 행위 자체에 몰입하기보단 그 행위를 하고 있는 내 모습에 더 집중했다. 특히 명상은 생각을 비워야 하는데 '생각을 비워야만 한다'라는 생각에 자꾸 매여 더 머릿속이 혼잡해졌다. 그런 나에게 이미지 트레이닝은 오히려 생각을 촉진해서 일상생활에서 놓치는 것들을 잡아내는 과정이 되었다.

인간의 뇌는 실제와 상상을 구분하지 못한다. 노랗게 잘 익은 레몬을 뚝 반으로 잘라서 한입 크게 깨무는 상상을 해보자. 실제로 레몬을 먹지 않았음에도 금세 입안에 침이 고이는 것을 느낄 수 있

다. 같은 논리로 내 안에 나에게 최적화된 나만의 공간을 만든 후 그 안에서 생각들을 정돈하고, 부정적인 감정을 풀어내고, 긍정적인 일들을 곱씹을 수 있다면 이보다 효율적이고 능동적인 몰입이 또 있을까?

물론 명상이 잘 맞는 이들도 있을 것이고, 운동하며 스트레스를 해소하는 이들도 있을 것이며, 또 다른 창작과정을 통해 자신을 알아가는 이들도 있을 것이다. 하지만 그럼에도 내가 이미지 트레이닝을 통한 내면의 공간 만들기를 권하는 이유는 감정(주로 부정적인 감정)의 해소 이외에도 내가 나를 끊임없이 찾고, 이해하고, 받아주는 과정이 삶에서 무척 중요하기 때문이다.

처음의 질문으로 돌아가 보자. 인생을 어떻게 혼자 '잘' 살 수 있는지의 관건은 외부적으로 내가 나를 평생 책임질 수 있는 능력을 갖추는 것도 필요하지만, 그 과정에서 그 누구보다 내가 나를 알아주고, 수용하고, 더 나아가 애정하는지에 있다. 언젠가 친구에게 내면의 방에 대해 말했더니, 그가 "머릿속에서 육성플레이 게임을 하라는 건가?"라고 답하는 것을 듣고 웃었던 기억이 난다. 어느 정도는 맞는 말이다. 내가 내 안에 있는 나를 보살피고 키우는 개념으로 볼 수도 있으니까. 행복하게 '잘' 살기 위해 선택한 비혼의 삶인 만큼 몸도 마음도 건강하게, 오래오래 잘살 수 있길 바란다. 그러니 모두 자기만의 방을 열심히 만들자.

5

개는 온실 속 화초야

스스로가 집 지박령(또는 홈족)이라 명명하는 사람들을 위해 준비했다. 집에서 보내는 생활을 좋아하는가? 밖에 나가는 건 너무 귀찮고 피곤하다고 생각하는가? '이불 밖은 위험해'라는 말이 생겨날 정도로 바깥 생활을 피곤해하고 집 안에서만 시간을 보내려는 문화가 확산되고 있다. (물론 코로나19가 이런 현상에 기름을 부었다) 이번 장에서는 안정성을 중요한 가치로 여겨 집을 벗어나지 않는 사람들에게, 새로운 자신을 발견할 수 있는 가능성을 제시해보고자 한다.

홈족 전에 혼족 이야기를 먼저 해보자. 혼밥(혼자 밥 먹기), 혼술(혼자 술 마시기), 혼영(혼자 영화 보기) 등 혼자 하는 활동이 늘어나면서, 그에 따른 단어들도 우후죽순 함께 생겨났다. 언어는 사회적 합의고, 때문에 새로 생겨나는 단어들은 그 단어가 생성된 시대의 보편적 인식을 담을 수밖에 없다. 일상에서 하는 대부분의 활동을 혼자 수행하는 사람들이 늘었지만, 여전히 밥을 먹고 술을 마시고 문화생활을 즐기는 행위는 타인과 함께하는 것을 기본으로 여기는 사회 분위기는 여전하다. 그러나 2018년 기준 트렌드모니터에서 조사한 결과에 따르면, 성인 2명 중 1명(49.1%)이 평소 인간관계가 피곤하다는 것을 자주 느낀다고 응답했다. 이런 상황이 이제 '혼-'이라는 접두사가 붙는 말들을 자연스럽게 우리의 삶에 녹아들게 하고 있다.

보람 있는 휴식

나는 낯을 가리는 내향형 인간이다. 사람들과 함께 있으면 쉽게 피로함과 에너지가 소실됨을 느낀다. 생판 모르는 관계에선 그 정도가 더욱 심해진다. 대학에서 조별 과제가 있는 수업은 어지간하면 피하려고 했다. 조별 과제의 불합리함을 피하려는 의도도 분명히 있었지만 낯선 이들과 함께하는 것 자체가 스트레스로 다가왔기 때문이다. 이런 성향 때문에 새로운 모임을 피하려고 했다. 이런 사람이 어떻게 비혼공동체의 공동대표가 되었을까.

모임의 목적이 뚜렷한 곳에선 행동 방향성을 잡기 쉽다. 어떤 대화를 하고, 어떤 식으로 말을 하면 되는지 대충 그려지면 모임에 대한 부담이 줄어든다. 물론 그냥 일반 공동체의 일원이었다면 여전히 내향적인 인간으로 남아 있었었겠지만, 자리가 사람을 만든다고 대표라는 직함이 사람들에게 먼저 말을 걸 수 있는 용기와 권리를 주었다. 그리고 '비혼' 공동체라는 점이 나와 다른 사람 사이의 연결고리가 되었다. 지금까지 인간관계에서 피로했던 것은 마음이 맞지 않는 철저한 타인들과 함께해야 했기 때문이었다. 목적과 방향이 뚜렷하지 않은 중구난방의 모임에선 어떠한 태도를 취해야 할지 파악하는 데 시간이 오래 걸린다. 그만큼 에너지도 빠르게 소모된다. 마음이 맞는 사람과 함께하니 에너지 소모가 비교적 덜하고, 즐거웠다. 내가 알지 못했던 나의 모습을 발견할 수 있었다.

2018년 잡코리아, 알바몬 통계자료에 의하면, 20~30대 중 60% 이상이 집에서 여가활동을 하는 '홈족'이라 응답하였다. 그 이유로는 '집에서 쉬는 게 진정한 휴식 같아서'라는 답변이 61%로 가장 많았다. 그래서인지 홈카페, 홈트레이닝, 홈캉스 등 집 관련 활동 신조어들이 마구 생겨나고 있다. '집에 있기', '집에서만 활동하는 거 너무 좋다' 등의 응답에 대해 동의하고 공감한다. 그런데 집이 너무 편하다 보니 늘어지게 된다. 무기력하게 유튜브를 보고, 끊임없이 SNS를 새로 고침 하다 하루가 끝나는 경우가 허다하다. 그리고 그 끝에는 죄책감이 따라온다. 아무것도 안 하는 게 진짜 쉼이 될 수 있을까? 무조건 집에 있는 게 좋은 걸까? 어떻게 쉬어야 잘 쉬었다고 할 수 있을까? 혼자만의 휴식은 취하되, 하루를 마냥 흘려보내기 아까운 당신에게 제안해보고자 한다. 성취감이 쉼이 될 수는 없을까?

성취감, 보람 있는 휴식은 단순하게 책 읽기, 영화감상 등이 될 수도 있고 조금 더 활동적이고자 한다면 산책, 등산, 달리기가 될 수도 있다. 런데이를 예로 들어보자. 런데이는 30분 달리기 애플리케이션이다. 한 단체에서 보조 교사 신분으로 수련회를 갈 일이 있었다. 3박 4일 일정에 잠을 거의 못 자기로 유명했다. 잠에 취약했던 나는 '이번에도 잘 거지?'라는 지인의 말을 듣고 이번엔 기필코 졸지 않겠다 다짐했다. 기초체력이 없어 졸릴 수 있다는 말을 듣고 기초체력 증진을 위해 달리기를 하자 마음먹었다. 그냥 내리 달릴 수는 없어 방법을 이리저리 알아보다 런데이라는 애플리케이션을 알게 되었다. 하루 30분 달리기. 매력적으로 느껴졌다. 나는 매일 30분 달리기 코스(매일 30분 달리기 코스는 그날의 컨디션에 따라 5분/10분/15분/30분 간격으로 나뉘어 있다)를 선택했다. 난 2주 동안 격일로 30분씩 달렸다. 짧은 기간 동안 달려 효과가 있을까 싶었지만, 수련회 3박 4일 동안 겨우 한두 시간 눈을 붙였지만, 누구보다 쌩쌩하고 맑은 정신을 유지할 수 있었다. 금방 체력이 느는 걸 직접 몸으로 확인하니 신기했다.

다른 공동대표는 같은 동네에서 비혼공동체 회원들과 런데이를 하는 중이다. 다른 이들과 함께 달리면 서로 자극도 되고 꾸준히 할 수 있어서 좋다. 남들과 함께하면 혼자 달리는 것보다 더 즐겁고 더 오래 지속할 수 있다. 달리기는 쉽게 성취감을 얻을 수 있는 활동이다. 런데이에는 8주 완성 30분 달리기 도전이라는 코스가 있다. 하루하루 달리기를 마무리할 때마다 스탬프를 찍어주기 때문에 스탬프 때문에라도 나가게 된다.

자신에게 맞는 성취감은 무엇인지 파악하고 뭔가 얻는 것에 집중해보자. 그 성취감이 당신에게 진정한 쉼을, 편안함을 제공할 것이다. 성취감은 지속을 위한 동기부여다. 단순히 침대에 누워 뒹굴뒹굴하는 건 10분만 있다 일어나야지 하는 게으름을 반복하게 될 뿐이다. 무기력과 핑계로 포장된 자기혐오를 벗어나 움직이자. 사람은 붙박이장이 될 수 없다. 무언가를 시도하고 익혀 쉬더라도 제대로(!) 나 자신에게 떳떳할 수 있는 쉼을 택하자.

6

집에서 밥이나 하지
운전은 무슨

자유로운 1인 가구의 삶에 빠져서는 안 될 이동권. 비혼 인구에게 왜 이동권이 중요한지, 그리고 이것이 어떠한 의미를 가지고 있는지 알아보자. 현대 사회에서 이동권은 매우 중요하다. 비혼이라면 그 의미는 더욱 커진다. 홀로 살아가기 위해 이동권 확보는 필수다. 단순히 편리해서, 혹은 혹시 모를 응급상황을 대비하기 위해라는 이유도 있겠지만, 더 많은 기회를 잡을 수 있는 가장 쉽고 빠른 방법이기 때문이다.

먼저 밝히자면 이 장을 쓰고 있는 나는 면허가 없다. 면허가 없는 사람이 이동권에 관해서 쓰다니 너무 신빙성이 없는 것 아닌가라고 생각하겠지만, 잠깐만 기다려보시라. 우리 모두가 면허가 있는 건 아니지만 우리 모두 면허가 없었던 적은 있었다. 우리는 모두

뚜벅이였다. 면허가 없어 활동에 제약이 너무 많아 서러웠던 시절을 회상하며 책장을 넘겨주면 좋겠다.

비혼공동체를 운영하면서 사무실 집기들을 인계받을 일이 있었다. 서류철이나 문구류 같은 작은 물품부터, 미니 냉장고, 테이블, (하드를 테라급으로 교체해서 주겠다는) 컴퓨터같이 그냥 들고 옮길 수 없는 물품까지. 모두 필요한 물건들이었기에 감사한 마음으로 수락했다. 면허가 있는 공동대표 한 분이 운전을 맡아주기로 하고 목적지로 향했다. 받을 집기는 예상보다 많았고, 가져가고 싶은 것도 많아 차 내부에 테트리스 하듯 집기들을 차곡차곡 쌓아 넣었다. 그 사이로 겨우 몸을 껴넣고 다시 사무실로 돌아왔다.

이 평범해보이는 일화를 왜 소개하느냐 하면, 만약 공동대표 중 운전을 할 수 있는 사람이 단 한 명도 없었다면 어떻게 됐을까? 어떻게든 방법을 찾아 옮기기야 했겠지만, 추가적인 금액 발생은 피하지 못했을 것이다. 그 금액이 부담스러워 제안을 거절할 수도 있었을 것이다. 하지만 우리는 차가 있고, 면허가 있고, 이동권을 확보했기 때문에 제안을 쉽게 수락할 수 있었다. 심지어 가는 길에는,

"다 옮기고 뭐 할까요?"

"날씨 좋은데 어디든 가볼까요."

"바다 어때요."

따위의 소소한 담소를 나누며 즐거운 마음으로 이동했고, 예상보다 시간이 더 많이 걸려 바닷가 드라이브는 취소됐지만, 기어코

떡볶이를 먹고 돌아갔다. 이동권이 확보되지 않았다면 가능했었을까? 왔다갔다하는 데 전전긍긍해하며 떡볶이는커녕 제대로 식사할 여유조차 없었으리라. 이동권은 더 많은 기회와 가능성을 확보하게 해주는 중요한 요소다.

코로나19 사태가 터지고 난 뒤에는 면허와 자차가 없는 설움이 확실히 피부로 느껴지는 추세다. 회사에서 재택근무를 시켜주지 않는다거나 재택근무를 할 수 없는 업종이라면 계속해서 출근해야 한다. '코로나 때문에 출근 못하겠습니다' 하고 회사를 그만둘 수도 없는 노릇 아닌가. 마음은 당연히 그럴 수 있지만 실천할 순 없다. 먹고살기 위해선 일자리가 필요하다. 어쩔 수 없는 마음으로, 피치 못할 사정으로 이동을 해야 할 때, 2m 거리를 유지할 수 없는 빽빽한 대중교통은 끊임없는 불안과 공포의 연속이다. 왜 마스크를 대충 썼지, 왜 이렇게 가까이 붙는 거지, 손잡이는 그냥 만져도 괜찮은 건가, 공기가 너무 찝찝하다. 자차가 있다면 느낄 필요 없는 생각과 감정들이다.

'면허가 없다'라는 말이 무엇을 의미하느냐 하면, '내가 갈 수 있는 곳은 대중교통이 닿는 곳까지'라는 의미다. 물론 택시를 탈 수도 있겠지만, 안 그래도 1인 가구라 경제 사정이 녹록지 않은데 택시 요금으로 돈을 허비할 수는 없다. '차 없으면 가기 힘들데'에 숨겨진 의미는 '우리에겐 힘드니까 가지 말자'가 아닐까. 차 없이 가기 힘든 장소는 갈 수 없는 장소가 되어버린다. 또 '면허가 없다'는 말은 '내 일상을 대중교통에 맞춰야 한다는 불편함'을 의미하기도 한

다. 이동할 때마다 지하철, 버스, 길 찾기 애플리케이션을 켜 시간을 확인 후 어느 정도 여유가 있는지 계속 체크해야 한다. 또 대중교통의 막차 시간에 맞추어 모임도 마무리해야 한다. 시간이 늦어질수록 귀가 방법을 고민하게 되고 아쉬운 마음으로 어쩔 수 없이 막차에 몸을 싣는 순간들은 참 답답하다. 다들 비슷한 처지인지 대중교통 막차는 항상 사람이 가득했다.

이동권 확보는 시간과 장소, 모든 경험에 대한 기회 확보다. 이동권이 확보된다면, 언제 어디서 무엇을 하든 '그냥 가'면 된다. 해외나 북한이 아닌 이상 차를 끌고 갈 수 없는 곳은 거의 없다. 갑자기 바다가 보고 싶다? 어느 지역에서 먹었던 음식이 먹고 싶다? 시간이 충분하다면 바로 출발하면 된다. 왔다갔다하는 데 드는 시간과 마주칠 사람들을 생각하며 미리 질려 포기하고 침대에 눕는 것보다, 갈 수 있는 곳이 너무 많아서 고민하는 게 훨씬 생산적이고 활동적인 삶이다. 포기를 학습해 무기력해지는 것보다는 기회를 늘리는 삶이 더 좋은 삶 아니겠는가?

이동권은 응급상황 시에도 훌륭한 대비책이 된다. 주변 사람이나 반려동물이 갑자기 늦은 시간에 아플 때를 생각해보자. 사람이 아프면 119에 구급차라도 부를 수 있지만 반려동물은? 아침이 될 때까지 기다리거나 잡히지 않는 택시를 하염없이 기다리며 두려움에 떨어야 한다. 이럴 일이 전혀 없을 것이라 확신하며 안심하며 사는 사람은 없다. 언제든 위급상황은 생긴다. 평소 생활을 잘 유지하는 것도 중요하지만, 비상시에 유연하게 대처할 수 있는 능력도 비혼의 삶에 반드시 갖춰야 할 요소다.

운전할 수 있는 사람을 곁에 평생 둘 것이 아니면 면허를 따도록 하자. 면허만 있으면 당장 차를 사지 않더라도 렌터카를 빌린다든가, 전동 킥보드(킥고잉이나, 씽씽 등 공유 서비스를 이용할 수도 있다)나, 오토바이 등을 운전할 수 있는 가능성이 생긴다. 자차를 마련하는 건 큰 부담일 수도 있다. 자동차 가격 + 자동차 유지비와 보험비, 기름값 그리고 주차 문제 등을 생각하면 쉬운 결정이 아니다. 하지만 길에서 버리는 돈과 시간과 에너지, 내가 놓치는 수많은 기회와 가능성을 두고 가치평가를 한다면 당연히 면허가 있는 편이 더 나은 선택임을 알 수 있다. 내 삶의 운전대는 내가 잡으면서, 진짜 자동차의 운전대는 왜 잡을 생각을 못하는가?

7

결혼 못해서
히스테리 부리는 거야

히스테리라는 말을 들었을 때 우리는 가장 먼저 '노처녀 히스테리'라는 단어를 떠올리기 쉽다. '결혼 적령기'를 지난 사람이 성격에 모난 부분을 가지고 있다면 히스테리는 만능 이유가 된다. '결혼 못해서 히스테리 부리는 거 봐.' 입 밖으로 꺼내지 않아도 다들 자연스럽게 그렇게 생각하는 편이고, 유머 소재로도 흔히 쓰인다. 비혼인에게는 가장 무례한 말이 아닐 수 없다.

히스테리는 신경증의 하나다. 정신적 원인으로 운동 마비·실성·경련 등의 신체증상이나, 건망健忘 등의 정신증상이 나타나는 것을 말한다. 그러나 이 단어는 한 번도 정신학적 의미로 쓰인 적이 없다. 히스테리의 정의는 여성과 맞닿아 있다. 히스테리 Hysteria는 고대 그리스어 '자궁 Hystera'에서 유래된 단어로, 자궁의 이동을 의미하는 것이었다.

> C 여학교에서 교원 겸 기숙사 사감 노릇을 하는 B 여사라면 딱
> 장대요, 독신주의자요, 찰진 야소꾼으로 유명하다. 사십에 가까
> 운 노처녀인 그는 주근깨투성이 얼굴이 처녀다운 맛이란 약에
> 쓰려도 찾을 수 없을 뿐인가, 시들고 거칠고 마르고 누렇게 뜬 품
> 이 곰팡 슬은 굴비를 생각나게 한다.
> 여러 겹 주름이 잡힌 훌렁 벗겨진 이마라든지, 숱이 적어서 법대
> 로 쪽 찌거나 틀어 올리지 못하고 엉성하게 그냥 빗어 넘긴 머리
> 꼬리가 뒤통수에 염소 똥만 하게 붙은 것이라든지, 벌써 늙어 가
> 는 자취를 감출 길이 없었다. 뾰족한 입을 앙다물고 돋보기 너머
> 로 쌀쌀한 눈이 노릴 때엔 기숙생들이 오싹하고 몸서리를 치리
> 만큼 그는 엄격하고 매서웠다.
>
> – 「B사감과 러브레터」 중에서

노처녀 히스테리가 얼마나 흔하고 전형적인 단어였는지, 문학
에서도 등장한다. B사감에 대한 서술을 보면, 불쾌감 그 자체다. 작
품 해설엔 B사감의 외모 묘사가 괴팍한 성격을 부각하기 위함이라
고 말한다. 거기에 처녀다운 맛이란 무엇일까. 소설은 B사감이 러
브레터들 사이에서 연인의 대화를 흉내 내고 있는 모습을 학생들
이 발견하며 마무리된다. B사감에 대한 묘사는 비혼을 바라보는 노
골적인 시선이라고 생각한다. 비혼이라 말하지만 사실은 결혼을

하고 싶어도 못 하기 때문에 정신 승리하는 것이라는, 이것이 비혼을 탐탁지 않게 생각하는 이들이 비혼에게 바라는 솔직한 심정 아닐까.

나의 고3 담임 선생님은 고3 담임을 오래 했던 실력 좋은 입시 베테랑으로 유명했다. 그렇지만 30대 중반임에도 결혼을 하지 않았기에, 선생님은 '노처녀'가 되었고 학생들은 선생님의 '결혼'을 그렇게 걱정했다. 틈만 나면 '쌤, 결혼 안 하세요?'라며 선생님을 놀리기 일쑤였고, 선생님의 동생이 결혼했다는 사실을 알고 '언니보다 동생이 결혼을 먼저 했네. 우리 쌤 어떡하나' 하는 쓸데없는 오지랖을 부렸다. 선생님께 참 무례했다. 고등학생이었음에도 결혼에 미친 사람처럼 말을 했다. 아니 오히려 고등학생이었기 때문에 더 말을 막 했던 것일 수도 있다. 사회가 보여주는 대로 행동하게 되니까. 비혼을 다짐하고서야 결혼 중심 사회에서 결혼 여부가 그 사람의 실력을 가린다는 것을 깨닫게 되었다.

히스테리는 흔히 화를 낼 때 듣게 되는 말이다. 사람이 언제나 기분이 좋을 수 없고, 직장 내 갈등이 없을 수 없다. 사회생활을 위해 티를 안 낼 뿐, 가끔 넘쳐버리는 화가 나고 또 화를 내야 할 상황이 생기기도 한다. 그 이유를 무조건 '결혼 못해서'라고 단정하는 건 비약이다. 저조한 기분이 왜 회사까지 이어졌는지, 어떤 이유로 화를 내게 되었는지, 화를 낼 사안인지 등을 파악할 생각은 하지 않은 채 묻지도 따지지도 않고 그저 '결혼이다' '히스테리다'라고 한다. 사람의 인성 문제를 왜 결혼과 결부시키는가? 그렇다면 결혼하게 되면 히스테리는 사라질까? 문제 상황은 그대로인데 결혼을 한다고 해서 그 문제가 해결될까? 반면 결혼한 사람이 똑같은 행동을 했을 때 '쯧쯧, 저거 결혼해서 그러는 거야'라고 하지는 않는다.

　결혼이 인성과 관련된 모든 문제를 해결해주는 것이 아님에도 사람들은 결혼하지 않은 상태에 대해 부정적으로 평가한다. 홀로 살아가는 것은 온전하지 않다고 생각하기 때문이다. 사회가 결혼주의 프레임으로 짜여 있기 때문에 처음에는 아니라고 생각하더라도 결국 자신을 의심하게 된다. 고대 그리스에선 여성의 복잡한 질환을 히스테리라고 획일적으로 정의했고, 결혼·재혼·임신 등이 최고의 치료법으로 권장됐다고 한다. 히스테리의 모든 증상은 여전히 성적으로 불만족한 노처녀와 과부 들에게 나타난다고 간주하였다. 수천 수만년 동안의 세뇌다. 이 세뇌에서 자유로울 수 있을까. 인터넷에 검색하면 여전히 '요즘 화가 막 나는 게 노처녀 히스테리일까요?'라는 글이 심심치 않게 보인다. 자신을 의심하지 말자. 바꾸어 사회를 의심해보자.

　내 요구를 똑바로 말하는 것이 히스테리를 부리는 걸까? 내 생각, 내 권리를 바로 말할 때 사람들은 불편함을 느끼고 자신이 생각하는 가장 편리한 논리를 펼친다. 착하고 예쁘고 곱게 얘기해! 그러지 않는 사람은 히스테릭한 사람이야. 예민하게 굴지 마. 다들 그렇게 사는 거니까.

사실 한국 사회가 자기 생각을 말하기 쉬운 환경은 아니다. 남들과 다르면, 사회에서 말하는 생각과 다르면 이단아로 취급받기 십상이다. 불합리하고 부조리한 사회에 대한 비판은 필요하다. 목소리를 내면 사회는 바뀐다. 당당해도 된다. 자신감을 가져보자. 자신감은 '어떤 일을 해낼 수 있다거나 어떤 일이 꼭 그렇게 되리라는 데 대하여 스스로 굳게 믿음이 있다는 느낌'이라는 뜻을 갖고 있다. 즉, 어떠한 것을 할 수 있겠다, 결과를 이루기 위한 행위를 성공적으로 수행할 수 있겠다 하는 느낌을 말한다. 자신감과 자존감을 혼동하는 경우도 많아 이야기하자면 '자존감은 스스로 자기를 소중히 대하며 품위를 지키려는 감정'이다. 자신감은 자신의 행동에 대한 확신이라면, 자존감은 자신을 보호하려는 감정이라는 차이가 있다.

비혼인이여, 자신감을 가져라. 결혼을 외치는 사회에서 그저 결혼하지 않겠다고 말했을 뿐인데 이상하게 바라보는 시선이 불편할 수도 있다. 그럴 때일수록 자신감을 가져야 한다. 비혼의 삶을 성공적으로 수행할 수 있다는 확신이 있어야 한다. 자신감을 갖기 위해선 자기 주장과 자기 생각, 자기 확신이 있어야 한다. 내가 한 선택과 말에 대한 확신. 우리는 비혼에 대해 걱정근심하지 않는다. 주변 사람들이 오히려 난리다. 나에게 비혼에 대한 자신감이 있다면 주변 사람들의 부정적인 말에 흔들리지 않는다. 자신감은 말을 내뱉을수록 더욱더 강해진다. '나 비혼이야', '난 결혼할 생각이 없어', '나중에 혼자 살고 싶어' 이런 말들이 발화되었을 때, 세상도 변하지만 더욱더 단단해지는 나를 발견할 수 있을 것이다.

이 사회에서 자신의 목소리를 지키며 살아가는 당신은 히스테릭한 사람이 아니라 용감한 사람이다. 자신의 권리를 지킬 줄 아는 사람이다. 자신감을 갖고 더욱 목소리를 내도 좋다. 비혼이 당연하기 위해, 또 하나의 삶의 형태로 인식되기 위해.

8

아직 좋은 사람
못 만나서 그래

아직도 많은 사람들이 비혼이란 선택지를 단순히 '좋은 사람 못 만나봐서 그래. 좋은 사람이 나타나면 결혼하게 될 거야'라는 말로 되받아치며, 결혼하지 않는 것이 아닌 결혼을 하지 못하는 상태로 치부해버린다. 그들은 누구나 각자의 부족한 점을 보완해줄 수 있는 완벽한 운명의 짝을 만나는 걸 인생의 필수과정쯤으로 여긴다. 과연 한 개인의 인생에 긍정적이고 득이 되는 사람이 나타난다면, 평생을 함께하기 위해 꼭 결혼이란 제도로 묶여야만 하는 걸까?

그들에게 이보다 더 근본적인 물음으로 '과연 좋은 사람이란 어떤 사람일까?'를 되묻곤 했다. 돌아오는 대답은 항상 비슷했다. 이 세상에 존재하는 온갖 좋은 표현을 무수히 나열해대는 거였다. 이해심이 있고 생각이 깊은, 성실하고 책임감이 강한, 배려심 넘치고 자상한, 리더십 있고 똑똑한, 유능하면서 동시에 유머러스한, 털털하면서도 섬세한, 거짓 없고 순수한. 아니, 잠깐만. 이 세상에 전 인류를 통틀어 그렇게나 완벽한 사람이 과연 존재하는 걸까? 나조차도 그들이 제시하는 '좋은 사람'의 조건에 부합하지 않는데, 이런 나의 부족한 점을 채우기 위해 어딘가에 있을지도 모를 좋은 사람을 찾아야 하는 건가?

사람들은 대개 좋은 사람을 만남으로써 본인도 더욱 나은 사람이 될 수 있으리라 믿는다. 분명히 이 문장 자체는 틀리지 않았다. 하지만 '좋은 사람을 만남으로써'라는 전제 조건을 빼더라도, 본인 스스로 언제나 더 나은 사람이 될 수 있다는 사실을 인지하고 있는 이들은 그리 많지 않다. 어쩌면 누구나 그만큼 자신에게 확신을 갖기 힘든 것일 수도 있다. 각자가 자신만의 기준으로 좋은 사람의 기준을 정해 '내 이상형이야'라고 말하곤 한다. 보통 상상 속 이상형의 모습은 실제로 본인이 되고 싶은 이상적인 모습에 대한 희망사항이 포함되는 경우가 흔하다.

예를 들어 한때 내가 꿈꿨던 배우자로서의 이상형은, 한마디로 '내가 배울 점이 많은 사람'이었다. 평생을 함께하며 배울 점이 많은, 지혜로운 사람이었으면 좋겠다고 생각했다. 부지런하고 요리 잘하고, 늘 여유로우며 지적인 사람. 끊임없이 새로운 것을 배우며 도전하는 삶을 사는 사람. 내가 갖지 못한 인품과 능력을 갖춘 그런 사람을 원했다. 돌이켜보면 그 모습은 전부 내가 이루고 싶은 자아실현의 완전체였다. 스스로의 이상향이었지만 이러한 사실을 깨닫기 전까지는 그저 내 자아가 진실로 원하는 바를 상상 속 인물에게 투영한 채 그러한 요소를 지닌 누군가를 만나 충족하는 거로만 여겨왔다. 단 한 번도 내가 가져보려는 생각을 하지 못한 채 말이다. 하지만 비혼을 택함으로 나 스스로가 그 이상적인 모습으로 변화할 수 있는 기회를 얻게 되었다. 좋은 사람을 찾기보다 좋은 사람이 되는 것, 더 가치 있는 삶을 만들어갈 수 있다는 설레는 마음으로 자기발전에 대한 고민이 시작되었다.

이상형? 이상향!

한때 혹은 지금의 이상형을 떠올려보고 그 이미지를 자신에게 대입시켜 보라. 잘 상상이 가지 않거나 어색하게 느껴질 수도 있다. 이럴 땐 무의식 속에서 스스로가 어떤 점이 부족하다고 여겨 이러한 이미지를 만들었는지 파악해보는 과정이 필요하다. 그리고 내가 꿈꾸는 이상형이라 여겼던 그 모습을 갖추기 위해서는 무엇부터 시작하면 좋을지 고민해보자. 나의 경우에는 배울 점이 많은 사람이 이상형이었기에 현재 일하고 있는 분야의 업무능력 향상과 멋진 매력 만들기를 목표로 잡았다. 여기서 말하는 매력이란, 내가 하지 못하는 것 혹은 알지 못하는 것에 대해 익숙하게 해내거나 폭넓게 알고 있는 사람을 볼 때 느껴지는 감정을 말한다. 누군가의 특별한 재능이나 뛰어난 능력을 보고 동경에 가득 찬 시선을 보내며 나 또한 저렇게 되어야지 다짐하게 되는 그러한 힘을 갖는다는 것은 멋진 일이다. 주변에 이러한 매력을 지닌 사람들과 함께할수록, 자신도 다른 이의 눈에 멋지게 보이고 싶은 욕심을 갖게 되는 건 어쩔 수 없다. 실상 이러한 매력이라는 것은 개인의 능력에 기반을 두는 자신감에서 자연스레 풍기는지라, 정확히 말하자면 능력 키우기의 일환으로 볼 수 있겠다. 그렇기에 나는 업무능력을 키워 대체 불가한 멋진 사람이 되고자 수동적으로 일을 처리하던 방식에서 보다 능동적으로 일을 배워나가기 시작했다. 내 분야의 지식과 정보가 많아질수록 일을 하는 데에도 확신과 자신감이 생겼다. 일을 주체적으로 배워가는 과정에서 생겨난 열정과 욕심은 인생에 큰 원동력이 되었고, 이전보다 더 높고 구체적인 목표를 갖는 데 도움을 주었다.

자아가 원했던 모습을 하나둘씩 갖춰 나가다 보면 그에 따른 성취감은 물론이거니와 인생의 기반이 더욱 단단해졌다는 느낌을 얻게 된다. 유의할 점이라면, 자신의 개발에만 관심을 쏟다 보면 이 행위가 어느 순간 강박적으로 다가올 수 있다는 점이다. 성장하는 자신을 보는 일이나 그 성취감을 맛보는 일이 꽤나 중독이 되기 때문이다. 사람은 하루아침에 바뀔 수 없는 존재라는 것을 모두가 알고 있지만, 스스로가 컨트롤되지 않는 모습을 본다면 그것은 무척 절망적이고 실망스러운, 기운 빠지는 일이다. 하지만 이는 평생을 함께 가며 계속해서 발전시켜야 할 일이기에 부디 이 글을 읽는 당신만큼은 조급해하지 않기를 바란다.

사람은 좋은 사람을 만남으로써 더 발전할 수 있다. 스스로가 좋은 사람이 되고자 노력하고 있을 때, 또 다른 좋은 사람을 만나 발생하는 시너지는 상상 이상으로 엄청나다. 혼자서만 하는 자기계발에는 분명 한계가 있다. 더 할 수 있음에도 불구하고 때때로 무기력해지기도 하고, 이게 정말 최선일까? 하는 의구심에 더는 나아가지 못할 때도 있다. 그럴 때 자신과 비슷한 사람이 주변에 있다면 서로의 목표를 공유하고 피드백을 주고받는 과정에서 전혀 생각지도 못한 것들을 찾아낼 수 있다.

우리가 만난 비혼공동체

이쯤에서 우리가 만난 비혼공동체 사람들에 대한 이야기를 조금 들여다보자. 비혼공동체 내에서는 다른 분야를 가지고 다른 방식으로 살아온 다양한 연령대의 사람들이 만나 생각하지도 못한 수많은 상호작용을 한다. 각자의 취미를 공유하며 서로의 새로운 영역에 도전해보기도 하고 전문적인 지식에 대한 조언, 기술적인 도움을 주고받으며 함께 나아간다. 달리기가 취미인 사람을 따라 함께 운동을 시작하는 사람들이 늘어나고, 영어 능력개발을 위한 영어 공부모임이 생겨났으며, 한 개발자는 개발에 관심이 있는 사람들을 모아 자신의 지식을 나누었다. 처음엔 소수의 사람이 다수의 사람에게 영향을 주는 것처럼 보였지만 이내 곧 개인과 개인 간

의 영역에서도 많은 일이 오가게 되었다. 누군가에게 좋은 영향을 받은 사람들은 본인들의 능력 또한 다른 누군가에게 도움이 될 수 있도록 활용되기를 원했다. 자연스럽게 영향을 주고받는 순환 구조가 생겼다. 이러한 선순환 속에, 속도는 다를지언정 모든 구성원들이 조금씩 천천히 함께 성장해가고 있다.

비혼공동체를 이루고 있는 사람들은 지금도 때로는 직장동료처럼, 때로는 동네 친구처럼 다양한 범위를 오가며 서로의 생활에 영향을 끼치며 살아간다. 예전부터 쓰였던 말 중 "끼리끼리 논다"는 말이 있다. 이 말은 부정적 의미로 사용되는 경우가 일반적이었다. 그러나 근래 들어 이러한 흐름을 보고 있노라면 끼리끼리 노는 것의 방향이 생산적이고 긍정적일 때, 그 의미는 꽤나 멋지게 들린다. 자신의 가치를 높이고 자신과 같은 사람들, 계속해서 나아지고자 노력하는 사람들과 함께하면 인생의 많은 것들이 바뀐다. 비혼인들 사이에 있으면 앞으로의 인생이 무척이나 기대된다.

그러나 인생은 온전히 나의 몫임을 늘 잊지 말아야 한다. 나의 자아와 타인의 관계에서 그 중점을 잘 파악해야 한다. 멋진 사람을 많이 만나다 보면 그 사람의 모든 것을 내 일상에 무리하게 적용하려고 들 때가 있다. 그 어떤 좋은 음식이라도 급하게 먹다 보면 체할 수밖에 없다. 자신의 페이스를 잃고 무조건 좋아 보이는 대로 다른 사람의 장점만을 따라가다 보면 몸도 마음도 지친다. 만약 그러한 상황이 오면 사람 만나기는 잠시 멈추고 온전히 본인만을 위한 시간을 갖자. 내가 진심으로 원하는 바와 지금 나에게 부족한 것이 무엇인지, 현실적으로 지금 당장 할 수 있는 것과 그렇지 않은 것들을 구분하고 사소한 것부터 차근차근 서두르지 않고 나아가는 게 중요하다. 고립되지 않고 살아가는 게 중요한 만큼 타인과 함께하되, 한 가치관에만 치우쳐 그곳에 매달리는 일만큼은 경계하도록 하자. 서로 다름을 인정하고 받아들이는 태도를 지니면 건강한 관계를 수월히 맺을 수 있다. 내게 피해를 주는 사람까지 수용하라는 의미는 아니다. 나와 맞지 않는 사람과의 인간관계를 제대로 컨트롤하는 일도 무척 중요하다.

인간관계란 본인이 원하는 만큼의 대지에 원하는 만큼의 나무를 심는 일과 같다. 사람을 사귐에 있어서 한 영역에서 만나든, 다양한 영역에서 만나든, 한 명을 만나든 다수를 만나든 정해진 답은 없다. 옳고 그름 또한 존재할 리 없다. 어떠한 관계든 좋은 나무를 키우기 위해서 정성을 쏟아야 한다. 그렇다고 모든 힘을 다 쏟아부을 필요는 없다. 내가 지치지 않고 꾸준히 돌볼 수 있을 정도의 정성이면 충분하다. 탄탄하게 형성된 관계는 잎이 풍성한 나무처럼 잠시 기대어 쉬면서 이런저런 얘기를 나눌 수 있고, 강한 햇빛이나 내리는 비를 막아주는 든든한 역할을 하며, 때로는 열매를 제공해주기도 한다. 당신이 그러한 나무로 가득 찬 숲속을 모험하며 살아가기를, 당신 또한 누군가의 믿음직한 나무로 남아주기를 바란다. 따로, 또 같이 살아가자.

9

결혼 안 하면
늙어서 혼자 고생해

"나중에 병들면 어떻게 살려고."

"쥐도 새도 모르는 사이에 고독사하면 어떡해?"

"너 결혼 안 하면 늙어서 혼자 고생한다."

비혼으로 살겠다 다짐한 이후 한동안 지인들로부터 걱정과 우려의 소리를 들었다. 물론 공감과 격려의 말로 답을 주는 것이 다수의 반응이었지만 위와 같은 말을 꺼내는 사람은 생각보다 심심치 않게 볼 수 있었다. 노년을 생각해서라도 비혼에 대해 한 번 더 진지하게 고민해보라고 하는 사람들. 심지어 나의 비혼 선언을 가장 먼저 듣고, 누구보다도 호의적이며 열렬한 응원까지 했던 어머니조차도 "너 정말 결혼 안 할 거야?"라는 질문을 던짐으로써 내 생각에 변함이 없는지를 묻곤 했다. 앞서 언급된 말을 듣고 있노라면, 마치 결혼이란 제도가 병든 노년을 위한 간병인 보험서비스처럼 느껴진다. 두려움의 감정이 결혼의 동기가 될 수도 있겠지만, 그래도 의문이 든다.

대체 왜, 비혼인의 노년을 마음대로 외로운 삶으로 상상하며 고독사라는 결말로 치닫게 만드는 걸까. 나는 결혼을 하지 않겠다고 말했을 뿐인데 어째서 사람들은 내 인생을 홀로 외로이 살아가는 고독한 모습으로 그리고 있는 걸까. 언젠가 어머니는 '자신이 죽고 난 뒤, 자식도 가족도 없이 홀로 남을 내가 걱정된다'고 말한 적이 있다. 어머니가 생각하는 비혼의 노후는 혼자서 죽음을 맞이하는 쓸쓸한 삶이었다. 부모들은 어쩌면 이러한 걱정 때문에 자식들이 새로운 가정을 꾸리기를 그토록 갈망하는 건 아닐까.

비혼은 말 그대로 결혼을 하지 않겠다는 의미이지, 결코 사회로부터 등을 돌리고 고독을 즐기며 혼자서 살아가는 인생을 택하겠다는 뜻은 아니다. 그리고 실질적으로 이 세상을 혼자 살아갈 수 없다는 건 모두가 아는 사실이다. 비혼의 삶에는 더 자유롭고 독립적인 자아가 있을 뿐이지, 결혼을 선택한 사람들과 똑같이 사회에서 일상을 교류하며 살아간다. 그러니 비혼을 택함으로써 남은 인생을 혼자 보내면 어쩌나 하는 걱정들은 전혀 공감할 수 없다. 비혼의 의미는 어쩌다 이와 같은 낙인이 찍혀버린 것일까?

비혼에 대한 낙인을 들여다보기 전에 우선 부모 세대의 배경을 이해하는 과정이 필요하다. 과거에는 결혼하여 가정을 꾸리는 것을 기본적인 삶의 과정으로 보았다. 그 흐름을 따르지 못하는 이들에게는 '어딘가 하자가 있는', '낙오자' 등 멸시에 가까운 부정적인 표현으로 낙인을 찍어버리는 경우가 파다했다. 이렇듯 미혼의 상태를 비정상으로 여겨왔던 사회의 시선 때문에 결혼하지 않은 사람은 한없이 위축되고 어쩌면 스스로가 고립된 상태를 자처했으리라. 그러한 모습을 본 이들은 또다시 각자만의 편견을 덧입혀 보았을 테고 말이다. 그러나 시대가 변하고 결혼하지 않는 이들이 늘어남에 따라 자연스레 이를 바라보는 시각에도 변화가 생겼다. 더는 결혼을 하지 않거나 하지 않았다고 해서 숨을 필요도, 비난의 대상이 될 필요도 없다.

그럼에도 불구하고 비혼이기에 혼자 맞을 노년을 걱정하는 이들도 있다. 갓 비혼을 결심한 사람들이 주로 그렇다. 결혼을 한 사람은 법적인 테두리 속에서 가정의 형태를 이루며 살아간다. 그러나 비혼인의 삶에는 누군가와 함께 살아간다 한들 타인과 제도적으로 얽히는 관계가 없다. 그렇기에 가시적으로 드러나는 통계나 제도적인 혜택이 부족한 실정이다. 존재하지만 존재하지 않는, 그 불안정한 영역에서 느껴지는 불안감은 어딘가에 속해 있고 싶은 욕구의 형태로 분출된다. 그래서 자신과 같은 비혼인을 만나 사회적인 관계를 맺을 수 있는 네트워크 및 공동체 형성을 원한다. 같은 지향점을 지닌 사람들의 집합체에서 안정감을 느끼며 미래를 설계할 수 있기 때문이다. 비혼인들에게 있어 비혼공동체는 서로의 존재를 각인시키며 앞으로의 수많은 나날 동안 동고동락할 수 있는 믿음직한 동반자와 같은 역할을 한다. 자녀를 키우는 사람들에게도 유사한 예가 있다. 자녀양육이란 공통된 목적을 가진 그들만의 커뮤니티는 지역별로 활성화되어 있다. 이들은 온라인 혹은 오프라인에서 모여 관련 정보를 공유하고 일상에서 겪는 희로애락을 나누며 서로 정서적으로 공감하고 위안을 얻으며 살아간다.

비혼공동체 또한 다를 게 없다. 다만, 그 관심의 주제가 자녀가 아닌 비혼으로 살아가는 자신에게 있을 뿐이다. 나의 건강에 관하여 무엇을 하면 좋을지, 재무 상태를 어떻게 확인하고 관리하면 좋을지, 1인 가구가 받을 수 있는 제도적 혜택은 어떠한 게 있는지부터 요즘 볼 만한 영화나 공연, 오늘의 식사 추천 등 크고 작은 주제의 다양한 이야기를 주고받으며 말이다.

다양한 롤모델이 필요해

사람은 자신과 공통점을 가진 사람에게 보다 호의적이고 신뢰를 느끼며 동질감을 갖는다. 비혼이란 동일한 선택지를 살아가면서 겪을 수 있는 두려움이나 혼자 해결할 수 없었던 문제가 생길 때, 비혼공동체에서 만난 사람들에게 좀 더 쉽게 마음을 열고 현재의 상황을 공유한다. 그럴 때 비슷한 경험을 한 적 있던 누군가는 도움의 손길을 내민다. 다양한 사람의 경험과 생각, 가치관이 모이며 더 넓은 세계관을 확장시킨다. 노년에 대해 단편적인 모습만을 그리던 한계를 뛰어넘어 더 많은 가능성이 있는 노년을 그려본다. 비

혼 지인들과 나누는 대화 중, 10년 20년 후에는 비혼 마을을 만들어 살아가자는 말이 나왔다. 사생활을 보장받으면서도 가까이 살며 언제든 서로를 돌볼 수 있게 하기 위함이다. 흔히 비혼을 세대의 단절이라고 말하지만, 비혼을 원하는 세대는 끊임없이 생길 것이고 그들에게 롤모델은 자신을 키워준 울타리가 아닌 비혼의 삶을 살아가고 있는 우리다. 이제 시대를 잇는 방법은 단순히 내 유전자를 물려주는 것에서 나아가 가치관을 공유하고 서로 상생하는 법을 찾는 것이 아닐까.

비혼으로 살아낼 노년이 걱정되지는 않지만 그 모습이 뚜렷하게 그려지지 않을 수도 있다. 아직까지 제대로 된 선례를 본 적이 없기 때문이다. 우리에게는 비혼으로서 당당히 살아간 다양한 롤모델이 매우 부족하다. 때문에 우리는 후세에 대한 책임감을 갖고 먼저 살아가는 어른으로서, 사회가 정해놓은 가족의 형태에 속하지 않고서도 비혼으로서 살아나갈 수 있는 힘을 보여주고 싶다. 때로는 힘들고 지칠 수도 있고 남이 하는 부정적인 이야기에 휩쓸리고 수긍해버릴 수도 있다. 그러나 희망찬 미래를 상상하며 살아가다 보면 무엇이든 이룰 수 있기에 보란 듯 나아가야 한다. 이는 훗날 다른 세대들에게 또 다른 가능성이자 희망이 될 일이다.

당신의 비혼 결심이 사회의 문제점을 개선하고자 하는 확고한 목표에서 비롯된 게 아닐 수도 있다. 그렇기에 '뒤이을 세대를 위해 무엇을 하자'라는 이야기가 어찌 보면 강요로 들릴 수 있을 테다. 오히려 타인에 대한 막중한 책임감에서 벗어나고 싶어 비혼을 선택했던 이들에게는 되레 비혼을 결심한 의미가 무색해지는 것처럼 들릴 수도 있다. 분명 비혼이라고 해서 어떠한 필사적인 사명을 띠는 삶을 살아가야 하는 것은 아니다.

그러나 우리는 아직 다져지지 않은 길 한복판에 서 있다. 때문에 살아가면서 수많은 장애물에 부딪히고 그 한계에 좌절하기도 한다. 현실이 이러한 이상 계속해서 더욱 나은 상황을 만들기 위해 노력하는 일은 당연하다. 이러한 노력으로 다양한 삶의 방식에 대한 무수한 선례들이 만들어진다. 그리고 그 뒤를 이어 오는 세대들이 비혼을 바라보는 시각을 달리하게 된다. 비로소 비혼이 '주목받던 하나의 현상'이 아니라, 그저 자연스러운 삶의 모습 그 자체가 되는 것이다. 우리가 이뤄내는 가치들이 곧, 또 다른 누군가에게는

Myself _____

가능성과 기회로 전달될 수 있음을 잊지 말자. 나 또한 아직 가보지 않은 길이기에 구체적인 행동방안을 제시하기는 어렵다. 하지만 10년 전, 20년 전을 떠올려보자. 이렇게 비혼이 각광 받고 연예인이 미디어에 나와서 당당하게 비혼 선언을 하고 비혼의 삶을 말하는 모습을 상상이나 했었는가? 미래는 스스로 만들어갈 수 있다. 우리는 현재의 위치에서 생각하는 것보다 훨씬 찬란한 미래를 살아갈 것이다. 우리의 의지와 노력으로 만들어진 멋진 미래를 말이다.

10

결혼 안 하면
무슨 재미로 살아?

살면서 나와 비슷한 생각과 삶의 모습을 가진 사람을 만날 기회는 많지 않다. 사실 사람 사이에 교집합이 생길 일이 적은 게 정상이다. 하지만 그런 와중에, 우리는 비혼이라는 교집합으로 뭉쳤다. 비혼을 선택한 사람들이 모이면 어떤 일이 일어날까? 어떤 가능성이 펼쳐질까?

주변에 누가 있는지가 중요하다. 사람은 자신의 주변 사람들과 끊임없이 영향을 주고받는다. 주변에 공연을 좋아하는 사람이 많으면 자연스럽게 공연에 관심이 가게 된다. 운동하는 사람이 많으면 나도 운동 좀 해볼까 하는 생각이 들고 비교적 쉽게 실천에 옮길 수 있다. 정보 얻기도 쉽다. 지인들에게 '나 운동 시작할까?', '나 공연 보고 싶은데 뭐 보면 좋을까?'라고 물었을 때 '너 알아서 해~',

'그걸 왜 나한테 물어?'라고 내치지 않는다. 자신의 관심사를 알아주는 지인을 반가워하며 기꺼이 정보를 공유한다.

비혼도 마찬가지다. 끊임없이 '너희는 이상해', '너희는 잘못됐어!'라고 앞장서서 비난하는 사회 속에서 아무리 괜찮다, 괜찮다 스스로를 위로해도 지치고 외로움을 느끼게 되는 순간이 반드시 온다. 힘든 순간을 혼자 감당하는 것은 쉬운 일이 아니다. 하지만 주변에 나와 뜻을 함께하는 비혼 친구 한 명만 있어도 외로움은 쉽게 메꿔진다. '내가 이상한 게 아니었구나', '나 혼자만 이런 생각을 하는 게 아니구나' 하는 생각이 들면서 위로와 힘을 얻는다. 좋아하는 것보다 싫어하는 것이 통했을 때 더욱 빠르게 친해지는 경험을 해본 적이 있는가? 공공의 적이 있으면 내부 결속을 다지기가 쉽듯이 지독한 결혼 강요 사회에 대한 답답함을 토로하고 공감하는 것만큼 친밀감을 느끼기 쉬운 게 없다. 가령 이 파트의 차례로 돌아가 각 제목들을 대화의 소재로 삼아도 좋을 것이다.

"아직 어려서 그래."
"이제 결혼할 나이네."
"애 좋아하는 거 보니 결혼할 때 다 됐네."
"어떻게 인생을 혼자 사니?"
"걔는 온실 속의 화초야."
"결혼 못 해서 히스테리 부리는 거야."
"아직 좋은 사람 못 만나봐서 그래."

"결혼 안 하면 늙어서 혼자 고생해."

"결혼 안 하면 무슨 재미로 살아?"

우리가 지겹게 들어왔던 고정관념들에 대한 불만을 이야기하다 보면 나와 전혀 다른 환경에서 자란 사람일지라도 순식간에 절친이 될 수 있다. 고민이 있을 때 다른 사람에게 이야기하는 것만으로 많은 해소가 되듯이, 어디서도 쉽게 할 수 없었던, 오히려 손가락질을 받을 수도 있었던 이야기들을 사람들과 신나게 떠들고 나면 답답함과 고립감은 어느 순간 사라져 있으리라.

나도 비혼, 상대방도 비혼이기 때문에 불편한 말을 할까 염려하지 않아도 된다. '왜 결혼 안 하세요?'라는 질문으로 넘어가지 않는다. 이유가 있다고 생각하지 않고 만약 있더라도 그 이유에 대해 궁금해하지 않는다. 상대가 불편한 말을 하지 않음을 알고 있는 것만으로도 관계에서 오는 피로도는 많이 줄어든다. 훨씬 편한 타인이 된다.

삶의 형태를 같이 하는 사람들을 주변에 많이 두는 것은 비혼의 삶에 큰 도움이 된다. 하지만 스스로 사람을 찾는 건 한계가 있다. 사회에 나와서 친구를 사귀기란 쉽지 않다. 그런데 비혼 친구라. 이미 속해 있는 그룹(학교, 직장, 학원 등)에 비혼인이 있다면 좋겠지만 없을 가능성도 높다. 주변인들에게 비혼을 소개하고 함께 비혼으로 살자 제안하는 방법도 있지만 품이 너무 많이 든다. 원하는 결과를 얻지 못할 수도 있다. 다른 곳에서 찾자니 우연을 가장한 만남을 기대하기엔 우리는 너무 많이 지쳤다. 스스로 얼마나 더 노력해야 할까. 부표같이 흩어져 있는 비혼인을 찾고 서로의 존재를 확인하기 위해 우리에겐 공동체가 필요하다.

나를 이해하는 타인

비혼공동체에 속하면 무엇이 좋은지 많은 사람이 궁금해할 것이다. 난 사람 만나는 게 싫어, 혼자가 좋아, 라고 생각하는 당신. 우리 모두가 과거에 그런 사람이었다. 자신과 맞지 않는 사람과 함께하면 피로만 쌓이기 마련이다. 그래서 비혼공동체가 만들어졌다. 여전히 사람 만나는 건 에너지가 소모되는 행위지만, 적어도 이곳에서는 피곤하지 않은 사람을 만날 수 있다. 비혼공동체에서는 나와 맞는 사람들과 함께하니 즐겁다. 이곳은 상상보다 훨씬 더 즐겁고 예상보다 더 많은 긍정적인 효과가 있다.

강연으로 진행되는 행사를 준비했을 때 일이다. 공동체 내부에서 강연을 준비하는 콘텐츠의 특성상 여러 연사가 필요했다. 처음에는 많은 회원들이 연사로 신청할 것이라 예상했다. 그러나 예상과는 달리 결과는 처참했다. 5~6명 예상했던 신청 인원은 겨우 한 명이었다. 연사가 없다고 행사를 취소할 수는 없었다. 결국 대표들이 연사로 올라가야 하는 상황이었다. 대표들 역시 자신 있는 건 아니었지만 선택지가 없었다. 결국 3명의 대표가 연사로 올라가기로 했다. 단체 운영 초반인지라 일손이 부족해 행사와 강연을 동시에 준비해야 해서 두 배로 바빴지만, 시간은 우리를 기다려주지 않았다. 행사 당일, 다행히 강연은 무사히 마무리되었다. 강연 현장에서 만족도 조사를 진행했다. 그 결과 가장 긍정적인 피드백을 많이 받았던 강연은 역설적으로 행사 직전까지 가장 자신 없어 했던 대표의 강연이었다.

최근 같은 행사를 한 번 더 준비했다. 다음 강연을 준비할 때는 여러 회원이 참여했다. 참여한 회원 수만큼 강연의 주제도 다양해졌다. 연사로 참여한 공동체의 회원들은 '이러한 기회가 있다는 것 자체가 너무 좋다', '혼자였으면 강연을 할 생각조차 하지 못했을 것'이라는 의견을 전했다. '안 될 거라고 생각하고 신청했는데 연사로 서게 돼서 엄청나게 걱정하면서 준비했다', '포기하고 싶었지만 함께 준비하는 사람들이 끊임없이 독려해주었기에, 격려와 자극

Myself _____

이 있었기에 할 수 있었다'라는 후기를 남겼다. 할 수 없다고 생각하고, 전혀 상상하지도 못 했던 일들을 하게 만드는 힘. 이것이 바로 공동체의 존재 의의다.

비혼공동체의 장점은 자신이 원하는 활동을 단체 내에서 사람을 모아 비교적 쉽게 시작할 수 있다는 점이다. 현재 공동체의 구성원들은 잡지와 작품 스터디를 위한 글을 쓰기도 하고, 개발 스터디, 경제 스터디, 책모임에 참여하는 등 활발하게 참여하고 있다. 이 모든 활동을 공동체 없이 하고자 했다면 가능했을까? 불가능했으리라 확신한다. 혼자 광고의 바다 속에서 솎아낸 정보들을 취합해 커뮤니티나 오픈 카톡방, 원데이 클래스, 학원 등을 찾아내는 것부터 일이다. 시간과 비용이 얼마나 들지도 예상되지 않는다. 시간과 비용만 문제라면 어떻게든 해보겠지만 생판 모르는 사람들과 마주할 걱정도 해야 한다. 여기엔 이상한 사람은 없을까 사서 걱정하고 종국엔 제풀에 지쳐 포기했으리라.

혹자는 여러 활동을 하며 숨 가쁘게 사는 이들을 두고 바쁘고 피곤하게 산다고 생각할지도 모르겠다. 내가 그렇게 생각하는 사람이었다. 모임에 있어서 항상 타자였다. 참여하고자 하는 의지도 없었고, 그 안에 들어가고 싶다는 생각조차 하지 않았다. 공동체에서 모임이 막 생겨나고 있을 때, 대표였음에도 불구하고 모임에 참여하는 게 솔직히 귀찮았다. 관심사가 아니어서 흥미가 생기지 않았다. 정신없고 바쁜 걸 싫어하고 스스로 게으른 걸 알았기 때문에,

대부분의 모임이 감당할 수 있어 보이지 않았다. 하지만 공동대표들과 회원들이 열심히 활동하며 전해주는 만족감 넘치는 후기를 계속해서 듣게 되니 뭔가 자극이 되었다. 그들은 바빠 보이기도 했지만 그만큼 즐거워보였다. 그러다 소모임을 한번 해볼까? 저 정도는 할 수 있을 거 같은데 들어가 볼까? 라는 생각들이 뭉게뭉게 생기기 시작했다.

"저 지금 모임 들어갈 수 있을까요?"

비혼공동체의 구성원들은 끊임없이 서로에게 영향을 받아 모임에 참여하고, 그 에너지로 또 다른 회원들을 모임에 들어오게 하거나 새로운 모임을 만들게 한다. 끊임없는 선순환이다. 물론 모든 사람과 의견이 다 맞을 수는 없다. 배경이 다르고 성격이 다르고 성장환경도 다르기 때문에 다름은 당연하다. 그럼에도 공동체가 특별한 불화 없이 굴러갈 수 있는 이유는 생산적인 활동을 하고 있기 때문이다. 목적이 없는 단순한 친목모임에서는 불화가 생길 가능성이 높다. 서로 다른 사람들이 모였기 때문에 각자가 생각한 대로 가려고 한다. 하지만 이때 목적이 있다면 방향 정도는 맞출 수 있다. 이야기할 공동주제도 쉽게 생긴다. 비혼공동체의 모든 모임과 활동에는 목적이 있다. 자신이 맡은 역할도 있다. 자신이 해야 할 일이 있기에 맡은 바에 충실하게 된다. 물론 남은 부분은 서로에 대한 존중과 배려로 이루어진다.

'결혼 안 하면 무슨 재미로 사냐'며 남의 미래를 쉽사리 단정 짓고 걱정해주는 사람들이 참 많다. 개인주의가 문제되는 사회에서 대단히 친절한 이들이 아닐 수 없다. 그들에게 미안하지만 우리는 충분히 즐겁다. 비혼공동체 운영진에게 가장 많이 들리는 피드백 중 하나는 '얘기할 시간이 부족하다'이다. '늦은 시간에 모여서 뒤풀이할 시간이 없어 아쉬웠어요', '강연하는 데 질의응답 시간이 있었으면 더 좋았을 거 같아요', '좀 더 얘기하고 싶은데 시간이 부족해요' 등등. 그래서 아예 이야기만 하는 행사를 기획하기도 했다. 결혼 중심주의, 결혼 만능주의 사회에 답답함을 토로했을 때, 의아한 시선이 아니라 공감대가 형성될 때의 벅차오름을 결혼주의자들은 이해할 수 있을까. 한두 사람도 아니고 거대한 무리의 사람들이 커다란 공감대를 형성한다면? 우리는 연결되어 있음을 느낀다. 솔직히, 떠들기만 해도 재밌다.

사람들은 비혼에 대해 이유를 찾는다. 이 말들도 다 그런 의미에서 탄생한 말들일 것이다. 하지만 그냥 비혼일 수는 없나? 꼭 비혼에 이유가 있어야 할까? 그냥 혼자 살아가고 싶을 수도 있지 않나? 물어보지 않았으면 좋겠다. 이러한 말들은 결국 '나를 납득시켜 봐'라는 뜻이 숨어 있다. 우리는 세상을 납득시킬 필요가 없다. 삶의 모양 중 하나인 비혼을 납득시키거나 설명하려고 애쓰지 말자. 내가 아이스크림을 좋아하는 이유를 남들에게 설명할 필요가 없듯이.

PART 3

Important

1

혼자 살아갈 생각을 하면 어떤 이미지가 떠오르는가. 아직 막연
하게 어떤 그림을 그려야 할지 모르겠다고? 아니면 돈, 세금, 보
험, 부동산, 인테리어, 청소, 건강식 등 갑자기 생각해야 할 것들
이 너무 많아졌다고? 겁먹지 마시라. 해보기도 전에 겁먹고 뒷
걸음질치는 건 반칙이다. 이번 장을 찬찬히 따라오다 보면 당신
도 행복한 1인분의 삶을 거침없이 살아낼 수 있다.

1

최고의 하인,
최악의 주인 : 돈

비혼을 고려할 때 여러 가지 걱정들이 있겠지만 그중에서도 단연 높은 비중을 차지하는 건 '돈'이다. 자본은 결혼을 하고 안 하고의 문제를 떠나 이 척박한 물질만능주의 사회에서 살아남기 위해 필연적으로 갖춰야 하는 요소다. 누구에게나 돈은 중요하다. 그중에서도 비혼인들에게는 더 중요하다. 일단 비혼을 결심한 사람들은 평생 혼자 살아갈 계획을 가지고 있다. 그들에게는 부양할 사람도, 함께 돈을 모을 사람도 없다. 오롯이 스스로 자신의 삶을 일구기 위해서라도 비혼인들에게 자본의 중요성은 몇 번을 강조해도 부족함이 없다. 이번 장에서는 재정적인 홀로서기를 포함하여, 비혼인들이 꼭 알아두어야 할 여러 가지 생활밀착형 지식을 조금씩 맛보도록 구성하였다.

가성비와 가심비 사이 그 어딘가

영국의 철학자 프란시스 베이컨은 "돈은 최고의 하인이면서 최악의 주인이다"라고 했다. 말 그대로 돈은 우리의 모든 상상을 현실로 만들어주는 최고의 조수다. 그러나 한 번 돈에 쫓기기 시작하면 우리는 그 조수에게 평생을 채찍질 당하는 노예가 되고 만다. 세상에 자발적으로 노예의 삶을 살고 싶어 하는 사람이 있을까 싶지만, 사람들은 흔히 돈 앞에 눈이 흐려지고 머리가 아찔해진다고 한다. 이는 돈에게 쫓기기 때문일 수도 있지만, 오히려 돈을 잘 몰라 몸이 반응하는 것일 수도 있다. 지피지기면 백전백승. 돈에게 종속당하지 않기 위해서는 돈에 대한 이해와 더불어 우리 자신의 모습도 돌아볼 필요가 있다.

백 명이 모이면 천 가지 생각이 나타나듯 돈을 바라보는 시각도 천차만별이다. 비싸더라도 소수의 질 좋은 물품을 구매하는 사람이 있는가 하면, 질이 다소 떨어지더라도 양이 많은 물품을 구매하는 사람도 있다. 돈에 대한 가치관은 소비 습관에서도 차이를 보인다. 질을 우선으로 두는 사람은 시간을 들이더라도 여러 업체의 성능을 비교해보면서 본인에게 맞는 물건을 찾을 가능성이 높고, 양을 우선으로 두는 사람은 내구도나 디자인이 조금 마음에 들지 않더라도 대신 할애되는 시간을 아낄 가능성이 높다. 돈을 바라보는 시각에 대한 절대적인 정답은 없다. 하지만 적어도 본인의 성향을 알고 있어야 이를 기반으로 돈을 관리할 수 있다. 어떤 가치를 우위에 두느냐에 따라 재테크와 돈을 관리하는 방법도 달라지기 때문이다.

그렇다면 자신이 돈에 대해 어떤 가치관을 가지고 있는지 알아보려면 어떻게 해야 할까. 가장 확실한 방법은 역시 전문가와의 상담이겠지만 부담이 되는 게 사실이다. 좋은 소식은 집에서도 인터넷으로 간단하게 본인의 재무 심리를 알려주는 테스트가 가능하다는 것. 아직 자신의 소비성향을 모르겠다면 한 번쯤 도전해볼 것을 권한다. 재차 강조하지만 돈이 막연하고 낯설게만 느껴지는 이유는 돈을 잘 모르기 때문이다. 자본에 쫓기지 않기 위해서는 우리가 한발 앞서 그들을 좇아야 한다. 마음만 앞세워서는 절대로 사냥에 성공할 수 없다. 지금 본인이 어떤 무기를 가지고 있고, 이 무기들이 어떤 특징을 가지고 있는지 점검해보는 게 먼저다.

화려한 재무표가 내 통장을 싹 감싸면

회계에서는 일정한 규칙에 따라 돈의 상태를 점검한다. 그 규칙들은 우리가 자본을 얼마나 가지고 있는지, 또 그 자본은 어떤 성격의 돈인지 한눈에 파악할 수 있게 해준다. 자본에 대한 모든 정보를 한 장에 압축한 서류가 바로 '재무상태표'다. 경영활동을 하는 회사에서는 재무상태표를 의무적으로 기관에 제출해야 한다. 그런데 그 회사를 운영하지도, 또 어디 서류를 낼 일도 없는 우리가 재무상태표를 만들어야 할까? 물론이다. 비혼을 결심한 우리는 경제 주체성을 가지고 있는 개별 회사와 같다. 경영자의 가치관에 따라 회사의 존폐가 갈리듯, 자신의 재무 상태를 어떻게 바라보느냐에 따라 우리의 자산 상태도 달라진다. 재무상태표라는 단어의 뜻은 '돈의 여러 상태를 보여주는 표'다. 가계부를 꾸준히 쓰면 다음 달의 예산을 어떻게 잡을지 대충 감이 오는 것과 같다. 자신의 자산 상태를 정확히 분석하고 이를 관리할 수 있는 힘은 비혼인들에게 든든한 무기가 된다.

우리는 정기적으로 '비혼 재무상태표'를 만들어볼 필요가 있다. 비혼인들에게 가장 중요한 항목인 돈, 소중한 나의 돈이 어디에 얼마나 있는지 추상적으로 알고 있는 것과 구체적인 숫자로 마주하는 건 하늘과 땅만큼 다르다. 이름부터 복잡하게 생긴 재무상태표를 과연 우리가 만들 수 있을까 싶어도 걱정은 내려놓자. 회계의 기본 원리만 안다면 누구나 간단하게 만들 수 있다. 백문이 불여일견, 지금 당장 종이와 펜을 준비해 함께 '비혼 재무상태표'를 만들어보자!

이어질 설명들이 글로만 보아서는 다소 난해할 수 있으니 여기 김비혼 씨의 재무표를 참고하자. 왼쪽은 들어오거나 가지고 있는 돈, 즉 나에게 경제적인 효익을 가져다주는 항목들을 쓴다. 간단하게는 지금 통장에 얼마가 있는지 혹은 청약통장에 얼마나 모여 있는지부터 시작해서 부동산, 금, 보험금 등의 큰 항목들을 빠짐없이 기재한다. 다만 생각나는 대로 쓰다 보면 놓치는 항목이 생길 수 있으므로 순서에 맞춰서 찬찬히 채워보자.

비혼 재무상태표

2020년 1월 ~ 2020년 6월

만든 사람 김비혼

자산		부채	
유동 자산		**유동 부채**	
비상금	200만원	친구한테 빌린 돈	10만원
생활비통장	30만원	현금서비스	10만원
청약통장	150만원		
저축용적금	700만원		
비유동 자산		**비유동 부채**	
전세보증금	1억 2천만원	전세자금대출	9천만원
자동차	1500만원	보험(10년 남음)	10만원×120
보험만기금액	3천만원		
연금	1천만원		
주식계좌	40만원		
펀드	60만원		
자산 합계	**1억 8,680원**	**부채 합계**	**1억 220만원**
		자본 합계	8,460만원

- 자동차 몸값은 벌써 반값도 안 되네. 잘 수리해서 타고 다니자.
- 적금이 전년도 하반기에 비해 50만원 더 모였네. 나 자신을 칭찬합니다. 짝짝!
- 현금서비스는 반성하자.
- 대출은 1년 뒤 만기 연장해야 하니까 잊지 말고 캘린더에 써두기!

지금부터 1년을 기준으로, 앞으로 1년 안에 현금으로 바로 쓸 수 있는 돈과 그렇지 않은 돈으로 나누어본다. 회계에서는 전자를 유동성 자산, 후자를 비유동성 자산으로 분류한다. 1년 내로 바로 쓸 수 있는 돈, 즉 유동성 자산에는 비상금과 예·적금 등이 있다. 불의의 사고를 당하거나 갑자기 목돈이 필요할 때 제일 먼저 꺼내는 돈이 이에 해당된다. 특히 비상금의 소중함은 직접 겪기 전까지는 모른다. 충분한 비상금은 월급의 3배 정도라고는 하나 노후를 대비해서 차츰 늘리는 것이 좋겠다. 비상금과 마찬가지로 예·적금 역시 마음을 든든하게 해주는 충실한 효자다. 다만 적금은 만기 시에 한 번에 목돈이 생겨서 충동적인 소비가 발생할 수 있으므로 주의하자. 유동성 자산을 모두 쓴 것 같다면 그 아래에 앞으로 적어도 1년은 현금으로 쓸 일이 없는 돈을 종이에 기록한다.

비유동성 자산의 예시로는 부동산이나 보험, 주식·펀드 그리고 연금 등이 있다. 부동산과 보험, 연금은 오랜 시간이 지나야 현금화가 가능하다지만 왜 주식이나 펀드와 같은 투자자산도 비유동성 자산으로 분류를 할까. 주식은 하루만에도 큰 수익을 내기도 하지만, 투자자산은 오래 운용할 목적으로 보고 묻어두는 경우가 많다. 따라서 당장 현금으로 바꾸지 않는 항목들은 대부분 비유동성 자산으로 분류를 하는 것이 좋다. 또 자동차와 같이 오래 쓰지만 되팔 때 처음 샀을 때만큼 돌려받지 못하는 자산은, 시세를 감안하여 현재 시점의 값어치로 기록해야 한다. 연금은 국민연금, 퇴직연금, 신탁 등 노후에 정기적으로 받을 수 있는 금액을 통틀어서 분류한다.

종이의 왼쪽에 여러 가지 자산이 채워졌다면 반대 공간도 채워보자. 여기는 나가거나 돌려주어야 하는 돈, 즉 갚아야 할 경제적인

의무가 있는 항목들을 나열한다. 빚도 본인의 상황에 따라 소액으로 빌린 돈부터 부동산·자동차 할부까지 여러 항목이 있다. 부채 역시 자산과 동일하게 1년을 기준으로 1년 안에 갚아야 하는 돈과 그렇지 않은 돈으로 나누어보자. 먼저 1년 내에 갚을 수 없는 돈 즉, 오랜 기간 갚아야 하는 비유동성 부채는 금액이 큰 부동산 대출이나 자동차 할부 등이 있다. 대출 만기가 얼마나 남았는지, 그리고 지금까지 얼마나 갚았는지 재무상태표를 만들면서 정기적으로 확인해보자. 비유동성 부채는 효율적인 자산 관리를 위해 한두 개쯤은 있기 마련이지만 유동성 부채는 절대 그렇지 않다. 반드시 1년 내로 갚아야 하는 유동성 부채는 현금서비스나 론, 사채 등을 말한다. 더군다나 유동성 부채의 이자는 가히 상상을 초월한다. 2019년 기준, 현금서비스의 이자는 24%, 론은 26%, 사채는 법정 최고이자인 30%까지 치솟는다. 참고로 비유동성 부채로 가장 많이 거론되는

'버팀목 전세자금대출' 상품의 경우 이율이 3%가 채 되지 않음을 고려한다면 무시무시한 수준이다. '빠르고 간편하니까 이번만 빌리자' 혹은 '소액이니까 괜찮겠지'라는 마음으로 이런 유동성 부채를 이용했다면 깊이 반성하자.

여기까지 종이를 채웠다면 축하한다. 비혼 재무상태표의 완성이 코앞이다! 비혼 재무상태표는 마지막으로 종이의 양쪽 항목을 비교해보는 과정으로 마무리된다. 물론 자산이 얼마인지, 부채가 얼마인지 인지하는 것만으로도 충분히 의미가 있지만 그래도 이왕 힘들게 여러 가지 항목들을 채웠는데 분석도 안 해볼 수는 없다. 이제 재료는 전부 준비됐다. 맛있는 요리를 해보자. 간단하게 왼쪽 항목인 자산의 총 합계 금액과, 오른쪽 항목인 부채의 총 합계 금액을 계산한다. 그리고 이들의 차이에 집중해보자. 만일 내 자산의 합계 금액이 1억 원이라고 해도, 그중 8천만 원이 은행의 대출금일 수도 있다. 그렇다면 내가 가지고 있는 진짜 내 돈은 2천만 원이 된다. 이 몫을 회계에서는 자본 또는 순자산이라 한다. 자본은 오롯이 나의 소유인 자산만을 의미한다. 그러므로 자본이 탄탄해야 한다. 일정 기간마다 재무상태표를 만들어서 자본이 많이 증가했는지 혹은 감소했는지 확인해보는 것만으로도 웬만한 가계부보다 효율적인 재무 관리가 가능하다.

자산과 부채의 구성이 어떻게 되어 있는지도 살펴보자. 자산이 넉넉하게 보여도 보험금만 많고 예금이 적으면 실질적으로 지금의

재무 상태는 적신호라고 볼 수 있다. 또 부채는 가능한 한 곳에서 관리해야 한다. 현실적으로 부채가 0원인 채로 사는 건 불가능에 가깝지만 금액이 적다고 해도 은행, 카드사 등 3곳 이상의 금융기관에서 빚을 내면 다중 채무자가 된다. 다중 채무자로 분류가 되면 개인 신용이나 대출 이율 등의 여러 분야에서 불이익이 발생하므로 주의하자. 반대로 자산은 분산해서 관리하는 방향을 추천한다. 같은 금액의 예금이라도 상품에 따라 이율이 2~3%까지 차이가 발생한다. 어떤 분야에 얼마만큼의 투자를 할지는 본인의 성향에 따라 설계를 하자. 인터넷이나 친구의 후일담을 듣고 성향과 맞지 않는 상품에 뛰어들었다가 되레 스트레스만 받고 재테크에 대한 흥미를 잃을 수도 있다.

아직도 자신의 재무 상태에 대해 확신이 서지 않는다면 직접 여의도를 찾아가 보는 방법도 있다. 평일 업무시간이라는 시간적인 제약이 있기는 하지만 금감원에서 시민들을 대상으로 무료 재무

상담을 진행해주고 있다. 금감원의 무료 재무상담은 친절하고 상세한 조언으로, 한 해 만 건이 넘는 상담이 진행될 만큼 인기가 많다. 아무래도 제공받을 수 있는 정보가 차이가 있다 보니 상담의 질은 대면 상담이 가장 좋다. 자신의 재무 상태를 명확히 인지하고 있는 사람과 그렇지 않은 사람은 다른 출발선에서 달리기를 시작하는 것과 같다. 끝까지 포기하지 않고 달리기를 완주할 수 있도록 꼭 비혼 재무상태표를 정기적으로 만들어보자.

금융감독원 〈금융자문서비스〉
대면 상담 : 금융감독원 본원(여의도) 1층 금융민원센터 내 상담 부스
전화 상담 : 금융감독원 콜센터, 국번 없이 1332 (7번 금융자문서비스)
온라인 상담 : PC 상담(www.fss.or.kr) 또는 모바일 상담(fss1332.modoo.at)

2

죽음과 세금만큼
확실한 것은 없다

비혼 재무상태표를 무사히 작성하고 여기까지 넘어온 당신에게 먼저 축하의 박수를 보낸다. 온갖 서류들과 씨름하는 일은 언제 해도 달갑지 않다. 하지만 어쩌겠는가. 우리의 삶을 이끌어줄 수 있는 건 체력과 재력이다. 레벨 업을 한 당신이 마주해야 할 다음 상대는 영수증이다. 자산의 상태를 아는 것도 중요하지만 동시에 우리는 돈을 어떻게 쓰고 있는지도 알아야 한다. 지금 이 글을 읽고 있는 당신은 최근 1년간 자신이 소비한 금액이 얼마나 되는지 알고 있는가? 1년은커녕 지난 한 달의 소비내역도 아리송한 사람이 대부분일 것이다. 월세나 공과금, 통신요금과 같이 매달 고정적으로 빠져나가는 지출에 대해서는 어느 정도 파악하고 있으나, 그외에 내가 한 달 동안 택시비로 얼마를 썼는지, 충동적으로 소비한 금액은 얼마나 되는지는 잘 모르는 게 보통이다. 이는 우리가 얼마나 소비를 대수롭지 않게 여기는지 알 수 있는 중요한 대목이다. 밑 빠진 독에는 아무리 물을 부어도 소용이 없다. 다행히 요즘은 세상이 많이 좋아져 조금만 찾아보면 금방 구멍 난 항아리를 메꿔주는 도구를 구할 수 있다. 고정지출과 변동지출을 관리할 수 있는 프로그램이 많아졌기 때문이다. 소비를 관리하는 방법에 대해서는 전문가들의 조언이 많으니, 우리는 현명한 비혼인이 되기 위해 넘어야 할 또 다른 산, 그간 어려워서 못 본 체했던 세금이라는 녀석을 파헤쳐봐야겠다.

세금은 돌아오는 거야

우리는 매일 숨을 쉬고 있다. 그러나 숨을 쉰다는 인지는 잘 못한다. 세금도 같다. 우리의 모든 소비는 세금과 연결되어 있다. 명상과 마음 챙김에서도 호흡이 아주 중요하듯 소비와 저축에서도 세금이 아주 중요하다. 누구나 세금의 중요성을 알고 또 공부를 해보려고 하지만 복잡하고 어려운 회계용어에 두통만 안고 책을 덮어버린다. 하지만 어렵다고 지레짐작했기 때문에 어렵게 다가오는 것은 아닐까. 아는 만큼 챙길 수 있는 세금. 이 복잡해보이기만 하는 퍼즐을 차근차근 맞추어보자.

우리나라의 세금은 25가지나 된다. 익히 들어 알고 있는 관세, 소득세, 취득세 등을 포함하여 국세 14개, 지방세 11개로 이루어져 있고 사용 목적에 따라 여러 기준으로 나뉜다. 이 구체적인 세금 항목을 여기서 다루기에는 한계가 있으니 필요하다면 따로 검색을 해보길 바란다. 국세와 지방세의 차이는 세금을 관리하는 기관에 있다. 국세는 나라 전체를 관리하는 돈이라 납부를 할 때도 세무서로 가야 하고, 지방세는 해당 지방 자치단체를 관리하는 돈이라 구청으로 가야 한다. 이제 헷갈리는 단어들이 등장하기 시작한다. 기본적으로 세금은 과세표준에 세율을 곱한 금액이다. 과세표준은 기준이 되는 돈 또는 수량을 말하고, 세율은 곱할 비율을 말한다. 세율은 다시 비례세율과 누진세율로 나뉜다. 편의점에서 물건을 살 때처럼 무조건 금액의 10%를 내는 경우가 비례세율을 적용한 사례이며, 전기세와 같이 구간마다 다른 세금이 책정되는 경우는 누진세율을 적용한 사례다. 요약하자면 세금은 내가 쓴 돈에 일정 비율을 곱한 돈이다.

그렇다면 언제 세금을 낼까? 아까도 말했지만 우리는 숨 쉬듯 세금을 내고 있다. 굵직한 세금으로는 직장인들이 월급을 받을 때 원천징수가 된 세금이 있다. 원천징수란 회사에서 내 몫만큼의 세금을 먼저 지불하고, 나에게는 차액만을 급여로 지급하는 것을 말한다. 그 외에도 일상적으로 내는 자잘한 각종 부가가치세와 모든 소득을 종합해 과세하는 종합소득세 등이 있다. 세금을 많이 낸다면 내가 그만큼 많이 벌었기 때문이니 나쁘게 생각할 이유는 없다.

또 세금과 필연적으로 엮인 연말정산. '연말정산'이라는 단어를 모르는 직장인은 없다. 연말정산은 한 해 동안 원천징수된 소득세

와 내가 실제 사용한 세금을 비교하는 일이다. 그래서 부족한 금액이 있으면 그만큼의 세금을 더 내고, 많이 낸 세금이 있으면 다시 돌려받는다. 매해 세금과 관련된 법이 바뀌기 때문에 연말정산도 매해 조금씩 달라진다. 그럼에도 크게 달라지지 않는 부분들이 있으니 놓치지 말고 알아두자.

안타깝게도 세법이 바뀌는 동안 예전처럼 드라마틱한 환급을 체감할 수 있는 기회는 사라졌다. 하지만 이제 연말정산을 위해 근로자가 복잡하게 세율을 계산하고 번거롭게 모든 서류를 제출하지 않아도 된다. 어렸을 때는 '어른이 되면 이렇게 어려운 서류를 하나

하나 다 만들어야 하는 건가' 생각했지만, 지금은 국세청 온라인 서비스인 '홈텍스'에서 빠르고 간편하게 세금 관련 업무를 처리할 수 있다. 한 번씩 사이트를 방문해 이것저것 클릭해보면서 정부 사이트와도 친해지기 바란다. 자주 들어가야 할 사이트임에도 정보가 너무 산재되어 있어 원하는 서류를 찾기 쉽지 않다.

연말정산은 크게 소득공제와 세액공제로 나뉜다. 소득공제는 기준이 되는 나의 소득 금액을 일정 수준 감면해 적용되는 세금을 줄이는 것, 세액공제는 기준이 되는 소득 금액에서 산출된 세금 자체를 줄여주는 것을 말한다. 연말정산의 순서는 먼저 기준이 되는 금액을 확인하고 그 금액에서 세금을 산출하는 형식이다. 즉, 소득공제는 과세표준의 적용 전에 진행된다. 따라서 소득공제는 고소득자에게 유리하다. 반면 세액공제는 결정된 세금을 감면해주기 때문에 저소득자에게 유리하다. 개인의 상황에 따라 어떤 공제가 본인에게 유리한지 파악해두는 것을 추천한다.

먼저 소득공제를 살펴보자. 기준이 되는 금액을 결정하는 과정에서 어떤 절세를 할 수 있을까. 우선 신용카드와 체크카드에 따라서도 공제 금액이 다르다. 우선 카드 소득공제를 받기 위해서는 급여의 25% 이상을 사용해야 한다. 월 300만 원을 번다고 했을 때 75만 원 이상을 써야 하는 셈이다. 신용카드를 사용할 경우 초과 금액의 15%, 체크카드는 30%를 공제받을 수 있다. 연간 한도 금액은

300만 원. 이 금액을 받으려면 한 달에 신용카드로 최소 금액보다 100만 원은 더 써야 하는 셈이다. 하지만 체크카드를 쓴다면 한 달에 125만 원만 써도 같은 금액을 공제받을 수 있다. 여기서 대중교통과 전통시장을 이용하면 카드에 상관없이 추가로 100만 원씩 공제된다. 하지만 신용카드로 결제한 기부금, 신차 구입 비용, 면세점 사용 금액은 카드 사용 금액에서 제외되니 참고하자.

적금이 만기되었거나 보너스 등의 목돈이 생겼을 때 당신은 무엇을 하는가. 확실한 사용처를 정해두지 않았다면 채권에 관심을 가져보는 건 어떨까. 채권도 소득공제가 되는 항목이 있다. 300만 원 이상 벤처기업에 투자를 해 3년을 유지하는 경우, 투자 금액의 10%를 환급받을 수 있는 '벤처기업투자신탁'. 최대 금액이 300만 원이라 3천만 원 이상을 투자해도 그 이상의 금액을 받지는 못하지만 충분히 고려해볼 만하다. 이 외에도 자잘하게 소득공제를 받을 수 있는 항목들이 있다. 안경이나 콘택트렌즈도 의료비 소득공제가 가능하고 박물관·미술관 입장료도 신용카드로 결제하면 30%의 소득공제가 된다. 소소하게 느껴져도 푼돈이 모이면 목돈이 된다. 안경점에 주민등록번호를 제시하고 구입 영수증을 발급받자.

쓴 돈을 그대로 돌려받는 소득공제를 살펴봤다면 세금을 감면해주는 세액공제도 확인해보자. 세액공제는 소득공제만큼 세금 감면 혜택이 큰 편은 아니다. 하지만 여기저기 알찬 녀석들이 많다. 만약 본인이 월세로 살고 있다면 12% 한도로 750만 원까지 월세를 돌려받을 수 있다. 준비도 간단하다. 계약서와 월세 입금내역, 그리고 주민등록등본만 챙기면 된다. 비혼인이라면 반드시 하나씩 가지고 있을 청약통장도 최대 96만 원까지 납입액의 40%를 공제받을 수 있으니 알아두시길.

이렇게까지 소득공제와 세액공제 금액을 다 합쳐서 내가 최종적으로 환급받을 수 있는 금액이 얼마인지 확인해보고 싶다면 국세청 사이트 '홈텍스'에 다시 접속해보자. '연말정산 미리보기'라는 탭에서 카드 소득 공제액을 비롯한 예상 세액을 확인해볼 수 있다. 만일 보험료, 의료비, 교육비, 기부금 등이 포함된 특별 세액공제와 소득공제, 월세 세액공제의 합산액이 13만 원이 되지 않는다면 주목! 연말정산을 신청할 때 특별 세액공제와 표준 세액공제 둘 중 하나를 선택할 수 있다. 여기서 특별 세액공제를 선택하지 않으면 자동으로 표준 세액공제가 선택되는데, 표준 세액공제를 선택하면 일괄적으로 13만 원을 돌려받을 수 있다. 부양가족이 없어서 공제받을 금액이 없는 1인 가구는 이 표준 세액공제를 고려해봐도 좋다.

마지막으로 연말정산을 통해 소위 세금을 '토해내는' 경우. 세금을 추가로 납부해야 하는 상황은 내가 그만큼 소비를 하지 않았을 때 발생한다. 연말정산은 많이 쓴 만큼 많이 돌려주는 제도다. 국가에서 나의 소득을 보고 '이 정도 쓰겠지' 싶어서 세금을 미리 걷어갔고, 또 내가 실제로 소비한 금액을 추려서 이를 비교하기 때문이다. 소득에 비해 저축이 많으면 당연히 소비는 줄어든다. 소비를 하지 않았으니 국가에서 예상한 만큼 내가 세금을 쓰지 않은 셈. 그래서 정산결과 세금을 '덜' 낸 것으로 인식이 되어 1년 동안 내지 않은 세금을 한 번에 내는 것이다. 만일 내가 그 돈을 소비하는 데 전부 썼다면 저축을 할 수 있었을까? 절대 불가능하다. 누군가 연말정산을 많이 받았다고 해서 부러워할 필요는 없다. 소득이 많아서 그만큼 많이 쓰는 사람이라면 모를까 재정 상태가 안정적이지 못한데도 불구하고 비슷한 수준을 보인다면 오히려 위험하다. 연말정산은 많이 돌려받을수록 좋은 세금제도다. 하지만 여기서의 '많이'는 자신의 실제 소비 대비 공제 금액을 많이 돌려받자는 의미이지, 절대적으로 물리적인 액수가 많아야 좋다는 의미가 아니다. 연말정산에 일희일비하지 말자.

3

바깥세상은 위험하단다,
금리를 챙기렴!

돈 이야기는 아무리 해도 끝이 없다. 하지만 이 물질 만능주의 사회에서 자본의 중요성은 몇 번을 강조해도 지나치지 않다. 이왕 돈을 모을 거, 같은 돈으로 더 많은 수익을 챙기면서 모아야 하지 않겠는가. 야생의 사회에서 비혼인들이 살아남기 위해 반드시 필요한 항목인 재테크! 이번엔 금융 이득을 한번 챙겨보자.

흔히 금융소득이라고 하면 통장으로 얻는 소득만이 정도正道라고 생각한다. 과거 IMF가 터졌을 때는 은행의 이율이 20%까지 치솟아 통장에 돈을 넣어두기만 해도 삽시간에 큰돈을 만질 수 있었다. 하지만 이제는 우리가 아는 일반 예·적금으로는 소득을 얻기 힘들다. 웬만큼 큰 금액이 아닌 이상은 일반 직장인의 연봉으로 막대한 예금 이자수익을 얻는 건 불가능에 가깝다. 은행 예금 상품의 금리는 1%대로 내려앉았고, 적금 역시 평균 이자가 2%대다. 반면 물가는 천정부지로 뛰고 있었다. 불과 10년 전까지만 해도 만 원으로 친구와 영화 한 편을 보고 간단하게 점심을 먹을 수 있었다. 하지만 지금은 글쎄…. 혼자 영화 한 편 보기도 빠듯하다. 물가상승으로 화폐의 가치가 달라졌다. 이는 은행에서도 마찬가지다. 운 좋게 고금리의 적금에 가입할 기회를 얻었다고 해도 물가 상승률이 그보다 더 빠르면 무용지물인 셈이다. 금융상품의 실제 금리는 금융기관에서 제시한 금리와 그 해의 물가 상승률을 함께 고려해야 한다. 이것이 '실질금리'다. 안타깝게도 한국의 실질금리는 마이너스로 돌아선 지 오래다.

그래서 우리는 더더욱 재테크를 익혀야 한다. 단순히 은행의 예·적금으로는 실질적인 금융소득을 기대하기 어렵기 때문이다. 실제로 부자들은 다양한 소득원을 가지고 있다. 그들은 하나의 소득원으로 생활하지 않는다. 직장에서 받는 급여소득 이외에도, 부동산으로 얻을 수 있는 임대수익이나 주식의 배당금 등 여러 출처에서 소득이 발생한다. 하지만 사람들은 월급의 일부를 꾸준히 통장에 넣는 일이면 충분하다고 생각한다. '어려워서' 혹은 '믿음이 가지 않는다'는 이유만으로 다양한 소득원을 개발하려는 시도를 망설인다. 하지만 단순히 월급만으로는 여유로운 재정자산을 확보하기 어렵다. 갑작스럽게 큰일이 생기거나 신체의 노화로 더 이상 일을 지속할 수 없을 때를 지금부터 대비해야 한다. 비혼인들은 자신의 노후를 책임져줄 사람이 없다. 혹시 '너무 늦지 않았나?' 싶은 마음이 들더라도 낙담할 필요 없다. 지금부터 시작해도 충분히 남들보다 빠른 선상에서 달릴 수 있다. 얼마나 좋은가. 비혼인들은 제 한 몫만큼의 노후만 단단히 준비하면 된다.

뭐든 올인은 금물

안정적으로 새로운 소득원을 확보하기 위해서는 두 가지 선택지가 있다. 바로 저축과 투자다. 저축은 우리가 알고 있는 그대로다. 은행에서 예금, 적금 등의 상품을 가입해 돈을 납입하는 방식으로 자산을 증식하는 경우, 단순히 한두 개의 통장으로는 수익을 기대하기 어렵지만 저축상품을 잘 이용하면 투자만큼의 가치를 낼 수 있다. 그렇다면 투자는? 투자는 기업의 주식처럼 다른 사람의 자산을 구입해 이를 통해 수익을 내는 것을 말한다. 만일 이 글을 읽고 있는 당신이 자본을 쌓는 확실한 방법이 있고, 또 어떻게 자산을 키워나갈지 확실한 가치관이 확립되어 있다면 바로 투자를 도전해보길 권한다. 하지만 아직 돈을 어떻게 관리해야 할지 확신이 서지 않는다면 저축을 통해 금융에 대한 이해도를 높이길 권한다. 돈을 다루는 가치관부터 단단히 준비되어야 투자에 발을 들였을 때 손실을 최소화할 수 있다. 괜히 서점에서 부자들의 마음가짐을 분석한 책들이 날개 돋친 듯 팔리는 게 아니다.

재테크를 이제 막 시작하거나 혹은 아직 투자를 할 만한 목돈을 준비하지 못한 사람들은 '**풍차 돌리기**'에 관심을 가져보자. 풍차돌리기는 아직 투자 목적의 자산을 준비하지 못한 사람들이 소액으로 빠르게 돈을 모으기 좋은 수단으로, 한 달에 1년짜리 예·적금을 하나씩 가입해 1년 동안 총 12개의 적금을 가입하는 것이다. 수입이 일정하지 않은 프리랜서나 학생은 이 방법을 통해 목돈을 만들기 좋다. 또 급하게 목돈을 써야 할 때 해지해야 하는 적금의 금액도 최소화할 수 있다. 적금을 예로 들어보자. 첫 번째 달에 10만 원짜리 적금을 1년 만기로 가입한다. 두 번째 달에는 첫 번째 달의 10만 원의 금액과 함께 새로운 적금을 똑같이 1년 만기 10만 원짜리로 가입한다. 이렇게 1년을 반복하면 13번째 달에는 0원으로 적금을 들수 있다. 첫 번째 달에 가입했던 적금이 만기가 되어 만기금액 120만 원을 수령하기 때문이다. 이제부터는 원금으로만 나머지 적금을 운용할 수 있다. 목돈을 모으는 방법은 생각보다 어렵지 않다. 최근에는 고금리 상품이 없어 이자 수익으로 큰 금액을 얻기는 어렵지만 처음 돈을 다루는 습관을 형성할 때는 이만한 재테크가 없다. 이율보다 꾸준히 돈을 모으는 법을 익히는 데 목적을 두자. 바쁜 나날을 보내다 적금 만기일이 되어 통장에 100만 원이 훌쩍 넘는 금액이 입금되었다는 알림이 띠링 하고 울리면 지쳤던 일상도 조금은 힘이 날 것이다.

풍차를 열심히 돌리면 기대할 만큼의 이자소득은 되지 않아도 꽤나 만족스럽게 목돈을 모을 수 있다. 이 목돈을 야무지게 활용해보자. 지금까지는 목돈을 모으기 위해 소비를 조절했다면, 이제부터는 올바른 투자를 위해 시선을 밖으로 돌려야 한다. 경제 뉴스에

관심을 기울이는 건 물론 국제 정세에도 눈이 밝아야 한다. 이는 비단 투자를 잘하기 위함뿐만 아니라 단단한 경제 주체로 거듭나기 위해서이기도 하다. 피같이 번 돈을 이름 모를 기업에 투자해서 날리기엔 우리의 돈은 너무나 소중하다. 적어도 어떤 계열의 기업이 강세를 보이는지, 또 어떤 분야에 투자하면 안 되는지 안목을 길러야 한다. 혼자 공부하기가 막막하다면 주변 비혼인들과 머리를 맞대어 함께 지식을 쌓아도 좋다. 조금만 둘러보아도 훌륭한 모임이나 커뮤니티들이 많다. 현대 사회는 정보 사회인 만큼, 바쁘더라도 정보의 경쟁력을 갖추는 노력이 필요하다.

'투자' 하면 떠오르는 항목들은 역시 주식이나 펀드 등이 아닐까. 하지만 주식이나 펀드의 종류만도 수십 수천 가지가 된다는 사실! 이곳저곳을 클릭해보라. 어떤 옷을 살지 고민했던 시간이 어떤 주식에 투자할지 고민하는 시간으로 바뀌는 경험은 상상 이상으로 짜릿하다. 가령 마음에 쏙 드는 고양이 간식 회사를 찾았다고 해보자. 이 간식 회사는 고양이들에게 수제 간식을 만들어주기 위해 여러 가지 재료를 사야 한다. 하지만 좋은 재료는 값도 비싸므로 회사 입장에서는 좋은 상품을 개발하기 위해 돈을 더 마련해야 했다. 그래서 그들은 투자를 받기 시작했다. 우리는 그 회사에 투자금을 지급했고, 회사는 투자의 대가로 투자를 받은 사람들에게 투자금 만큼의 권리를 행사할 수 있다는 증서를 제공해주었다. 이 증서가 바로 주식이다. 간식 회사에 투자를 많이 한 사람은 그만큼 자신의 반려묘가 좋아하는 재료를 주장하기 용이할 것이다. 마찬가지로 우리는 주식을 사면 회사의 의사결정에 그만큼 참여할 수 있다. 매년 초 열리는 주주총회도 같은 맥락이다. 실제로 기업들은 일정 기간마다 주식의 주인인 '주주'들을 모아서 경영에 대한 의견을 주고받아야 한다. 일반적인 투자자들이 주주총회에 참여할 만큼 거액을 투자하지는 않지만, 소액이라도 그 회사를 소유했기 때문에 단 한 주를 사더라도 회사의 주주는 그 회사의 경영에 참여하는 셈이다. 이렇게 회사에 직접적으로 투자를 하는 주식은 경영의 직접적인 영향을 받는다. 회사가 영업에서 이익을 내면 그 회사의 주식을 소유한 나도 이익을 보고, 반대로 회사가 적자를 내면 나의 주식도 값어치가 떨어진다. 주식의 흥망성쇠가 정보에서 갈리는 이유도 여기에 있다. 영화에 등장하는 "빚을 내서라도 ○○회사의 주식을 사세요"의 대사 역시 현실에 기반한다. 어떤 회사인지 알아보지도 않고 '좋아 보여' 투자했다가, 그 회사가 망했을 때 본인이 겪어야 하는 손해는 누구도 책임져주지 않는다.

어떤 회사를 찾아야 할지 잘 모르겠다면 좋은 회사, 좋은 주식을 잘 고르는 친구에게 내 돈을 맡기는 방법도 있다. 마치 여행을 갈 때 돈을 모아서 회계를 담당하는 친구가 있는 것처럼, 주식을 살 때에도 돈을 모아서 투자하는 사람이 있다. 이 사람이 바로 '펀드 매니저'다. 펀드는 여러 투자자들에게 돈을 모아 한 번에 투자를 한 뒤, 투자금의 비율만큼 수익금도 분배해주는 금융상품이다. 주식은 내가 직접 투자를 하는 상품이라면, 펀드는 간접적으로 투자를 하는 상품인 것이다. 따라서 직접적으로 투자할 때보다 위험성은 줄어들지만 여러 절차를 더 거치므로 수수료가 든다는 단점도 있다. 또한 펀드는 어떤 펀드 매니저가 운영하는 상품에 가입하느냐에 따라 손익이 갈린다는 특징이 있다. 친구끼리 여행을 갈 때에도 우리는 회계 담당인 친구가 알차게 돈을 써줄 거라 믿었지만 기대와 달리 함부로 돈을 써버리는 바람에 갈등이 생기는 것처럼 말이다.

이외에도 펀드와 주식을 결합한 형태인 ETF나 내가 입금해둔 돈으로 증권사에서 투자를 하는 대신 매일 이자를 돌려주는 상품인 CMA 등 투자를 할 수 있는 방법은 무궁무진하다.

중요한 건 포기하지 않고 끝까지 재테크에 관심을 가지는 마음가짐이다. 어떤 상품을 언제 선택할지는 본인의 선택에 달려 있다. 그러므로 적절한 투자 기회가 왔을 때 이를 놓치지 않고 잡을 수 있도록 힘을 꾸준히 기르도록 하자. 처음에는 투자 종목을 분석하고 회사를 비교해보는 일이 낯설고 어렵겠지만, 몇 달이면 슬슬 적응이 되고 또 그 몇 달이 반복되면 금세 익숙해진다. 돈은 따라다니기만 하면 절대 벌 수 없다. 돈을 벌기 위해서는 돈이 우리를 따라오게끔 해야 한다. 소득을 한 곳에서만 벌지 않고 다양한 곳에서 벌어들이는 것도 같은 맥락이다. 소득의 다양화는 백세시대 인생에 꼭 필요한 요소다. 험난한 비혼 인생을 서포트해줄 지원군을 곁에 두고 사는 삶은 상상만으로 마음이 든든해진다. 건강하고 여유 있는 비혼인의 삶을 상상하며 스스로가 그 모습에 가까워질 수 있도록 노력하자.

4

이보시오 의사양반,
내가 비보험자라니

"너 보험 있어?"

물어오는 말에 보험증서들을 꺼낸다. 건강보험증, 실비보험, 생명보험사 종신보험, 손해보험사 보험, 연금보험… 적당한 비용과 적당한 보장을 확보하기 위해 여러 가지 보험의 내용을 비교하며 세팅해둔 보험들.

한국 사회에서 보험은 유독 '상품'으로 여기지 않고 '해준다' 내지는 '도와준다'는 말과 함께 연결되어 있다. 1960년대 대물 보험의 형태로 시작해 자리 잡은 손해보험사와 1970년대부터 눈부신 성장을 이뤄낸 생명보험사들의 영업방식 때문이다. 그래서 막상 상품에 가입하려고 하면 내가 속고 있는 것은 아닌지 걱정하게 되거나 언제 일어날지 알 수 없는 일에 금전적인 지출이 생기는 것에 대한 거부감이 마음 한 켠에서 몽글몽글 피어오른다. 보험은 뭘까? '적금은 안전하고, 보험은 사기다!'라는 이 국민적 인식, 과연 옳은 걸까.

자산을 만들기 위해 드는 연금보험이나 저축보험 등은 별개지만, 보험과 비교하기 가장 좋은 금융상품은 적금이다. 적금은 일정한 금액을 분할 납부하여 미래의 특정한 시점에 목표했던 금액을 이자와 함께 수령하는 금융상품이다. 그 목적은 개개인마다 다양하고 자유롭게 설정할 수 있다. 지금 말하는 적금의 목적을 내가 아팠을 때를 위한 대비 자금이라고 생각해보자. 삶을 살아가다 보면 예상치 못한 질병과 사고를 맞닥뜨리게 된다. 이를 위해 매월 적정한 금액을 적금으로 저금하고, 적금 만기가 되었을 때까지도 아무 일이 일어나지 않으면 그 돈을 혹시 앞으로 일어날지도 모르는 일에 대비해 예금으로 묶어놓아야 할 것이다. 비혼으로 사는 우리는 삶의 안전과 건강에 특히 유의하며 살아갈 수밖에 없다. 그런데 삶을 살아가면서 내가 언제 아플지 모른다는 불안감과, 그 상황에 필요한 제반비용에 대한 걱정을 안고 살아가야 한다면 그 시간은 매우 불안정하게 느껴질 것이다.

이를 적정한 보험으로 해결할 수 있다면? 보험은 적금과 마찬가지로 매달 일정한 금액을 정해진 기간 동안 납부한다. (보험료는 갱신형 보험이냐, 비갱신형 보험이냐에 따라 매월 납부하는 금액이 매년 단위로 증가하는지 동일한지 결정되지만 특정 금액을 일정 기간 동안 납

Important _____

부하는 것에 대한 보험의 기본 속성은 변하지 않는다.) 그리고 납부기간 내에 예상치 못한 질병과 사고가 생긴다면 보험회사에서 약정에 약속되어 있는 치료비나 진단비 그리고 부가적인 비용들을 지급하는 형태다. 보험상품마다 그 세부 내용은 다르지만 기본적으로 보험의 속성은 이러하다. 나의 안전을 지켜줄 수 있고, 내가 한 번에 져야 할 목돈 지출의 부담을 경감시켜주는 보험상품을 각 상황에 맞게 잘 가지고 있다면 안정감이 있는 삶을 살아갈 수 있다.

어떤 보험을 들어야 할까

자, 그럼 이제 다음은 그래서 '어떤 보험을 들어야 하는가?'다. 사회적 의료보험 체계(국민건강보험)가 매우 잘 되어 있다는 한국에서도 '사설 보험 하나쯤은 있어야 한다'는 보편적 인식이 있다. 보험의 종류는 정말 다양하다. 보험을 들려고 알아보는 사람들이 대표적으로 처음 접하는 상품의 형태는 실비보험과 종신보험이 결합되어 있거나, 실비보험과 암보험이 결합되어 있는 형태의 상품이다. 아무리 보험에 무지한 사람이라도 '실비보험 하나쯤은 있어야지'라는 생각을 한다. 그런데 보험회사나 설계사를 통해 실비보험에 가입하려고 하면 갑자기 생각지도 않았던 어마어마한 금액을 제시하며 주렁주렁 다른 조건들이 달려오는 경험을 쉽게 할 수 있다. 이때 옆에 붙어 있는 조건을 자세히 살펴보면 종신(사망 보험금, 내가 죽으면 나오는 보험금이기 때문에 나는 쓸 수 없다) 보험이거나 암

(CI의 경우 '중대한 암', GI의 경우 '암'이라는 표현이 동반된다. 약정에 따라 다르지만 대체로 '중대한 암'으로 보험금을 수령하는 경우 그 보험금은 '나'를 위한 것이라기보다는 '나를 간병하고 감당하는 주변인'이 필요한 제반 금액에 해당한다) 보험이 약정으로 들어가 있는 것을 발견할 수 있다. 왜 그럴까? 나는 단지 실비보험만 가입하고 싶었을 뿐인데.

일단 실비보험이 어떤 상품인지를 먼저 알면 이 질문에 답을 쉽게 알 수 있다. 실비보험은 말 그대로 내가 사용한 실사용 비용을 보장해주는 보험이다. 보통 1만 원 이상이 결제되는 병원비는 간단한 신청과정을 통해 보험회사로부터 돌려받을 수 있다. 들어보면 굉장히 소비자에게 좋은 혜택을 주는 상품이다. 소비자의 입장에서 정말 딱 '단독'으로 실비 보험만 가입하고 싶은 사람들이 많을 수밖에 없는 이야기다. 하지만 안타깝게도 보험회사는 '회사'다. 어떤 회사도 타인을 위한 이타심으로 자사에 손해가 되는 것을 원하지 않는다. 실비보험은 기본적인 의료비에 대해 지급요청을 할 수 있는 보험이기 때문에 자연스럽게 빈도가 낮은 심각한 질병들에 비해 소비자들의 지급요청이 잦을 수밖에 없다. 즉, 월에 보험료를 납부하는 액수보다, 보험료로 수령해가는 액수가 크다는 이야기다. 보험회사의 입장에서는 인풋이 작은데 아웃풋이 큰 상품을 결코 유지하고 싶지 않다. 그래서 보험회사들이 단독 실손보험 상품을 판매하지 않고 자신들에게도 이득이 될 수 있는 상품과 실비보험을 결합해서 하나의 상품으로 설계해 판매했다. 이게 우리가 아는 '실비인 줄 알고 가입했는데 알고 보니 암보험'의 실체다. 다행히 이제는 보험법의 개정으로 실손보험을 다른 상품에 포함시켜서 가입하게 만드는 것이 불가능해졌지만, 여전히 보험회사별 자체 인수 조건에 의해 보험 대상자가 고령이거나 기존 지병이 있는 경우 실손보험 상품만을 단독으로 가입하는 것은 거절될 수 있다. 실비보험은 소비자들에게는 그만큼 있으면 유용한, 없으면 아쉬운 상품이다.

그러면 어떤 회사의 보험이 '좋은 보험'일까? 보험은 다른 물권 상품들과 다르게 새로운 상품이 소비자한테 더 좋은 상품이기 힘들다. 컴퓨터와 비교해보자. 지금 당장 필요해서 컴퓨터를 사야 하는데 지금 내가 구매할 수 있는 상품보다 조금 더 고사양의 부품이 얼마 지나지 않아 출시된다는 소문이 돌면 당장 구매가 망설여진다. 이렇듯 보통 상품은 기성품에 비해 성능이 올라가든 가격 경쟁력이 생기든 시간이 흐름에 따라 더 좋은 물건이 시장에 나온다. 그러나 보험은 소비자에게 '좋은 상품(저렴한 보험료, 넓은 보장범위)'일수록 상품을 판매한 보험사에서는 부담스러울 수밖에 없기 때문에 시간이 갈수록 보장 조건이 까다로워지거나 동일한 보장내역에 필요한 보험료가 상향 조정된 상태로 출시된다. 때문에 '좋다'라는 추상적 의미는 개개인이 가진 상대적 특성에 따라 달라질 수밖에 없고, 작년에 판매하던 상품이 올해 판매되는 상품보다 더 소비자에게 유리할 거라는 확신을 가질 수 없다. 때문에 '보험을 들어야겠다'는 마음이 들었다면 지금 당장 상품들을 나열해두고 비교해서 자신에게 어떤 부분들이 필요한지를 골고루 살펴보기를 추천한다.

우리가 가입할 수 있는 보험상품은 크게 생명보험과 손해보험으로 나눠볼 수 있다. 말 그대로 생명, 즉 목숨과 직결되는 사고나 질병을 케어해주는 것이 생명보험, 비교적 큰일은 아니지만 내가 살아가면서 높은 빈도로 만날 수 있는 사고나 질병에 대한 보장을 약속하는 것이 손해보험이다. 회사마다 생명보험사와 손해보험사를 모두 가지고 있는 경우도 있고, 한쪽에 특화되어 있는 회사도 있다. 두 종류의 보험은 각각의 장단점을 가지고 있다. 생명보험사의 보험은 대체적으로 보험 가입자에게 '위중한' 문제가 생겼을 때 보험금을 지급하기 때문에 보장내역 금액이 크다. 때문에 가입 시 납부해야 하는 월납입 금액이 크다. 하지만 그만큼 나의 삶에 큰 부분이 변화할 수 있는 상황에 대해 안정적으로 보장을 받을 수 있는 장점도 가지고 있다. 말 그대로 Life, 삶 자체에 생길 수 있는 문제들을 커버하기 위해 가입하는 보험이다. 또 상품마다 그 조건은 조금씩 상이하지만 납입 액수가 커 부담될 가입자들을 유치하기 위해 일정 기간 이후 보장내역을 연금으로 전환하는 등의 재형형 보험인 경우가 많다.

반면 손해보험사의 보험은 어떤 문제가 일어났을 때 내 삶의 활동 범위 안에서 '불편해진 상황'에 대한 도움을 주는 정도의 보장을 약속한다. 모든 질병과 사고가 바로 생명과 직결되지는 않는다. 질병과 상해로 인한 치료를 위해 병원에 입원하거나, 회복하는 동안 행동반경이 제약을 받는 경우, 도움이 될 수 있도록 굉장히 세부적으로 보장내역을 잘 골라 선택하는 것이 중요하다. 생명에 직결되는 위험보다는 빈도수가 높기 때문에 보험회사 입장에서는 보험금을 지급하는 빈도가 높을 수밖에 없고, 이에 따라 자연스럽게 보장액수가 가입자가 부담하는 월 납입 비용에 비해 확연히 차이가 나지 않을 수 있다. 손해보험 상품의 대부분은 적립식 재형상품보다는 보장을 위한 급부로 보험료를 납부하는 형태의 상품이다. 때문에 어느 한쪽에 치우쳐 보험을 가입하는 것보다 생명보험 상품과 손해보험 상품을 고루 비치하는 것이 좋다. 여기에 실비보험까지 확보되면 금상첨화다.

간혹 실비보험만 가지고 있는 사람들이 있다. 대부분 이런 경우 '내가 지불한 금액만 보장받으면 된다'는 마음으로 병원의 도움을 받는 족족 실비 청구를 통해 보험금을 수령하곤 한다. 만약, 지금 이 글을 읽고 있는 당신이 이러한 경우에 해당한다면 꼭 체크해봐야 하는 부분이 있다. 보험사에는 부담보라는 제도가 있다. 부담보는 이미 기존에 가지고 있는 질병에 관한 항목으로 문제가 생겼을 경우 보험사에서 그 질병에 대해 보장하지 않아도 된다는 조건을 걸고 보험에 가입하는 것을 말한다. 전체적인 보험 세팅이 끝나지 않은 상태에서 어느 한 질병에 실비 청구를 지나치게 많이 하면 나에게 정말 필요한 부분을 부담보 상태로 가입해야 할 수 있다. 물론 평생 다른 보험 없이 실비보험만 가지고 가겠다는 생각이라면 전혀 문제될 것이 없지만, 생애 전반에 생길 수 있는 문제들에 대비해 보험을 알아보고 있는 중이라면 꼭 체크해보아야 한다.

자, 이제 그럼 앞에서 알아본 보험을 어디에 가서 어떤 방식으로 가입할 수 있을까. 보험회사 하면 쉽게 떠오르는 ○○생명, ○○라이프, ○○화재, ○○손해보험 등 보험상품을 만드는 회사를 원수사라고 한다. 각 회사에 소속되어 있는 설계사를 만나면 당연히 해당 회사 소속이므로 그 회사에서 판매하는 상품만을 소비자에게 권하고 판매할 수 있다. 한편 대리점이라고 불리는 GA, 법인보험대리점General Agency이 있다. 이런 대리점 소속 설계사의 경우 자신이 속한 GA와 계약을 맺은 생명·손해보험회사의 다양한 상품을

판매할 수 있다.

보험은 상품이다. 따라서 '보험'이라는 상품을 판매하는 설계사들은 '상품'을 팔고 '판매 수수료'를 받는다. 서점에서 책을 사거나, 옷 가게에서 옷을 사면서 판매자에게 높은 수준의 도덕적 수준을 요구하거나 왜 이득을 챙기느냐고 따져묻는 경우는 없다. 되레 이 상품이 나에게 필요한지, 적정수준의 가격인지를 먼저 따져보고 상품에 대한 값을 지불하고 나온다. 그런데 유독 보험에 가입할 때만큼은 나에게 보험을 판매하고 있는 설계사가 나에게 불리한 정보를 빼고 제공하고 있거나, 나를 속여 부당이득을 챙기고 있을 것 같은 기분에 휩싸인다.

냉정하게 생각해보자. 지금 내 앞에서 상품을 판매하는 사람도 결국은 급여를 받기 위해 일하고 있는 사람이다. 설계사의 급여체계는 보통 고객을 상품에 가입시키고 받는 수수료와 그 고객이 상품을 유지하는 기간 중 최초 2년 동안 받는 유지 수수료로 구성된다. 때문에 보다 나에게 정확한 정보를 전달하고, 나의 상황에 잘 맞는 상품을 선택할 수 있도록 하면, 내가 흔들리지 않고 이 상품을 유지하고 혜택을 받고자 한다는 점에 대해, 서로 명확히 하고 최대한 많은 정보를 자세히 설명해달라고 요청할 것을 추천한다. 허술한 정보의 입력과 복잡한 정보에 대한 심리적 거리감은 보험 가입 전에도, 가입 후에도 '이 상품을 유지해도 되는 건지'에 대해 끊임없이 고민하게 만든다. 모르면 불안하지만 알면 좀 더 현명하게 선택할 수 있다.

비혼의 삶을 선택했다면 기나긴 삶의 여정에 적재적소에 도움을 받을 수 있는 기본적인 보험을 잘 세팅해서 안정감을 확보할 수 있기를 바란다.

5

무릎에 사서
어깨에 팔아라

걱정하지 않고 내 몸을 뉘일 수 있는 공간 한 칸은 삶에 큰 안정감을 준다. 우리 사회는 개인이 자신만의 공간을 확보하는 것이 쉽지 않은 사회다. 1인 가구로 살아가든, 공간 쉐어의 형태로 공동체를 이루고 살아가든, 내가 마음 내키면 나갈 수 있고 언제든 필요할 때 문을 열고 들어가 쉴 수 있는 공간은 삶의 질을 확연히 높인다. 더 나아가 그런 공간이 적당한 임대수익이나 목돈 수익을 가져다주기도 한다.

비혼으로 사는 사람들은 어떤 주거의 형태를 가지고 살아갈까? 많은 비혼인들이 1인 가구의 형태로 살아간다. 처음에 보금자리를 마련하는 단계에서는 6~9평짜리 원룸에서 시작하다가 어느 정도 1인 가구로 정착하면 15~18평 정도의 공간을 선호한다. 최소한 침실 1개, 자신의 라이프스타일의 특색을 담을 수 있는 방 1개, 거실 공간 1개, 부엌, 화장실 이렇게 각각의 목적에 맞는 분리된 공간이 확보되면 1인 가구로서 크게 부족하지 않은 삶을 영위할 수 있다. 물론 결혼을 하지 않는다고 해서 꼭 1인 가구의 형태를 고집하는 것은 아니다. 많은 비혼인들이 방 3~4개 정도가 있는 집에서 각 방을 나눠서 기거하는 방식의 쉐어하우스를 원하기도 한다. 실제로 이렇게 공간을 꾸리는 사람들도 늘어났고, 굉장히 만족도가 높은 편이다. 보통 쉐어하우스라고 하면 서로 다른 1인 가구가 합쳐져 있는 형태로 결합하는 것이 기본이다. 하지만 이제는 그 의미가 확장된 형태의 쉐어하우스도 많다. 혼자 살 때는 금전적·시간적 이유로 부담스러워 키우지 못했던 반려동물을 함께 키운다든가, 가죽/목재 등 공예 공간 확보, 홈카페 운영, 홈시어터 룸 운영 등 돈이 들어가는 취미들을 집에서 운용할 수 있도록 해서 함께 쉐어하는 형태로 확장시킨 주거형태도 많은 비혼인들의 관심사다.

사람은 살면서 내 몸을 안전하게 지킬 수 있는 공간을 필요로 한다. 이러한 관점에서 '부동산 투자'는 멀리 있지 않다. 내게 필요한 공간을 찾아보고 취득하는 과정을 모두 통틀어 우리는 '부동산 투자'라고 표현한다.

'부동산' 하면 어떤 이미지가 떠오르는가? 비싸다, 어렵다, 아파트, 부자, 놀라운 가격, 오른다, 불패신화 등의 단어들이 머릿속에 떠오른다. 이 단어들을 종합해보면 '부동산 투자'는 재형을 마련하는 데 엄청난 영향을 미친다는 긍정적인 면을 가진 동시에 나는 비싸서 못할 거야 라는 부정적인 인식을 함께 가지고 있음을 알 수 있다. 부동산은 주거용 부동산과 투자용 부동산으로 나뉜다. 주거용 부동산은 당연히 집을 거래하는 것일 테고, 투자형 부동산은 주거가 가능한 형태를 포함해 땅, 건물 등의 형태를 쉽게 떠올릴 수 있다. "적게 일하고 많이 버세요"가 덕담이 된 요즘, 불로소득을 가져다줄 수 있는 부동산 투자에는 여전히 관심이 끊이지 않는다. 하지만 인프라도 없고, 투자 정보를 얻기도 힘들고, 무엇보다 자본금이 없는 상태에서 사람들은 막연히 '부동산 투자해야 하는데…' 하는 아쉬운 마음만 넘친다. 어떤 재테크도 마찬가지지만 부동산 투자 지식이 전무한 상황에서 투자에 뛰어드는 건 위험부담이 너무 크다. 그뿐 아니라 처음부터 너무 큰 결실을 바라고 투자를 시작하면 혹시나 실패를 하게 되었을 때 어떤 부분이 패인이었는지 체크조차 할 새 없이 '역시 나는 안 돼' 하고 좌절하게 된다. 운이 좋아 성공을 하게 되더라도 다음번에 또 그 운이 내 곁에 머물러줄지는 아무도 장담할 수 없다. 우리는 부동산에 대해 조금 더 친숙해질 필요가 있다.

부동산에 투자용으로 접근하는 사람들이 많아져서 조금만 찾아보면 주변에 부동산에 대한 정보를 나누는 SNS나 커뮤니티를 접할 수 있다. 그리고 그 안에는 조금 더 고급정보를 알려주고 나눠 갖기 위한 각종 수업들이 열린다. 부동산은 실전이라는 말이 있듯 현장감 있게 서로의 경험을 나누고 강사의 지식을 나눠 가질 수 있기 때문에 현강 수업은 인기가 좋다. 일확천금을 위한 공부에 사람들은 비용을 아끼지 않는다. 강의마다 다르지만 인기에 비례해 수십, 많게는 수백의 수업료가 들어간다. 그런데 아무것도 모르는 내가 비싼 비용을 지불하고 뛰어든다고 해서 생각했던 것처럼 많은 수확을 얻을 수 있을까?

정보를 나눠서 크로스체킹해볼 수 있는 동료가 있다면 모를까, 무턱대고 정보의 바다에 뛰어든들 생각했던 것만큼 시너지 효과를 내기 어렵다. 완전히 새로운 모험을 떠나기 전에 부동산에 관심을 갖고 있는 친구들과 함께 자발적으로 스터디를 해보길 추천한다. 부동산을 처음 접하면 익숙하게 들어왔지만 의미가 모호하거나 친숙하지 않은 단어들을 많이 만난다. 등기사항전부증명서, 건축물대장 등 서류들과도 친해져야 하고 전세자금대출, 주택담보대출 등 대출상품들에 대한 정보도 미리 알고 있으면 유사한 변형 상품들을 이해하는 데 도움이 된다. 부동산 투자는 대출에 대한 부정적 인식을 벗어나 거리감을 좁혀야 우리 같은 개인 투자자에게 승산을 가져다준다. 중개수수료처럼 내가 딱히 부동산 투자를 하지 않아도 알고 있으면 좋은 지출 개념도 있다. 모두 익숙하게 알고 있는 월세·전세 개념 외에 전전세나 전대차 등의 계약이 있다는 걸 알고 있거나, 주택임대차보호법 등 부동산에 관련된 법률들과 친해지는 것도 중요하다. 만일 당신이 주거 이외에 투자 목적으로 부동산 투자를 생각하고 있다면 시세차익(갭투자)을 노릴지, 임대수익을 얻을지에 대한 고민도 해야 한다. 주택담보인정비율(LTV), 총부채상환비율(DTI), 총부채원리금상환비율(DSR)에 대해 들어본 적이 있는가? 어렵지 않지만 모르면 아쉬운 개념들에 대해서 알아두는 것도 좋다. 집값을 잡는다는 정부는 전국의 지역을 조정대상지역, 투기과열지구, 투기지역 등으로 지정한다. 비혼인들이 가점을 받기 어렵도록 개정되었긴 하지만 청약을 노리고 있다면 청약가점제와 분양가상한제 등에 대해서도 관심을 가져보자. 더 나아가 아파트 입주자 모집공고가 어떤 식으로 오픈되고 어떤 정보들을 유의 깊게 확인해야 하는지도 미리 알아두자. 투자를 하는 과정에서 발생하는 양도소득세를 비롯하여 부동산에 관련된 취득세, 상속세, 증여세, 종합부동산세, 재산세 등의 세금들에 대해서도 공부하자. 부동산 투자에서 의외로 간단한 개념인데 사람들이 쉽게 간과하는 세대의 개념도 정확히 알아두자. 부동산 투자는 꼭 집에만 해당하는 것이 아니다. 의외로 투자형 상가나 토지가 더 쏠쏠한 몫이 될 수도 있다. 상권분석 등 용도에 맞는 부동산의 가치를 높여줄 수 있는 주변 조건을 보는 눈을 키워야 한다. 근린상가, 상가주택, 테마상가 등 투자처를 말하는 용어들도 찬찬히 살펴보자. 의미가 어렵진 않지만 명확히 알고 있지 않으면 곤란한 경우들을 종종 만날 수 있다.

거창한 투자보다 당장 지금 내가 살아갈 공간에 대한 고민을 하고 있는 사람이라면 위의 얘기들이 먼 얘기처럼 들릴 수 있다. 그러나 실전에 부딪히는 것만으로도 부동산에 대한 감각을 키울 수 있다. 투자는 물론이거니와 주거 목적으로 집을 매매할 때의 기준과

월세나 전세를 알아볼 때의 기준은 다를 수밖에 없다. 매매 상황이라면 현재의 편리함도 물론 중요하겠지만 향후의 가치, 생애주기별 주변환경의 인프라 등을 주의 깊게 생각해야 한다. 상권의 개발이나 동네 가치가 상승할 수 있는 주요한 지표들을 찬찬히 살펴보자. 또 터전을 잡고 오래 살아갈 동네라면 직장과의 이동거리, 동선, 주요 이동수단의 편리성 등을 면밀히 고려해야 한다. 아직 매매보다 독립이 목적이라면 우선적으로 주거비의 증가와 교통비의 감소를 고려해보는 것이 좋다. 독립을 해서 나가는 주거비용에 기존에 지출하던 수준의 교통비가 그대로 더해지는 건 효율적이지 않다. 주택매매까지 가기 이전에 자금 확보를 방해하는 월세는 가급적 피하는 것이 좋다. 찾아보면 생각보다 이용할 수 있는 전세대출 상품이 많이 있다. 조건이 까다로워 자세하게 알아보아야 하긴 하지만 재원이 부족한 단계에서 제도의 도움을 받아 내 삶의 질을 높이는 건 현명하다.

버팀목 전세자금 대출 등 제도를 활용해 전혀 생각하지 않았던 방향으로 적게는 몇 천 혹은 1억 원 이상의 돈을 대출받을 수 있는데 활용하지 않을 이유가 없다. 이런 대출상품은 적게는 1%대에서 높아도 3%가 넘지 않는 저금리를 자랑한다.

피치 못할 사정으로 월세를 살아야 한다고 해서 '나는 틀렸어'라며 좌절할 필요는 없다. 가고자 하는 목적지가 어딘지 모르는 상태로 내달릴 때는 문제가 될 수 있으나 목적지가 명확하면 조금 시간이 걸려 돌아가더라도 마침내 도착할 것이다. 전세자금 마련이 어려워 월세를 선택할 수밖에 없는 사람들을 위한 청년 전용 보증부월세대출이 있다. 이 제도를 활용하면 월세 보증금을 대출받을 수 있다. 이렇게 국가의 제도로 만들어져 있는 상품들은 각각의 지원 자격 조건이나 매물 조건을 가지고 있다. 소득 기준이나 나이 제한 등 기준점이 있기 때문에 사실상 모든 수요자에게 혜택이 돌아가진 않는다. 다만 이런 상품이 있다는 자체를 알지 못해 수혜를 받지 못하는 비혼인은 없었으면 좋겠다.

재원에 대한 부분을 어떤 루트로 확보할지 정했다면, 실질적으로 현장을 느껴보자. 어떤 집이 좋고, 어떤 조건들을 갖추어야 한다는 절대적인 기준은 없다. 누군가는 화장실에 창문 없는 집을 견디지 못하고, 누군가는 채광이 들어오지 않는 집에서는 살 수가 없다고 얘기한다. 주거용으로 집을 볼 때는 먼저 비용기준을 명확하게 범주화시키자. 어느 정도 비용까지 내가 감당할 수 있는지 사전에 꼭 확인해야 한다. 기준을 명확히 세운 다음, 집을 고를 때는 가용범위 안의 조건에서 내가 '절대 참지 못하는 부분이 없는지'에 초점을 맞춰서 매물을 살피면 된다.

이론적인 확인이 어느 정도 되었다면 뭐가 되었든 일단 부딪혀 보자. 한 번이라도 더 부동산 어플을 들여다보며 지역별 매물의 시세를 보는 것도 좋고, 실제로 내가 확보하고자 하는 공간의 소재지를 찾아가 발품을 팔아 매물의 주변을 살피고 혹시나 더 좋은 조건으로 나온 다른 곳이 없는지 확인하는 것도 좋다. 그렇게 점차 직접 매물을 보는 눈이 발전하게 되고 다양한 방식으로 부동산과 조금씩 친해지다 보면, 이내 나에게도 부동산 투자를 통한 유의미한 재테크가 가능해지는 날이 꼭 올 것이다.

6

룸메이트가 있었는데 없습니다 : 비혼인들의 공동체 생활

　　비혼의 삶에도 일반적으로 사람들이 아는 것보다 훨씬 다양한 삶의 형태가 존재한다. 우선 모두가 아는 혼자 사는 형태가 있고, 마음이 잘 맞는 친구와 함께 사는 룸메이트 혹은 하우스 메이트 형식이 있다. 또 함께 집을 구매하여 일상을 합치는 공동 주거 형태도 있다. 이 방법은 재산이 함께 묶이기 때문에 현실적인 장벽이 높은 편이지만 마음 잘 맞는 이를 만난다면 여러모로 장점이 많다. 이 외에도 셋 이상이 함께 생활하는 공동체 삶이나 같은 동네에 모여 사는 이웃사촌 간의 형태도 찾아볼 수 있다.

　　누구와 함께 사느냐인 관계의 측면 말고, 주거지의 형태도 다양하다. 사회초년생부터 한창 일할 나이인 30대 정도까지는, 보통 직장과의 근접성, 교통의 편리성, 편의시설과 같은 점을 주거환경 고려 시 우선순위로 두는 경우가 많다. 대체로 이들은 수도권에 몰릴 수밖에 없는데, 그만큼 집값이 비싸고 주거공간이 좁아진다. 그래서 흔히 집이라 말하지만, 방이라고 부르는 게 더 적합한 주거의 형태로 많이 살아간다. 사실 한국에서 살아가고 있다면 비단 비혼인 뿐 아니라 많은 이들이 자가 마련의 꿈을 갖고 있다. 게다가 집값은 계속 오르고 있고 실질적으로 근로소득만으로는 집을 장만하기 어려워지면서 투자가치가 높은 아파트에 대한 선호도가 날이 갈수록 높아지고 있다. 하지만 청약 등의 주거 혜택을 받기 어려운 비혼인들에게 아파트는 꿈의 집처럼 느껴질 수 있다.

종합해보면 경제적 기반이 약한 20~30대 비혼인들은 좋은 주거 환경을 꾸리기 어렵고, 최소한의 생활만을 영위할 수 있는 공간에서 지내게 되며 잦은 이동을 할 수밖에 없는 환경에 노출되어 있다. 그래서 누군가와 함께 지내기 어렵고, 동네를 형성하기는 더더욱 힘들어진다. 하지만 이렇게 불안정한 주거를 60~70세에도 계속 유지하고 싶은 이는 없을 것이다. 나이에 따라 삶의 형태가 달라지는 것은 당연하니 현재는 이런저런 이유로 현실에 순응하며 살 수밖에 없더라도, 나의 10년 뒤, 20년 뒤를 계속 상상해보고 어떤 주거환경을 원하는지 계속 탐색할 필요가 있다.

전 세계적으로 주거비용이 급등하고 있고, 혼자 사는 삶을 선택하는 이들 또한 빠른 속도로 늘고 있다. 그래서 그 대안책으로 함께 하는 형태의 삶이 많이 만들어지고 있는데 코하우징cohousing과 쉐어하우스share house 등이 바로 그것이다. 코하우징과 쉐어하우스를 자세히 알아보기 전에, 과연 나는 혼자 살고 싶은지 아니면 함께할 메이트가 있으면 좋을지부터 생각해보자.

혼자 사는 것의 장점은 무엇일까? 가장 먼저 말할 수 있는 것은 '자유'다. 그 누구에게도 침해받지 않는 나만의 공간과 시간은 무엇으로도 대체할 수 없다. 그렇다면 혼자 사는 것의 단점은 무엇일까? 계속 언급하는 경제적 부담이다. 또한 혼자 사는 여성은 안전에 취약하다. 그래서 흔히 말하는 '안전비용'(저층에 주거하기 어렵고, 창문과 현관문에 추가적인 장치를 달거나 홈CCTV를 설치하는 등이 이에 해당한다)이 필수적으로 따라붙는다. 하지만 비혼 메이트와 함께 살게 되면 주거비, 생활비를 절약할 수 있을 뿐만 아니라 안전에 대한 추가비용에서도 상대적으로 자유로워진다. 반대로 누군가와 함께하는 삶은 혼자 사는 삶과 상호 대치되는 부분이 많다. 같이 살게 되면 아무래도 자유가 줄어든다. 함께 맞춰 나가야 하는 과정도 필요하고 자칫 잘못하면 관계를 망칠까 봐 염려도 된다. 이런 단점이 있기 때문에 많은 이들이 금전적 부담과 안전에 대한 불안감을 갖고서도 혼자 사는 삶을 선택하기도 한다.

장단점이 분명한 두 가지 사이에서 고민이 된다면 아래 공동체 생활을 유심히 살펴보자.

첫째, 코하우징

코하우징cohousing은 거주자의 개인적인 생활이 보장된 주거공간과 공동생활의 이익을 위한 공동공간이 함께 계획된 형태로서, 주거에 있어 개인의 사생활을 지키면서 동시에 협동 생활을 통해 사회적·경제적·실천적 이익을 얻을 수 있는 거주 형태다.

코하우징의 공식적인 정의는 공동원들의 참여, 공동체 의식의 촉진, 개별 주거를 보완하는 공동생활 시설, 공동 주거원들의 자체적인 관리, 수평적 구조, 소득원 분리의 6가지 원칙이나, '공동체 주거'를 지향하는 코하우징의 가장 중요한 개념적 특징은 '거주자 참여'와 '공동체 생활'이다.

스웨덴에서 시작된 코하우징은 덴마크에서 현대적인 코하우징으로 발전되었고 차츰 북유럽, 미국, 일본 등으로 퍼져나가 주목받는 주거의 형태가 되었다. 한국의 경우 공동생활 시설이 발전하지 못하고 '동호인 주택'의 개념이 일반적이었으나, 최근 다양한 형태의 코하우징 주택이 늘고 있다.

코하우징의 가장 큰 장점으로는 공동생활 시설인데, 한국의 경우 대체로 수요가 몰리는 곳은 지가가 비싸 일반적인 아파트나 빌라 등의 주거공간에서 거실이나 욕실, 부엌 등을 공동으로 사용하는 형태가 많다. 이런 형태는 면적 대비 주거비를 아낄 수는 있으나, 실질적인 삶의 질이 상승하는 형태는 아니다. 개인의 삶이 보장되면서 함께 생활하려면 우선 개인 공간이 확보되어야 하는데 아파트나 빌라의 형태에서는 개인 공간이 결국 원룸 생활과 비교했을 때 큰 차이가 없고, 욕실과 부엌 등을 공유하게 되면 맘 편히 사용하기 어려운 경우가 많아 코하우징 거주를 망설이게 한다. 결국 실질적인 전체 공간은 넓어지지만, 편히 사용할 수 있는 공간은 한정되므로 코하우징의 선호도가 떨어진다.

이 외에도 주택의 형태로 공동체 마을을 형성하여 세미나실, 체육실 등을 함께 사용하는 코하우징 형태도 있지만 1인 가구보다는 다인 가족 형태에 적합한 크기와 공동체 문화인 것이 아쉽다. 해외의 경우 연령을 아우르는 코하우징이 주목받고 있으나 한국에서는 연령별로 함께 수평적인 의견 개진과 활동 참가가 어려운 사회·문화적 특성이 있고, 성별이 섞여 있는 코하우징의 경우 여성들이 입주를 꺼리는 양상도 보인다. 아무래도 범죄율이 높고 성별이 섞였을 때 가사노동이 쏠리는 등의 문제 발생이 우려되기 때문이다.

둘째, 쉐어하우스

쉐어하우스share house는 둘 이상의 사람이 하나의 주택을 공유하는 주거 형태다. 일반적으로 거주자는 개인 침실을 사용하고 주택의 나머지 부분은 공유한다. 대체로 쉐어하우스는 집주인이 기본적으로 필요한 가구와 집기를 구비해둔 채 쉐어 인원을 모집하는 경우가 많다. 그래서 초기자본이 부족한 이에게는 경제적으로 합리적인 주거 선택지가 될 수 있다. 또한 코하우징과 다르게 한 집에서 거주하기 때문에 좀 더 밀접한 관계를 맺을 수 있다. 반대로 말하면 그만큼 사생활 보호가 어렵고 삶의 패턴, 성별, 연령 등의 문제가 불거지기 쉽다.

국내에서는 쉐어하우스와 비슷한 형태의 코하우징이 많은 편이고, 이 둘의 경계가 명확하게 나뉘어 있지 않아 실용성이 떨어지고 있지만, 해외 사례들을 살펴봤을 때 비혼 가구가 계속 늘어날 것을 가정하면 좋은 대안임은 분명하다. 다만 비혼 가구를 위한 좀 더 세심한 고찰이 필요하다. 현재까지 1인 가구를 위한 정책과 코하우징 등의 주택 형태를 보면 평생 살 주거공간보다는 잠시 머무르다가 떠나야 하는 형태가 더 많다. 1인 가구는 혼자 살기 때문에 방 하나짜리만 선택지로 준다든지, 대학가 원룸촌과 별 다를 바 없는 상태의 집을 이름만 코하우징으로 붙여서 내놓는 등의 행위는, 결국 본래의 좋은 의미를 퇴색시킨다. 이는 이 사업을 시작하는 이들이 비혼의 삶에 대한 지식과 고찰이 부족하다는 것을 의미한다. 현재 뜨고 있는 사업이라고 여기저기서 말하고 있고, 국가도 늘어나는 1인 가구에 대한 정책의 필요성을 느끼고 있으니, 이에 대한 문제의식을 느끼고 있는 비혼인들이라면 직접 나서서 목소리를 내는 것도 좋은 방법이라고 생각한다.

이쯤 읽으면, '그냥 돈 모아서 아파트 구매해 혼자 살고 싶다'라고 생각할 수 있다. 나도 그렇게 생각하며 살아왔다. 절대 누군가랑 같이 살진 않을 거라 다짐했었다. 그런 내 생각이 바뀐 계기가 있다. 잠시 해외에 나가 지낼 기회가 생겼다. 그때 쉐어하우스와 코하우징을 경험하며 함께 사는 것이 피곤하고 번거로운 일만은 아니라는 것을 깨달았다. 물론 마음이 잘 맞는 이가 아니면 밖보다 집이 더 괴로울 수 있다는 데 전적으로 동의한다. 하지만 잘 맞춰간다면 안전과 정서적인 지지, 금전적 여유를 모두 얻을 수 있다.

내가 살았던 첫 집은 욕실이 딸린 큰 방을 룸메이트와 함께 쓰는 구조의 쉐어하우스였다. 룸메이트와는 잘 맞지 않았다. 생활패턴이 무척 달라서 둘 다 고통스러운 시간이었다. 하지만 주거공간이 정말 좋았다. 도심 한가운데 있어 접근성이 좋았고 보안도 철저했다. 멋진 뷰와 최신 가구, 넓은 주방, 방마다 딸린 욕실의 욕조까지. 혼자라면 금전적으로 감당하기 어려웠겠지만 둘이 부담했기에 지낼 수 있었다.

하지만 나에겐 자유가 절실했다. 그래서 두 번째 집은 무조건 혼자 방을 쓸 수 있는 곳을 찾아 옮겼다. 그 집은 형태가 한국에서 주로 공급하는 코하우징과 비슷했다. 각각 방을 썼고 부엌과 거실, 정원을 공유했다. 이 또한 혼자 살 집을 구했더라면 절대 가질 수 없는 크기의 집과 정원(정원에 수영장이 있었다)이었다. 날이 좋은 저녁에는 정원에서 바비큐를 하고, 햇볕에 빨래도 말리는 등 자연과 함께하는 삶은 정말 쾌적했다. 그때까지는 '누군가와 함께 사는 게 나쁘지만은 않구나' 정도였다. 그러던 어느 날 집에 도둑이 들었다. 사람이 있는데 도둑이 든 것이다. 마침 메이트 중 한 명이 집에 있었다. 그가 있어서 경찰을 부를 수 있었고 침착하고 안전하게 대처할 수 있었다. 내가 집에 혼자 있었더라면 그 도둑은 조용히 나갔을까? 알 수 없는 일이다. 이 일을 계기로 한국에 돌아와서 다시 집을 구하게 된다면 꼭 마음 맞는 비혼 메이트와 함께 살아야겠다는 다짐을 하게 됐다.

그럼에도 누군가는 개인의 자유가 무엇보다 중요할 수 있다. 그렇지만 한 번쯤은 비혼 메이트와 함께하는 삶도 경험해봤으면 하는 바람이다. 실제로 경험하면 머릿속으로 생각했던 것보다 훨씬 나을 수 있다. 만약 그렇지 않아도 어떤가? 다시 혼자 살면 된다. 대체로 많은 이들이 '친구랑 함께 살면 의 상해'라며 공동생활을 말린다. 하지만 나를 낳아준 부모와도 함께 사는 게 어려운데 타인과 24시간 맞춰 산다는 게 쉽지 않은 것은 당연하다. 그리고 많은 이들이 결혼해서 살고 있지 않는가? 사랑의 힘으로 산다고 많이들 말하는데, 비혼 메이트와 서로를 아끼고 존중하고 배려하는 마음도 사랑의 한 부분이라 생각한다. 그러니 지레 겁먹고 피하기보다는 기회비용이 적을 때 하루라도 빨리 누군가와 함께하는 경험을 해보길 추천한다. 함께 살다가 영 아니면 각자의 삶으로 돌아가도 된다. 비혼의 삶은 길고 우리는 그 많은 시간을 활용하며 다양한 도전을 할 수 있으니 얼마나 좋은가!

7

사람이 살고 있어요 :
나 홀로 집 구하기

집은 사회로부터 나를 보호해주는 가장 최소한의 장치이자 가장 강력한 보호 장치다. 우리는 과거보다 더 많은 자극에 더 많은 시간 노출되어 있고 그로 인해 훨씬 피로한 삶을 살아가고 있다. 그렇기에 휴식과 회복은 필수다. 오롯이 혼자 조용한 시간을 보낸다든가, 좋아하는 사람들을 초대하여 즐거운 추억을 쌓는 등 각자의 방식으로 집이라는 공간을 휴식처로 삼아야 한다. 내일 사용할 힘을 위해 오늘 충전의 시간을 갖는, 장기적으로 본다면 지치지 않고 미래로 나아갈 수 있는 힘을 만들어주는 원천이 바로 집이라고 할 수 있겠다.

이렇게나 중요한 집. 과연 어떤 집을 골라야 할까? 좋은 집을 선택하기 위한 팁을 알아보자. 그리고 이어 준비된 체크리스트에 따라 하나하나 꼼꼼히 따져본다면 집 선택에 실패할 확률은 대폭 줄어들 거라 자신 있게 말할 수 있다.

1) 자연채광 상태를 확인하라

가장 선호도 높고 금액 또한 높은 남향집. 그 이유는 바로 풍부한 일조량에 있다. '나는 어차피 암막커튼 달고 사니 상관없어'라고 생각하는 사람이 있다면 잠깐! 당신은 광합성을 거부할지라도 집은 그렇지 않다. 집은 간절히 햇빛을 원한다. 북향이라도 빛이 고르게 들어만 온다면 걱정은 없지만, 다른 건물에 가로막혀 빛 자체가 들어오지 않는 집만큼은 반드시 피해야 한다. 햇빛을 받지 못하는 집 내부는 결로로 인해 곰팡이가 필연적으로 생길 수밖에 없으며 이는 건강과도 직결되는 문제다. 채광조건이 좋은 집은 그렇지 않은 집에 비해 냉난방 비용을 훨씬 절약할 수 있기에 정말 중요한 체크포인트다. 시간 여유만 된다면 다양한 시간대에 걸쳐 방문해보는 것이 좋으나 그렇지 않은 경우에는 채광 확인이 가장 용이한 낮에 방문하도록 하자.

2) 결로 및 곰팡이를 찾아라

이 녀석들이 생기는 이유는 앞서 언급했듯이 충분한 채광조건을 갖추지 못해서다. 또는 환기 및 통풍이 제대로 이루어지지 않는 환경도 큰 몫을 한다. 물론 단열재 부실시공으로 인한 원인이 있을 수도 있다. 그러나 햇빛이 잘 들고 환기가 잘되는 공간이라면 곰팡이가 생길 확률은 극히 낮아진다. 집을 볼 때, 장판을 들춰 바닥을 확인해보는 방법이 가장 빠르고 확실하지만, 상황이 여의치 않다면 벽과 장판이 만나는 부분이나 창틀 주변의 벽지를 확인해보라. 도배가 새로 되어 있는 집이라면 곰팡이 문제가 있었을 수 있다. '차라리 장판과 도배를 새로 하지 않은 집이 더 믿을 만하다'는 말도 있다. 이전 사람이 살면서도 아무런 문제가 없었다는 의미이기 때문에 이 또한 체크해보면 좋다. 그렇다고 도배가 새로 되어 있는 걸 무조건 나쁘게만 생각할 필요는 없다. 단순히 이전 세입자가 벽지를 훼손했거나 오염이 심해져서 바꿔야 했을 경우도 있다.

3) 수압을 확인하라

싱크대, 세면대, 변기 등 물을 사용하는 곳마다 수압이 너무 약하지는 않은지 확인해야 한다. 특히 변기는 직접 휴지를 내려 보아 제대로 확인해보라. 싱크대나 세면대의 수압이 약하면 속이 터질 뿐이지만, 변기가 막힌 채로 문제가 해결되지 않는다면 온갖 고생 끝에 최악에는 업자를 불러야 하기 때문에 돈까지 깨진다.

4) 소음 체크하기

집을 둘러볼 때 창을 열어 외부의 소음이 얼마나 들리는지 확인해야 한다. 주변에 상업 가게들이 많다면 영업시간도 알아본다. 늦게까지 운영하는 가게가 많을수록 늦은 시간까지 소음에 시달릴 수 있다. 도로와 너무 인접한 곳도 잘 고민해야 한다. 만약 냄새에 민감하다면 1층이나 가까운 곳에 식당이 있는 곳만큼은 꼭 피하자. 내부 방음도 체크해보아야 한다. 층간소음의 유무를 파악하는 것 역시 중요하다. 만약 집을 보러 간 상황에서 현재 거주자를 만날 수 있다면 이렇게 질문해보자. '윗집에 동물을 키우나요?' 혹은 '아이가 있나요?' 이웃들과 소통하며 지내는 사람이 아니라면 '잘 모르겠는데요'라는 대답을 하는 것이 일반적이다. 그러나 윗세대의 상황을 알고 있다면 이는 소음을 통해 유추해낸 사실일 가능성이 높다. 물론 솔직히 물어보는 것이 좋지만, 경우에 따라 집을 빨리 처분하고 싶은 마음에 사실대로 말해주지 않을 수도 있다.

5) 주변 인프라 파악하기

집 근처에 마트나 편의점, 의료시설(병원, 약국), 백화점 등의 시설이 갖추어져 있는지 확인한다. 교통편(전철, 버스)이 어떻게 구축되어 있는지에 대한 확인은 기본 중의 기본이다.

6) 방범 시설은 제대로!

1인 가구라면 더욱더 신경 써야 할 부분이다. 이중 잠금장치는 필수다. 저층의 경우 방범창은 무조건 설치되어 있어야 하며, 방충망 또한 튼튼한지 체크해야 한다. 여건이 된다면 건물 출입구에 비밀번호 시스템이 도입되어 있는지, CCTV가 설치되어 있는지 등의 조건을 추가로 고려해보자. 비단 집뿐만이 아닌, 집으로 가는 길에 가로등이 충분히 설치되어 있는지 거리에 CCTV가 있는지도 고려

[좋은 집 구하기 체크리스트]

- ☐ 일조량(자연채광)이 풍부한가
- ☐ 환기가 잘 되는가
- ☐ 외풍이 심하지 않은가
- ☐ 베란다, 창고, 다용도실 등 천장, 벽, 장판 아래 곰팡이가 있는가
- ☐ 누수의 흔적이 있는가
- ☐ 주방이나 욕실의 타일 상태가 양호한가
- ☐ 화장실에 환풍구나 환기 설비가 되어 있는가
- ☐ 주방, 욕실, 베란다 등 수압이 적절한가
- ☐ 배수의 상태는 양호한가
- ☐ 보일러가 잘 작동되는가
- ☐ 보일러기가 집 내부에 있는가
- ☐ 주변 상가가 늦은 시간까지 운영되는가
- ☐ 주변 인프라가 잘 구축되어 있는가
- ☐ 주차 공간이 확보되어 있는가
- ☐ 버스정류장이나 전철역 등이 도보 10분 내외인가
- ☐ 방범창이 있는가
- ☐ 방충망은 튼튼하며 찢어진 부분은 없는가
- ☐ 공동현관에 보안시스템이 되어 있는가
- ☐ 엘리베이터가 있는가
- ☐ 관리비가 적절한가(평균 빌라 5만 원, 아파트 10만 원)
- ☐ 냉장고 배치 공간이 있는가
- ☐ 세탁기 배치 공간이 있는가
- ☐ 빨래를 건조할 공간이 있는가
- ☐ 기존 가구를 수용할 수 있는 면적인가
- ☐ 수도, 가스, 전기 계량기는 정상적으로 작동하는가
- ☐ 등기부등본을 확인했을 때 압류나 채권문제가 없었는가
- ☐ 집주인이 등기부등본에 기재되어 있는 사람과 동일인인가

할 사항이다.

인테리어는 라이프스타일 파악부터

자, 이제는 본격적으로 라이프패턴에 대한 고민을 해야 한다. 어떤 구성원으로 살 계획인지(개인 혹은 하우스쉐어), 어떤 행위들이 일어날 것인지, 어떤 기능을 했으면 좋겠는지와 같은 이야기를 반드시 짚고 넘어가자. 이는 공간의 면적과 동선 계획에 필수적이다. 혼자 사는 것은 물론 다인가구를 계획한다면 더더욱 중요시 여겨야 할 것이 바로 공간의 면적이다. 사람마다 쾌적하다고 느끼는 기준이 다르기 때문에 모두를 완벽히 만족시킬 수는 없지만, 학문적 연구를 통해 분석된 '적정 주거면적'이 1인당 6.6평(한국 기준)인 점을 참고하여 대략적인 면적을 예측해보자. 적정 주거면적은 생활하는 데 필요한 요소공간인 3.3평에 복도나 화장실 등의 여유 공간을 합친 면적을 뜻한다. 4인 구성원의 경우로 예를 들자면, 30평형의 면적이 적당한 셈이다. 개인의 적정 주거 면적이 해결됐다면 그다음은 기능별 공간 계획이다.

공간의 기능에 따라 조닝(zoning, 건축에서 일반적으로 사용하는 단어로 '구역 나누기'란 뜻)을 하는 과정에서 가장 먼저 해야 할 것은 공용공간과 개인공간의 영역으로 나누는 일이다. 두 영역의 구분 기준은 해당 공간을 타인과 공유할 수 있느냐에 있다. 실명이 기입된 평면도 이미지를 보면 이해가 빠를 것이다. 인터넷을 통해 매물

의 분양 평면도를 찾아볼 수 있다. 도면상에서 나누어진 구역마다 지정된 실명이 있다. 실명을 없애고 상상해보자. 빈 공간마다 당신의 라이프패턴에 따라 입맛대로 기능을 부여해보는 거다. 가령 독서가 취미라면 집에서 가장 넓은 공간(기존 거실)을 서재로 정할 수 있고, 수납공간이 분리되어 있기를 원한다면 가장 작은 방을 드레스룸 겸 창고로 사용할 수 있다. 공간의 성격을 정하며 동시에 그 안에서 일어날 구체적인 행동에 대해 고민해보면 이후 동선 계획과 가구 선택에 있어 많은 도움이 된다.

공간 조닝이 되었다면 자연스레 동선 계획으로 넘어갈 수 있다. 동선이란 사람이 공간을 이동하는 행적을 따라 선으로 표현해내는 것을 뜻하며, 포괄적으로는 공간과 공간을 잇는 선이다. 조금 더 세부적으로 들여다 보면 가구와 가구 사이를 잇는 선이다. 주거 구성원의 형태나 삶의 형식에 따라 다양한 동선을 계획하여 살아갈 수 있다. 가장 효율적인 동선 계획은 비슷한 기능을 갖는 공간들을 최대한 가까이 구역화시키고 그 구역 간의 이동 동선을 최소화하여 동선을 절약하는 방법이다. 어느 공간에서나 사람이 이동함에 따라 생겨나는 동선들은 기능에 따라 어떻게 계획하였느냐, 혹은 가구 및 소품을 어떻게 배치하였느냐에 따라 삶의 질을 좌우할 수도 있는 요소다.

동선을 계획하다 보면 집에 대한 이미지가 대략적으로 떠오를 것이다. 여기서 말하는 집에 대한 이미지란 '인테리어를 어떻게 해놓고 살 것인가'에 대한 것인데, 다수의 사람들은 '인테리어를 어떻게'에만 초점을 두는 경향이 크다. 하지만 그보다 더 중요한 것은 '어떻게 해놓고 살 것인가'에 대한 질문이다. 평소 자신이 집에 있을 때 하는 행동과 앞으로 해보고 싶은 구체적인 행위에 대한 리스트를 글로 정리해보자.

인테리어에 신경을 써야 한다는 사실이 유난스럽거나 사치처럼 느껴지는 사람들도 있다. '그냥 내 한 몸 뉘일 곳만 있으면 되지, 뭐 하러 쓸데없는 데 돈을 들여?'라는 논리도 일리 있지만 공간이 갖는 힘에 대해 결코 간과해서는 안 된다. 우리를 둘러싸고 있는 주변환경이 우리의 마음과 행동에 영향을 끼친다는 '깨진 유리창 이론'과 같이, 주변환경을 어떻게 해놓고 사느냐의 문제는 무척 중요하다. 아무렇게나 방치하듯 어질러 놓은 환경에서의 자신과, 애정을 들이고 열심히 정리정돈을 해놓은 환경에서의 자신은 분명 다른 감정을 느끼고 다른 사고방식을 갖는다. 이는 전혀 다른 결과물을 가져온다.

그렇다면 좋은 인테리어란 무엇일까? 단순히 보기 좋은 것이 최우선이어야 할까? 인테리어 디자이너로 일을 하며 가장 많이 듣는 질문 중 하나가 바로 트렌드에 대한 질문이다. 물론 매 해마다 바뀌는 트렌드가 존재하지만 나의 대답은 늘 똑같다.

"이번에 독립하게 돼서 집을 꾸며보려고 하는데요. 요즘 인테리어 트렌드가 뭔가요?"
"인테리어는 트렌드를 좇기보다 그 집에 사는 사람에게 맞추는 게 가장 좋아요. 트렌드에 맞출수록 더 쉽게 질릴 수도 있고요."

예를 들면, 맥시멀리스트인 사람이 미니멀리즘의 트렌드를 좇고자 가구를 최소화했다고 가정해보자. 사람은 쉽게 변하지 않는다. 처음 한동안은 미니멀리즘의 삶을 실천한 듯 보일 수도 있겠지만 이내 짐들이 늘어나기 시작할 것이다. 그렇다면 거주자는 당연히 수납공간을 필요로 할 테고 또 다시 가구가 추가됨에 따라 불필요한 지출만 늘어나는 꼴이 된다. 이렇듯 좋은 인테리어를 위해서는 스스로의 성향과 라이프패턴을 잘 이해하여 공간에 적용시키는 것이 중요하다.

8

사람은 고쳐 쓸 수 없지만
집은 고쳐 쓸 수 있다

이제는 실전이다. 세상에는 수많은 삶의 형태가 있지만 모두가 예외 없이 공통적으로 갖춰야 할 것이 있다. 바로 **집을 관리하는 능력**이다. 제아무리 정성을 한가득 쏟아부은 집이라도 시간이 흐르다 보면 하나둘씩 문제가 생기기 시작하고, 때로는 인테리어에 변화를 주고 싶은 순간이 온다.

집을 관리하는 능력이라니! 집안 보수, 수리, 리모델링이라는 단어를 접하면 덜컥 겁부터 날 수 있다. 당연한 반응이니 걱정하지 말자. 아직까지 단 한 번도 해본 적 없는 일에 대해선 누구라도 걱정하는 마음이 앞서게 된다. 하지만 뭐든 시작이 가장 어려운 법! 할 수 있다는 믿음과 약간의 이론 지식을 습득한 뒤 자신 있게 시작해보자. 간단한 수리 및 보수 방법에 대해 알아두면, 개인이 작업 가능한 선에서 셀프 리모델링도 얼마든지 할 수 있다.

나는 현직 인테리어 디자이너다. 고백하건대, 내게도 수리하는 일이나 셀프 리모델링이 너무나 어렵게 느껴지던 때가 있다. 인테리어 디자이너라고 직접 몸을 쓰는 일을 잘 하는 건 아니다. 공사현장에 나가지 않고 철저히 사무직으로만 일하는 이들도 많다. 그럼에도 인테리어에 관련된 일이면 왠지 모르게 남들을 실망시켜는 안 된다는 일종의 책임감이 있다. '나도 안 해본 걸 이렇게 말해도 되나?' 그들은 나의 전문성을 믿고 물어본 것일 텐데 실상은 나도 그들처럼 인터넷에서 자료를 보고 공부한 게 전부였다. 직업적인 책임감을 짊어지고, 약간은 떠밀리는 마음으로 '그래, 경험이 곧 자산'이라는 말을 되뇌며 당장 내가 할 수 있는 일을 찾아보기 시작했다. 직접 경험하는 과정에서 시행착오를 겪으며 얻게 될 노하우는 나를 더 노련한 사람으로 만들어줄 거란 확신과 함께 말이다.

"수리나 보수를 내가 어떻게 해?"
"리모델링은 전문업자들한테나 맡기는 거지."

나조차도 했던 말이다. 수리, 보수, 셀프 리모델링. 이 나열된 단어만 보아도 고생길이 펼쳐지는 상상과 함께 엉망진창이 되어버린 집의 모습이 떠오르는가? 본래 어떠한 일을 직접 경험해보기 전까지는 자신감을 갖기 힘들다. 그러나 분명 경험을 하고 나면 열에 아홉은 '에이, 이거 별 거 아니네'라고 말하게 된다. 물론 누구나 그렇듯 처음은 이리 치이고 저리 치이며 고생할 수밖에 없지만 힘든 과정을 겪을수록 더욱 높은 성취감을 갖게 된다.

셀프 인테리어가 마냥 쉽지만은 않다. 경우에 따라 육체적으로 힘든 노동이 될 수 있다. 하지만 기술적 한계로 인해 어려움을 겪는 것과 해본 적 없기에 익숙하지 않아 힘든 것은 엄연히 다른 이야기다. 우리가 기술이 없지 열정이 없나! 열정만 가지고 도전해보자. 그걸로 충분하다.

9

깨끗한 내 방을 봐,
깨끗해

제아무리 완벽한 공간이라 한들 깨끗하지 않으면 소용없다. 더럽고 냄새나는 대저택과 깨끗하고 위생적인 아파트 중 하나를 선택해야 한다면 후자에 마음이 기운다. 우리가 인지하고 있지 못할 뿐 깔끔하게 정돈된 공간은 사람에게 긍정적인 기운을, 반대로 지저분하고 정돈되지 않은 공간은 부정적인 기운을 가져온다.

풍수지리에서도 집에 식물을 들이면 재물 운이 붙는다고 하지 않는가. 이는 식물 자체가 재물을 불러온다기보다는 식물을 다루면서 자연스럽게 공간까지 관리하여 정리가 되기 때문이다. 식물에 애정을 붙인다면 볕을 잘 쐬어주기 위해 창문을 자주 열어준다든가, 화분 받침대에 물때가 끼지 않도록 주기적으로 청소도 해줄 것이다. 화분을 닦으면서 보이지 않았던 바닥의 얼룩도 한번 스윽

닦아볼 수 있다. 굳이 청소를 해야겠다 마음먹지 않아도 자신도 모르는 사이에 정리정돈에 관심을 가지게 되는 셈이다. 일정한 상태로 유지되는 공간에 머무는 사람이 그렇지 않은 공간에 머무는 사람보다 마음에 여유가 생기는 건 자명한 일. 더러운 공간에 있으면 사람이 쉽게 짜증이 나는 것도 이와 마찬가지다.

비혼으로 살기로 결심한 우리는 마음의 에너지도 잘 관리해야 한다. 가장 편안해야 할 공간인 집에서까지 스트레스를 받아서는 안 되겠다. 이때 청소는 여러모로 멘탈 관리하기에 가성비가 아주 좋은 녀석이다. 한 번 길들여 놓기만 하면 녀석을 다루는 건 일도 아니고 성취감도 바로 얻을 수 있기 때문이다. 집이라는 공간이 개인의 우울을 부추기는 촉매제가 되지 않도록 정리정돈에도 관심을 기울여보자.

진짜 5분만 있다가 청소해야지

누구나 청소를 해야 한다는 명제에 동의한다. 깨끗한 집이 더 좋다는 명제도 의견이 같다. 그렇다면 어째서 누구의 집은 항상 반짝반짝하고 누구의 집은 쓰레기로 가득할까. 이 궁금증의 실마리는 청소에 대한 인식의 차이에서 찾아볼 수 있다. 정리정돈을 미루는 사람과 그렇지 않은 사람은 각자가 생각하는 '청소의 이미지'가 다르다.

먼저 청소를 '해결하거나 처리해야 하는 문제'라 인식하는 경우. 이들은 청소를 '마이너스'로 인식한다. 이들에게 청소는 일종의 이벤트다. 그렇기에 청소를 통해 얻을 수 있는 성취감과 깨끗함보다는 당장의 에너지 소모에 집중하는 경향이 있다. 사실 귀찮아서 청소를 하지 않았다는 건 바꿔 말하면 치우지 않아도 사는 데 썩 지장이 없다는 말이다. 하지만 본인이 상관없다 느낄지라도 인간은 공간의 영향을 받는 동물이다. '이 정도면 괜찮은데'라고 말하지만 널브러진 빨래나 갈 곳 잃은 도구들은 공간에 대한 무형의 부채감을 조성한다. 이는 결코 좋은 상황이 아니다. 집이라는 존재는 오롯이 편안함과 안락함으로 가득해야 하는 공간이다.

반면 정리를 미루지 않는 사람들은 어떻게 청소를 인식하고 있을까. 이들에게 청소는 '플러스'다. 이들은 모든 물건이 정리되어 있고 언제든 내가 원하는 액션을 바로 취할 수 있는 상태를 기본으로 두고 생활한다. 어질러지는 상황이 마이너스 요소를 유발하므로, 이들은 청소를 통해 공간을 기준치로 되돌려놓고자 하는 것이다. 기준 자체가 완료된 상태에 있기 때문에, 이 상태를 유지하기 위해 정리정돈을 나중으로 미루지 않게 된다. 그때그때 청소를 하면 청결한 상태가 유지되는 건 덤이다. 반면 상대적으로 더러움에 대한 면역이 낮아 쉽게 부채감을 느끼기도 한다. 결국 어떻게 청소를 인식하고 있느냐에 따라 정리를 하는 시점도 달라진다고 볼 수 있다.

정리정돈은 수학으로 따지자면 지수와 같다. 금방 할 수 있을 것 같아도 한번 쌓이기 시작하면 해야 할 일이 더하기가 아니라 곱하기로 늘어난다. '언젠가 하겠지'라고 생각하다 너저분한 집을 맞이하는 건 순식간이다. 기하급수로 증가하는 정리더미들을 대처하기 위해서는 청소에 질서를 부여해야 한다. 스트레칭과 운동에도 루틴이 있는 것처럼 내 집을 돌보는 데도 루틴이 필요하다.

청소에 진심인 편

청소와 정돈과 정리. 국립국어원에서는 이 세 단어들을 다음과 같이 정의한다. 청소는 '더럽고 지저분한 것을 깨끗하게 치움', 정리는 '흐트러지거나 어수선한 상태에 있는 것을 한데 모으거나 치움', 정돈은 '어지럽게 흩어진 것을 규모 있게 고쳐 놓거나 가지런히 바로잡아 정리함'. 비슷비슷하지만 미묘하게 차이가 있다.

예로, 집에서 파티를 즐길 일이 많은 비혼인 A씨가 지인들과 홈파티를 즐기게 되었다고 해보자. 음식을 주문하고, 재료를 사서 집에서 조리도 하고, 흥을 돋구어 줄 약간의 술도 곁들인다. 밤새도록 왁자지껄하게 알찬 시간을 보낸 다음 날, 슬그머니 눈을 뜬 사람들이 각자의 생활로 돌아가기 위해 부산스럽게 움직이는 모습이 그려진다. 여기서 배달음식과 휴지를 모아서 쓰레기통에 버리고 있는 사람은 '청소'를, 어제 썼던 잔들과 그릇, 수저들을 모아서 설거지를 하는 사람에게 전달해주는 사람은 '정리'를, 아직 뜯지 않은 토닉워터와 과일들을 냉장고에 넣는 사람은 '정돈'을 하는 것이다. 이렇게 여러 명이 동시다발적으로 청소를 할 수 있으면 좋겠지만, 우리는 혼자서 청소를 해야 한다. 그래서 더욱 청소와 정리정돈의 루틴이 중요하다. 대체 어떻게 해야 시간 대비 에너지 효율이 극대화될까. 당연한 말처럼 들리겠지만 청소 → 정리 → 정돈의 순서로 할 일을 계획하는 것이 좋다.

1) 청소

커튼을 젖히고 창문을 열 시간이다. 청소는 정리와 정돈까지 모두 포함하는 말로 통용되어 쓰이기는 하나, 어떤 집의 상태가 깨끗한지 아닌지를 판가름하는 가장 기초적인 요소이자 핵심이다. 이때는 공간의 청결에만 집중하고 동작이 큰일을 우선으로 한다. 쓰레기를 버리고, 밀린 설거지와 빨래를 하고, 청소기를 돌린다. 물건을 제자리에 돌려두거나 소품의 위치를 재정비하는 건 다음 순서의 일이다. 평소 청소와 정리정돈의 루틴이 잡혀 있지 않은 상태에서 하루아침에 모든 공간을 완벽하게 만드는 건 불가능하다. 청소는 누구에게 보여주거나 경쟁을 하는 일이 아니다. 깨끗하게 정돈된 집을 인스타그램에 올리고 싶은 마음은 잠시 넣어두자. 지금은 내가 청소에 투자할 수 있는 시간과 에너지가 얼마나 있는지부터 파악해야 한다. 청소 리스트를 짤 때는 마음이 앞선다고 해도 무리하지 않도록 솔직하게, 시간은 여유시간을 한두 시간 정도 넉넉하게 두어야 한다.

청소는 내가 오래 머무는 공간부터, 그리고 시간이 많이 걸리는 작업의 순서로 한다. 빨랫감을 세탁기에 먼저 돌리고 빨래가 돌아가는 사이에 설거지와 바닥 청소를 하는 격이다. 빨래는 어쩔 수 없지만 설거지는 밀리지 않는 게 최선이다. 쌓인 그릇이 있다면 가능한 빠르게 해치우자. 전자레인지나 오븐, 에어프라이어는 매일 청소할 필요는 없다. 하지만 가스레인지는 기름때가 쌓이기 때문에 매일 닦아주는 것이 좋다. 또 거실이나 방을 청소할 때는 쓰레기 봉지를 가지고 다니면 도중에 왔다갔다하는 에너지를 아낄 수 있다. 시선의 방향은 위에서 아래로, 선반의 쓰레기나 비닐을 정리하면서 점점 바닥으로 내려오는 걸 권장한다. 바닥부터 청소기를 돌리고 걸레질을 하면 위쪽을 정리하면서 먼지가 다시 떨어져 두 번 일을 하게 된다. 귀찮다면 청소용 티슈로 벽이 만나는 모서리나 청소기가 닿지 않는 구석의 먼지를 제거해보자. 혹시 눈치챘는가? 나는 청소에 한해서는 일회용품을 적극적으로 사용한다. 걸레를 빨고 말리는 것보다 일회용 티슈로 닦고 바로 버리는 게 체력과 정신건강 모두에 낫기 때문이다. 요즘은 세상이 많이 발달해서 베이킹파우더 등이 첨가된 청소 목적의 티슈를 값싸게 구할 수 있다.

2) 정리

바닥에 떨어진 머리카락과 휴지 조각은 얼추 치운 것 같다. 환기도 어느 정도 했고 햇살을 머금으며 말라가는 빨래는 은은하게 섬유유연제 향을 풍긴다. 이 만족스러운 기분! 정리했을 때 이 기분이 배가 된다면 믿어지겠는가. 정리는 그만큼 중독적이다. 미심쩍어 보여도 한번 정리의 맛을 들이기 시작하면 그 성취감은 이루 말할 수 없다. 정리는 버림에서 시작해서 버림으로 끝난다고 해도 과

언이 아니다. 물론 물건을 버리는 일도 결국은 청소가 아니냐고 생각할 수도 있지만, 여기서의 '버림'은 유행이 지나 입지 않는 옷과 같이 아직 수명이 다하지 않은 물건도 포함이 되므로 청소보다는 더 포괄적인 개념이라고 하겠다. 딱히 버릴 물건이 없다고 느껴져도 언제나 우리의 예상보다 버릴 물건은 많다.

일단 이 버림 열차에 가장 먼저 탑승해야 하는 손님은 냉장고다. 그중에서도 냉동실. 유감스럽지만 냉동실은 시간이 멈추는 우주가 아니다. 음식이 남아서 '다음에 먹어야지'라고 냉동실에 넣어두었던 음식이 있다면, 머무를 수 있는 시간은 고작 일주일이다. 냉동 보관 음식은 종류에 따라 몇 달까지도 보관이 가능하지만 일주일이 넘어가는 순간 이 음식들은 우리의 기억에서 멀어진다. 먹지 않을 음식은 처음부터 바로 버리는 편이 훨씬 경제적이고 효율적이다. 냉동실도 문제지만 냉장실은 냉장실대로 문제다. 상한 음식을 오래 보관하면 그대로 곰팡이의 온상이 된다. 그렇기에 냉장고의 음식은 지속적으로 관리가 되어야 한다. 간단하게는 내가 언제 어떤 음식을 냉장고에 넣었는지 확인 가능한 종이나 판을 붙여두고, 연필이나 보드마카로 메모하면서 꾸준히 관리하는 방법이 있다. 한 푼도 아까운 비혼인들이 이런 벽돌만 냉동실에 쌓아두면 재테크를 하는 의미가 없지 않겠는가. 잘 버리는 사람이 정리도 잘 할 수 있다.

선반이나 서랍장 안에 틀어박힌 잡동사니 또한 버림 열차의 단골손님이다. 언젠가 쓸모 있을 것 같은 잡다한 물건들은 과감하게

버린다. 이때 샘솟는 기가 막힌 아이디어들은 믿으면 안 된다. 장담컨대 이 아이디어들 중 절반 이상은 내일 아침이면 잊힌다. 또 상자 속 물건들을 정리하다 보면 추억이 새록새록 떠오르는 친구들을 만나는 경우도 있다. 쓰레기인 줄 알고 펼쳐봤는데 어린 시절 친구가 준 쪽지였다든가, 아주 오래된 공책이나 사진첩이 먼지를 뒤집어쓰고 있는 걸 보았을 때, 그리운 기분이 들겠지만 주의하자. 이들은 마성의 물건이다. 쥐는 순간 시간선이 달라진다. 추억이 서린 물건은 3초 이상 눈이 마주치면 그대로 추억 여행을 떠나게 된다는 말도 있다. 한두 개쯤은 괜찮지만 자리를 펴고 앉아 본격적으로 회상에 젖는다면 그날의 청소는 웬만해서 끝나지 않는다는 걸 명심하자.

내가 가진 물건을 솎아낼 때는 '이 물건이 얼마나 나에게 소중한지'의 여부에 집중하는 게 좋다. 쓸모도 없지만 감정적인 가치가 충분한 경우에는 보관해도 좋다. 하지만 본인에게 감정적 가치가 다한 친구들은 사진을 찍어 데이터로 간직하고 작별을 고하자. 별로 친하지 않은 사람에게 받은 선물이나 순간의 이끌림에 샀던 장식품까지 안고 살다 보면 내 집이 창고로 변하는 건 순식간이다.

3) 정돈

오래 쓰지 않은 물건은 지인들에게 나누어주었고, 쓸모없는 물품도 분리수거함에 잘 싸서 버렸다. 덕분에 뭐가 들어 있는지도 몰랐던 서랍장은 한결 가벼워져 공간에 여유가 생겼다. 이제 이 기나긴 청소도 마무리를 지을 시간, 더 이상 버릴 건 없으니 마지막으로 정돈의 매력에 빠져보자. 용도나 목적에 따라 물건들을 한데 모아두는 그룹핑 grouping. 여기저기 흩어진 아이들을 종류에 맞게 분류할 차례다. 그룹핑만 잘 해두어도 필요한 물건이 있을 때 고민하지 않고 한 번에 머릿속에 그렸던 물건을 찾을 수 있고, 같은 물건을 중복해서 살 일도 없다.

시간이 많으면 상자 속 물건을 모두 꺼내어 완전히 비운 상태로 출발한다. 서랍장이면 서랍장, 옷장이면 옷장. 모든 칸의 물건을 다 꺼내 한 자리에 모으면 즉각적으로 물품들의 상태가 눈에 들어온다. 내가 필기구를 과하게 사지는 않았는지, 특정 디자인의 옷만 사지는 않았는지. 나도 모르는 새 쌓인 집안의 짐을 눈으로 확인하는 일은 굉장히 의미 있는 과정이다. 이렇게 완전히 0의 상태에서 물품들을 차곡차곡 채워두면 기분도 전환될 뿐만 아니라 물건들이 잡아먹고 있던 불필요한 공간도 줄어든다. 크기가 큰 옷장부터 살펴보자. 옷은 계절과 성질에 따라 구분한다. 자주 입는 옷들은 한 곳으로 빼두고 계절이 지난 옷이나 이불은 진공팩으로 압축하여 보관하면 부피를 75%까지 줄일 수 있다. 만일 계절이 두 번 반복될 동안 한 번도 입지 않은 옷이 있다면, 이들은 아무리 비싸고 마음에 든다 해도 나와는 맞지 않는 옷이다. 정리와 정돈은 뫼비우스의 띠다. 충분히 솎아냈다 생각이 들어도 다시 한번 솎아내자. 서랍장도 동일하다. 문구류와 잡화품은 상황과 특성에 따라 분류한다. 리빙 박스가 있다면 이름표를 붙여서 보관하고, 이름표가 싫다면 휴대

폰에 어떤 상자에 어떤 물건들이 들어 있는지 메모해두자. 굳이 리빙박스가 아니더라도 일상에서 얻게 되는 박스들을 적극적으로 활용해도 좋다.

청소와 정리정돈은 크게 위와 같은 흐름으로 이어진다. 앞서 말했지만 내 경우는 시간을 내서 청소를 하지는 않는다. 창문을 열고 빨래를 돌리는 사이 바닥 청소기를 돌리는 정도다. 평일에는 청소만 한다. 정리와 정돈은 주말에 하는 편이다. 평일에는 공간을 깨끗하게 유지하면서 쉬는 것이 우선이기 때문이다. 이렇게 청소에도 취향이 존재한다. 사람마다 입맛이 다른 것처럼.

청소에 대한 견해 차이는 민트초코의 기호 여부만큼 극명하다. 하루를 통으로 시간을 비워 모든 공간을 치우든, 한 번에 한 공간씩 치우든 그건 온전히 개인의 몫이다. 그렇다고 청소가 싫은 사람이 억지로 어질러진 집에 스트레스를 받을 필요는 없다. 몸을 움직이고 시간을 투자하는 귀찮음을 상쇄할 만한 충분한 자본이 있다면 외주를 두면 된다.

일본 유명화가 가쓰시카 오에이는 청소를 너무나도 싫어해서 더러워진 집을 버리고 새 집으로 이사를 다니며 살았다고 한다. 지금으로서는 상상도 못할 일이다. 대신 현대 사회에는 적은 금액으로도 정기 방문 청소를 전담해주는 청소 전문업체가 많다. 어떠한 선택을 하든 중요한 건 정리정돈에 꾸준히 정성을 기울여야 한다는 점이다. 공간의 청결을 유지하면서 사는 삶의 즐거움을 한 번도 맛보지 않은 사람은 있지만, 한 번만 맛본 사람은 없다. 내가 사랑하는 공간을 더욱 아끼는 가장 좋은 방법인 청소. 마냥 귀찮다고만 생각하지 말고 오늘부터라도 집 구석구석에 나만의 숨결을 불어넣어보자.

지금이 아니면,
언제?

회식이 있으니까 운동은 내일부터. 빨아둔 운동복이 없으니까 운동은 모레부터. 기분이 별로 안 좋으니까 운동은 다음 주부터. 한 달, 일 년 그렇게 평생 운동을 미뤄온 사람이 비단 나만은 아닐 거다. 운동은 삶에 있어 너무나도 중요한, 평생을 함께해야 하는 친구와도 같은 존재지만 그와 동시에 평생에 걸쳐도 끝나지 않을 숙제처럼 여겨져 생각만으로도 지치게 했다. 학창시절부터 나에게 운동이란 날씬함을 유지하기 위한 다이어트의 방법, 그 이상의 의미도 그 이하의 의미도 아니었다. 다이어트를 위해 유산소 운동과 무산소 운동을 번갈아 하는 고강도 운동이 주를 이루었는데, 이때 꼭 병행해야 하는 것이 식이조절이었다. 문제는 몸에 좋은 필수 영양소로만 이루어진 식단을 잘 관리해서 먹는 대신 아예 굶거나 영양가 없는 것들로 허기만을 채워가며 운동을 했다. 그렇기에 운동은 그저 고통스러운 다이어트의 과정이었다.

그토록 학창시절에 다이어트를 하겠다고 운동을 열심히 했던 내 인생에 운동하는 습관이 자리 잡았는가를 묻는다면 그에 대한 답은 '아니오'다. 그렇게나 열심히 운동하던 나는 지금쯤이면 철인 3종 경기쯤은 가뿐하게 출전해주는 그런 사람이 되어 있어야 했다. 그러나 현재의 나는 근육이란 찾기 힘든 몸을 가진, 9호선 고속터미널역의 높디높은 계단을 걸어 올라갈 때면 금방이라도 호흡곤란이 올 것만 같은 그런 사람으로 자랐다.

왜 이렇게 됐을까? 그에 대한 답은 다이어트다. 애초에 운동에 대한 동기가 미용 목적을 위한 다이어트였기 때문이다. 다이어트를 위한 운동의 가장 큰 문제점은 단기성에 있었다. 특별한 약속이 있는 날을 위해, 다가올 여름을 위해, 중요한 사진을 찍는 날을 위해. 특정 이벤트가 주어지면 그 날에 맞추어 짧게는 1주일 길어봐야 한 달간의 운동만이 있었을 뿐이다. 게다가 내 머릿속에서 운동에 대한 생각을 완전히 떨쳐버리게 된 결정적인 이유는, 한 선생님의 수업시간에 들었던 단 두 문장에 있었다.

"운동해서 오래 산다고 하는 사람들은 그 시간만큼 헬스장에서 고생하며 사는 거야! 그러니 난 조금 덜 살더라도 맛있는 거 먹으면서 재밌게 살래."

선생님은 굉장한 거구에 유머러스한 분이었는데 당시 이 유쾌상쾌 통쾌한 말을 들은 나는 저 말이 마치 엄청난 명언이라도 되는 양 가슴에 깊이 새겨넣었다. 그래! 운동이고 뭐고 나 좋은 대로 하면서 편하게 살아야지! 다이어트 때문에 스트레스 받았던 날들이여, 안녕!

돌이켜 생각해보면 그가 지칭한 운동이란 정말로 스스로의 건강을 위해, 매일같이 꾸준한 습관을 들이는 아주 건설적인 행위였다. 하지만 나에게는 운동을 하지 않고 자유롭게 살겠다는 선생님의 포부가 마치 '다이어트는 필요 없다!'라는 해방감을 주는 말처럼 들려왔다. 운동과 다이어트에 대한 개념을 제대로 분리하지 못했던 자아가 '다이어트'를 머릿속에서 날려버림과 동시에 '운동' 또한 사이좋게 날려버린 것이다. 그렇게 내 인생에 있어 다이어트와 함께 사라져버린 운동. 한번 떠난 운동은 좀처럼 쉽게 돌아오지 않았다. 운동에 대한 필요성을 뼈저리게 느끼게 되기 전까지 말이다.

인생을 대충 살다 보면 지난날의 과오가 언젠가 정직하게 몸으로 돌아오기 마련이다. 나의 경우에는 눈으로 드러나는 외부의 신체적 문제를 인지하면서도 아무런 경각심을 느끼지 못했다. 가령 허리가 아프다든가, 발목 혹은 무릎 그리고 손목에 대한 통증까지도 가볍게 무시하고 넘어갔다. 어디 하나 불편하지 않은 곳이 없어 한번 병원을 가기 시작하면 회사가 아닌 병원으로 출퇴근을 해야 할 판이었기에 애써 무시한 면도 있다. 하지만 눈에 보이지 않던 내부적인 문제가 지속적으로 발생하고 나서야 조금씩 현실을 마주하기 시작했다.

나는 대장암 가족력이 있었다. 무려 전 세계적으로 사망 원인 4위에 꼽힌다고 하는 대장암. 주변에서 병을 앓기 시작하자 '나도 언제든지 병에 걸릴 수 있겠구나' 하는 공포심이 그제야 몰려왔다. 과거에 선생님이 했던 말이 스치며 참으로 야속해졌다. 선생님, 고생하며 운동한 사람들은 건강하게 죽을 수 있겠지만, 편한 대로 하고 싶은 대로만 살아온 사람은 고통스럽게 죽어갈 수도 있을 거란 사실을 왜 간과하셨나요! 물론 가장 한심한 것은 나였으나 누군가를 탓하고만 싶었다. 한동안 상심에 잠겨 있던 나는 건강하게 죽기 위해 운동을 하기로 마음먹었다.

흔히 비혼의 삶을 상상할 때, 걱정해주는 말로 건강에 대한 문제를 빼놓지 않고 언급한다. '혼자일 때 아프면 얼마나 서러운 줄 알아?', '고독사 걱정 안 돼?' 건강 악화와 죽음, 이는 인간이라면 누구나 가질 수밖에 없는, 해결하기 힘든 원초적인 두려움의 영역이기에 혼자가 된다는 상태에 극심한 불안감을 느끼기도 한다. 일각에서는 비혼으로 살아가는 것이 홀로 노년을 보내게 되는 안타까운 일이라고 말한다. 그들에게 있어 비혼 선언이란 마치 고독사 선언처럼 여겨지는 듯하다.

그러나 분명히 해야 할 것이 있다. 결혼을 하더라도 그 불안이 해소되는 건 절대 아니라는 점이다. 누군가는 먼저 떠나게 될 테고 그렇다면 남은 사람은 혼자가 되어버리고 만다. 앞서 언급된 삶의 난관(건강악화와 죽음)을 둘이서 맞느냐, 혼자서 맞느냐를 따지는 것은 중요치 않다. 우리가 놓치지 말아야 할 핵심은 '어떠한 건강상태로 맞이하느냐'다. 그것이 바로 내가 '건강하게 죽기 위해' 운동을 다시 시작한 이유다.

처음에는 엄마에게 함께 운동하자는 제안을 했다. 엄마는 내 제안에 '늙어서 운동하면 고생이야'라는 이해할 수 없는 말로 단칼에 잘라 거절했다. 내가 제안한 운동은 그저 가벼운 경보였는데! 괜한 속상함을 뒤로 한 채 앞으로 어떤 운동을 하면 좋을지 고민해보았다. 헬스도 다녀보고, 요가, 스피닝, 클라이밍, 주짓수 등을 시도해보다가 결국 정착한 운동은 달리기였다. 달리기는 공간·시간·장비에 제약이 비교적 자유롭다는 장점이 있다. 게다가 적당히 힘들이는 것에 비해 즐거움과 성취감이 크다. 나의 삶에 녹아들어 평생을 함께할 운동을 찾고자 했기에, 내가 겁먹고 포기하지 않을 수 있을 수준의, 매일 조금씩 이뤄낼 수 있는 목표점이 있는 운동인 달리기는 나에게 딱 맞는 운동이었다.

사실 달리기를 시작하게 된 건 비혼공동체에서 알게 된 같은 동네 지인 덕분이었다. 함께 달려보지 않겠느냐는 제안을 받았는데 '이건 정말 놓쳐선 안 될 기회' 같았다. 그동안 운동을 지속하지 못한 데에는 의지력 부족이 가장 큰 원인이었다. 지인과 함께 달리니 확실히 혼자 할 때보다 어느 정도의 의무감이 생겨났다.

그럼에도 운동이 습관이 되지 않아 달리기를 포기할 뻔했던 어

떤 날, 같이 운동하던 지인이 이런 말을 건넸다. '바쁜 일상에도 열심히 운동해줘서 고맙다'며 '사실 그만 둘 줄 알았는데 계속해서 나오는 모습을 보면서 감동받았다'고 했다. 나는 머리를 한 대 얻어맞은 듯했다. '제가요?' 나는 운동하기 귀찮아 쉬고 싶은 마음에 눈치만 보던 사람인데, 이런 나를 보며 감동을 느꼈다니.

사람은 스스로에게 가혹하게 구는 면이 있다. 어쭙잖은 완벽주의자의 인생을 살아가는 이들이라면 더더욱. 그러나 누군가의 진심어린 칭찬은 큰 위로와 용기가 된다. '그래, 나 잘하고 있구나.' 나와 가장 가까운 건 내 자신이다. 운동을 완벽하게 하려는 강박을 버리고, 부족함에도 어떻게든 운동을 포기 않는 스스로의 모습만큼은 아낌없이 칭찬해주자.

운동이란 앞으로 나와 평생을 함께 갈 친구다. 조급해하지 말자. 기분이 좋을 때나 우울할 때, 이따금씩 친구를 만나는 것처럼 운동을 통하여 감정을 환기시켜보도록 하자. 이게 바로 내가 생각하는 '몸과 마음이 건강한 삶'에 대한 최선의 방법이다.

본래 이 장에서는 집에서 할 수 있는 효과적인 운동법이라든지, 성향에 맞는 적절한 운동 찾기 따위의 내용을 담으려고 했다. 하지만 우리 모두 알고 있다. 운동은 결코 방법을 몰라서 못하는 게 아니다. 시간이 없어서 못하는 것도 아니다. 운동에 대한 필요성을 못 느끼기 때문에, 그에 대한 어떠한 동기가 전혀 생기지 않기 때문에 실행하지 않을 뿐이다. 아무리 바쁜 삶을 살아가며 완벽하지 않은 하루를 보내더라도, 인생의 우선순위에 운동이 자리 잡고 있다면 그 사람은 어떻게 해서든 자신과의 약속을 지키며 운동을 할 것이다.

어떻게 하면 당신이 운동에 대해 긍정적으로 생각할 수 있을지 고민했다. 진심은 통한다. 나의 이야기를 통해 나 같은 사람도 어떻게 변화해왔는지를 보여주고 싶었다. 부디 내가 느꼈던 그 감정들이 당신의 마음에 닿았기를. 당신의 건강을 위해 운동을 지속해 나갈 수 있는 힘을 얻었기를 바란다.

11

기분이 저기압일 땐
고기 앞으로

의衣, 식食, 주住, 인간으로서의 삶을 영위하기 위한 최소한의 필수요소라고 불리는 세 가지. 아주 오래전 문자도 없던 시대부터 현대까지 여전히 인간의 삶에 있어서 매우 중요한 요소로 꼽히는 의식주는 삶의 형태가 다양해지고, 환경이 발전하며 사람들 인식 속 중요도는 달라졌지만, 여전히 많은 부분을 차지하고 있다. 이번 장에서는 그중 많은 이들이 소홀하게 대하고 있지만 건강에 가장 직결된 식食 부분을 다루려고 한다.

현대인의 삶은 무척 바쁘다. 아침을 챙겨 먹는 것은 사치스러운 일이고, 퇴근 후 밀린 집안일을 포함하여 식사까지 준비하는 것은 또 다른 직장에 출근한 듯 무척이나 고된 일이다. 집에서 가사를 전

담으로 도맡을 누군가가 있지 않다면 말이다. 그러나 바쁘다고 식생활을 소홀히 하다 보면 금세 건강과 금전 상태에 적신호가 뜬다. 바쁘고 피곤해서 손쉽게 사다 먹을 수 있는 테이크아웃 음식이나 배달음식으로 끼니를 때우다 보면 배는 부르지만, 활력은 떨어지는 경험을 모두 해봤을 테다. 그뿐만 아니다. 이런 식의 식생활은 한 달 식비를 순식간에 훌쩍 NN만 원 자릿수로 올린다. 실제로 많은 건강 전문가들이 규칙적인 식사 시간과 적당량, 재료의 신선도와 영양소 등 내가 먹고 있는 것이 나를 구성하고 결국 나의 미래도 보여주는 것이란 무시무시한 말들을 하루가 멀다 하고 쏟아낸다. 그것을 몰라 챙기지 않는 이는 많지 않다. 챙길 시간도, 에너지도, 돈도 부족하다.

여기까지는 모두 아는 이야기다. 이 글을 쓰고 있는 나도 알고 있던 사실이다. 하지만 처음으로 홀로 장을 보고, 음식을 하고, 치우며 느낀 깨달음은 단순히 머리로만 알고 있던 것과는 차원이 달랐다. 나는 요리 영상을 보는 것도 좋아하고 실제로 요리하는 것도 좋아한다. 못 먹는 음식도 거의 없어서 식단을 꾸릴 수 있는 폭도 넓다. 그래서 자신만만했다. 나만의 주방을 갖고, 먹고 싶은 음식을 자유롭게 해서 먹는 것을 오랫동안 꿈꿔왔다.

그게 문제였을까? 처음 장을 보러 가던 날. 드디어 나만의 주방에서 요리한다는 기쁨에 무척 설레어 이것저것 담았다. 그리고 그 기쁨은 딱 2주 만에 끝났다. 식비가 생각보다 아주 많이 들었다. 기본적으로 필요한 소스와 양념·조미료는 왜 그렇게 많으며, 간단하다고 생각한 요리에도 적은 양이지만 많은 종류의 부재료가 필요했다. 이들은 또 금세 상해서 먹어 치우는 속도보다 냉장고에서 처참히 형태를 잃어가는 속도가 월등히 빨랐다. 먹고 싶은 것 위주로 산 음식들은 〈올드보이〉 속 군만두처럼 느껴지기 시작했고, 무척 번거로운 과정과 수많은 재료가 필요해 집에서 구현하기 어려운 맛들이 있음을 깨달았다. 그리고 냉장고의 자리는 내 생각보다 훨씬 좁았다. 총체적 난국이다.

결국은 먹고 싶은 걸 먹는 건 사치와 같이 느껴져서 냉장고에 있는 것들을 먹어 치우는 것에 집중했다. 식사도 요리과정도 즐겁지 않았다. 음식을 하는 건 차츰 번거롭고 비효율적인 일이 됐다. 배달음식, 마트에서 파는 반조리식품, 레토르트 식품(완전조리되어 데워 먹으면 되는 식품)의 비중이 늘었다. 결론은 건강 악화와 구멍 난 지갑이었다. 이렇게 요리의 기쁨과 맛보는 즐거움, 건강을 놓치며 깨달은 것을 크게 3가지로 요약하자면 아래와 같다.

첫째, 한식은 생각보다 필요한 부재료가 많고 손이 많이 가며, 보관해두었다가 먹기 곤란한 것이 많다. 나는 전형적인 한국인답게 매운 음식과 국물이 있는 음식을 식생활의 필수처럼 여기며 살아왔다. 하지만 직접 만들어보면 많은 한식이 적은 양을 만들기 어렵고 보관도 어렵다. 게다가 흔히 말하는 빨간 양념의 요리들, 특히 고추 등으로 양념을 한 고기 종류는 보관 용기가 금세 물들고 기름이 생각보다 빨리 굳어서 밀프렙(Meal + Preparation, 미리 준비해둔 식사로 끼니때마다 챙겨 먹는 방법)을 해서 다니기 어렵고 다시 꺼내 먹었을 때 맛이 현저하게 떨어지는 단점이 있다. 3~5인 가족 식사에서 익숙하던 메뉴들이 1인 식단에 접목하면 꽤 번거롭고 가성비가 떨어지는 메뉴가 된다.

둘째, 혼자서 먹기에는 적절하지 않은 종류가 꽤 있다. 대표적인 예로 전골, 고기볶음 그리고 감자탕과 같은 탕류. 1인분만 하기에는 손이 많이 가고 재료가 많이 남는다. 특히 한국 식문화에서는 2인 이상을 기준으로 하는 레시피와 식당 메뉴들이 가득하다. 혼자서 식단을 꾸리다 보면 그 장벽은 생각보다 크게 느껴진다.

셋째, 내가 좋아하는 음식재료와 다양하게 활용할 수 있는 음식재료는 다르다. 나는 두부를 좋아한다. 하지만 두부 한 모가 1인 식단엔 꽤 많은 양이라는 것은 몰랐다. 4~5번 먹을 수 있는 찌개를 만들어도 반 모가 남았다. 남은 음식재료를 다양한 반찬으로 활용해도 소스만 다를 뿐 원재료의 맛과 식감은 그대로이기 때문에 금방 물린다. 반대로 생각지 못했지만 의외로 활용도가 좋은 음식재료도 있다. 내가 새롭게 찾은 음식재료는 당근이다. 나에게 당근은 김밥에 들어 있으면 빼기 어려워 어쩔 수 없이 먹는 존재였는데 생각보다 다양한 음식에 잘 어울린다. 보관이 편하고 오래 간다는 장점도 있다. 이를테면 볶음밥에 잘게 다져 넣을 수 있고 채소 볶음을 만들 때도 좋으며 달달한 양념을 한 고기와도 곧잘 어우러진다. 또한 또띠아를 활용하여 치킨 랩을 만들면 간편한 도시락까지 완성할 수 있고 건강을 위한 채소 스프나 토마토 스프를 다량으로 만들 때도 아주 좋다. 이처럼 보기와는 다르게 활용도가 무척이나 높은 식재료가 있다.

시중에는 다양한 식비 절약 팁과 식단이 있으며 레시피는 이루 말할 수 없을 정도로 넘쳐난다. 그렇다면 그중 어디서부터 시작하면 좋을지 알아보도록 하자. 위의 경험들을 바탕으로 건강하고 즐거운 식생활의 3가지 기준을 만들었다.

1) 영양소 균형

영양소에 대해서는 이를 전문으로 다루는 서적과 영상이 무척 많다. 이를 토대로 나에게 꼭 필요하다 여기는 영양소를 3~4개로 추린 후 한 주 단위로 적절히 분배하면 끝나는 간단한 단계다. 내 경우는 탄수화물, 단백질, 지방을 적절히 배치하고 그 사이에 섬유질을 많이 넣으려 노력했다. 전문적 식단은 아니니 이번 주는 탄수화물을 많이 먹었다, 단백질이 부족하다 정도를 스스로 인지할 수 있는 정도면 꽤 훌륭한 편이라 본다.

2) 개인 식생활 파악

이 단계가 가장 중요하다. 아무리 건강한 식단이어도 입에 맞지 않으면 오래 지속할 수 없다. 그러므로 입도 즐겁고 몸도 건강한 식생활 패턴을 찾아내야 한다. 내 식생활을 파악하기 위해서는 우선 나의 건강상태를 정확히 알고 있어야 한다. 지병이 있다면 그것

Important _____

을 우선순위에 둔다. 그런 후 소화력이 약하거나 장이 민감한 편이거나, 유제품이 맞지 않거나, 저녁에는 탄수화물이 무겁게 느껴지는지 등도 체크한다. 내가 유독 탈났던 음식이나 소스, 시간대를 알아두는 것도 좋은 방법이다. 그런 후 하루에 보통 식사하는 시간과 횟수를 가늠한다. '아침은 꼭 먹지만 저녁은 가볍게 먹는 것이 편하다', '아침은 부담스럽지만 점심은 잘 챙겨 먹는다', '하루에 최소한 한 끼는 한식이 필요하다' 등 내가 선호하는 식사 형태를 떠올려본다. 즐겨 먹는 음식들을 적어본다. 양식 / 한식 / 일식 / 중식 등으로 나눠도 좋고 밥 / 면 / 육류 / 빵 등으로 나눠도 좋다. 음식들을 쭉 적어본 후 비슷한 재료, 소스로 이루어지는 것들을 묶어본다. 종류를 많이 생각해두고 묶어두면 재료를 최대한 활용하며 다채로운 메뉴를 즐길 수 있다.

3) 효율성 (시간, 노동, 금액)

우리는 일도 하고 취미생활도 하고 집안일도 잔뜩 밀려 있는 바쁜 비혼인이다. 매일 음식을 위해 1~2시간씩 투자하는 건 어려운 일이다. 그렇기에 영양소와 내 선호도를 파악했다면 최소 2주에서 최대 한 달가량의 대략적인 식단을 짜둔다. 고민하는 시간과 장 보는 시간, 음식을 준비하는 시간 모두 절약하기 위해서는 반드시(!) 식단이 필요하다. 식단을 짤 때는 그 주 먹고 싶은 메인 음식을 생각한 후 그에 들어가는 재료들을 적어보고, 그 재료들을 활용하여 만들 수 있는 반찬을 생각하면 편리하다.

처음에 어디서부터 시작해야 할지 막막하다면 학교 식단(중·고등학교 식단이 가장 좋으나 대학 식단도 참고하기 괜찮다), 한 달 10만 원 식단 짜기 등의 콘텐츠를 활용하면 도움이 된다. 식단을 짜두면 '오늘 저녁에는 또 뭐 먹지?'와 같은 고민을 하느라 에너지를 소모하지 않아도 되며, 지친 몸을 이끌고 퇴근하다가 배달을 시키는 불상사를 막기가 수월하다. 또한 필요한 재료를 미리 생각해두기 때

문에 장을 보기 용이하고, 내 돈이 어디서 새는지 파악하기도 쉽다.

이렇게 중요한 식단 짜기에서 잊지 말아야 할 점은 '대략적으로 짜기'다. 빈틈없이 채워 넣으면 좋겠지만 사람의 마음이라는 것이 오늘은 꼭 치킨을 먹어야만 하는 날이 생기기도 하고, 내 의지와는 상관없이 회식·외식 등으로 집에서 끼니를 챙기기 어려운 경우도 많다. 내가 평소 먹을 수 있는 양의 70~80% 정도를 생각한 후 유동적으로 식사를 조절하며 전반적인 식생활의 균형을 유지하는 데 집중하도록 하자.

소소한 식생활 팁

나 홀로 식생활을 좀 더 윤택하게 꾸리는 몇 가지 소소한 방법을 전달하려고 한다. 위에서도 언급했지만 밀프렙은 비혼의 삶에 있어 선택이 아닌 필수요소다. 냉장고의 기능이 뒷받침되어야 하지만 밀폐 용기의 적절한 선택과 밀프렙 음식 종류의 조절을 통해 충분히 활용할 수 있다. 다양한 소재의 밀폐 용기를 잘 활용하여 냉장고 공간 정리와 설거지의 부담에서 벗어나도록 하자.

그다음 팁은 주변에 동료를 만드는 것이다. 여건상 어려운 사람도 있겠지만, 주변에 나와 같은 비혼인 또는 혼자 사는 지인이 있다면 질 좋고 값싼 재료를 얻기가 쉽다. 한창 유행했던 양파나 감자 대란 같은 경우에도 함께 사서 나누면 훨씬 부담이 적고 제철 재료를 마음껏 즐길 수 있다. 또한 입맛이 비슷하면 서로의 음식을 나눠 먹기도 좋고 전골처럼 1인이 먹기 어려운 음식도 함께할 수 있다. 비혼인이 하루가 다르게 늘어나고 있는 세상이다. 적극적으로 비혼인 친구들을 찾아보자. 분명 함께 감자를 구매할 누군가를 기다리는 이가 있을 것이다.

마지막 팁으로는 나를 위한 특별 메뉴, 히든 메뉴를 준비해두는 것이다. 특히 아플 때를 대비한 간단하지만 맛있고 힘이 되는 음식을 준비해두는 것이 좋다. 요즘엔 간단하게 먹을 수 있는 팩에 담긴 죽부터, 스프, 누룽지 등이 많이 나오고 있다. 이런 것들을 구비해두자. 아플 때 외에도 특별한 날, 나를 챙겨주는 메뉴 또한 서너 개 알고 있으면 좋다. SNS 속 휘황찬란한 플레이팅까지는 하지 않더라도 정갈하게 차려진 한 끼나 식탁보, 컵 받침, 쟁반 등 사소한 것으로도 나를 충분히 아끼고 챙기는 느낌을 받을 수 있다. 아프거나 마음이 지치는 순간에도 내가 나를 위해서 애쓰고 있고, 정성을 보인다는 것은 큰 위안이고 그다음 날을 잘 살아갈 수 있는 원동력이 된다.

음식은 살기 위해 먹는 것이기도 하지만 나를 대접하는 가장 첫걸음이기도 하다. 살아가면서 먹는 행위를 멈출 수는 없다. 이왕이면 내가 나를 위해 굉장히 애쓰고 있음을 알아주고 고마움을 표현하자. 어렸을 적 사랑하는 이가 맛있는 것을 해줄 때 느꼈던 감사함과 애정을 담아서.

10가지의 짧은 문답으로 모든 궁금증을 해결할 순 없겠지만 여기 소개된 내용만 알고 있어도 수리·보수 및 셀프 리모델링에 대해 충분히 도움이 될 것이다. 최대한 혼자 작업할 수 있는 범위 내로 다루었다. 이제 리모델링은 전문가만의 영역이 아니다. 스스로 한계를 긋고 하지 못한다고 치부해왔던 일을 앞으로는 척척 해낼 수 있기를 바란다. 이 얼마나 멋진가! 한 손엔 공구를 들고 열심히 땀 흘리는 모습! 우리는 조금 더 우리의 가능성을 확장시키고 새로운 일을 해내는 '멋진 나'에 취해볼 필요가 있다.

Q1 집의 수리 보수를 위해서 기본적으로 갖춰야 할 장비에는 뭐가 있을까?

줄자, 드라이버, 망치, 스패너, 렌치, 펜치 등 하나하나 나열하자면 너무 많다. 이렇게 많은 장비들이 과연 필요할까 싶은 의심도 들지만, 놀랍게도 아주 유용하게 이곳저곳에 사용된다.

'저걸 언제 다 사 모으지'라는 걱정은 할 필요 없다. '가정용 공구세트'가 있다. 철물점이나 마트, 온라인 등 다양한 경로를 통해 구매할 수 있으니 필히 구비해두도록 하자. 장비 욕심이 있다면 전동드라이버 또한 구비해두는 것이 좋다. 더 적은 힘으로 더 강력한 작업이 가능해진다. 자본을 투자하여 몸이 편안해지는 경험을 누려보는 것도 좋다. 태초의 인류가 도구를 쓰며 빠른 발전을 이루었

듯이, 우리에게도 공구가 필요하다.

Q2 전구의 종류가 너무나 다양하다. 어떠한 차이가 있는가?

전구의 종류는 크게 형태별(백열등, 형광등, LED 등 등)로 나뉘고, 그 안에서 다시 색온도(주광색, 주백색, 전구색 등)에 따라 분류된다. 색온도에 대한 분류를 먼저 말하자면 주광색은 백색빛을, 전구색은 주황빛을, 주백색은 그 둘의 중간색인 은은한 아이보리빛을 뜻한다. 예외로 백열등은 전구색만을 내는 전구이며, LED등은 보다 다양한 색상을 낼 수 있다. 참고로 전구의 W(watt 와트, 전력의 단위) 값이 클수록 밝다.

Q3 -1. 기존 장판을 제거하고 새 장판을 깔려고 하는데 시멘트 바닥이 젖어 있다. 왜 이런 것일까?

시멘트 바닥이 젖어 있다면 그 원인을 찾아야 한다. 장판 밑 시멘트 바닥 아래에는 난방을 위한 보일러 배관 파이프가 매립되어 있는데 그 파이프가 깨져서 누수의 원인이 되는 것일 수도 있고, 단순히 공간에 환기 및 건조가 안 되어 습기가 차며 나타나는 현상일 수도 있다.

Q3 -2. 젖어 있는 양으로 봤을 때 누수의 문제는 아닌 것 같다. 습기로 인해 젖은 바닥은 어떻게 말려야 하는가?

가장 빠르고 간단하고 효과적인 방법은 보일러 온도를 높여 습도를 낮추고 모든 창을 열어 환기를 시키는 것이다. 경우에 따라 반나절 만에 마를 수도 있고 한 달 이상이 걸릴 수도 있다. 물론 범위나 주변환경에 따라 차이는 크게 난다. 맨눈으로 보기엔 시멘트 바닥 속 얼마나 깊이까지 젖어 있는지 알 수 없기 때문에 시간적 여유가 있다면 충분한 시간을 두고 건조시키는 것이 좋다.

Q4 장판을 바꾸고 싶은데 어떤 색을 골라야 할지 모르겠다.

일반적으로는 벽을 기준으로 보다 어두운 색을 택하는 것이 안정감 있고 무난하다. 공간에 놓일 가구의 색채까지 계획하여 밝은 색을 택하는 사례도 많다. 밝은 색의 바닥재로 마감한 경우 공간이 더 넓어보이고 밝아보인다는 장점이 있으나 자칫하면 가구가 떠 보일 수 있고 먼지 및 오염이 눈에 잘 띈다는 단점 또한 있다. 선택은 어디까지나 당신의 몫이다.

Q5 장판을 까는 작업을 혼자서 할 수 있을까?

물론이다. 면적에 따라 작업 강도가 다르겠지만 3~5평가량의 면적이라면 충분히 혼자서 작업할 수 있다. 다만 장판이 생각보다 무겁기 때문에 넓은 면적이라면 2인 이상 작업을 추천한다. 혼자 작업할 때 힘 쓰는 것 말고도 예상외 복병이 있었으니, 문틀과 맞닿은 부분을 틀 사이즈에 맞추어 자르는 일이었다. 하지만 다행히도 돌이킬 수 없을 정도로 잘못 자르지 않은 이상 최종적으로 코킹(실리콘을 쏘아 메꾸는 작업)을 해주면 한결 깔끔한 마감이 가능해진다.

Q6-1. 기존 벽지 위에 도장(페인트칠)이 가능한가?

가능하다. 다만 기존 벽지가 실크벽지(PVC 코팅처리가 된 벽지)인 경우와 컬러나 요철이 있는 경우라면 도장작업 이전에 필수로 젯소를 1회 이상 발라주어야 한다. 1회칠 이후 판단에 따라 추가적으로 1회칠을 더해도 좋다. 그래야 새로이 도장을 했을 때 기존 벽지의 컬러나 무늬가 비치지 않는다. 이 과정을 생략하고 바로 도장을 한다면 새로 칠한 페인트의 컬러가 제대로 구현되지 않아 같은 일을 반복하게 된다.

Q6-2. 그렇다면 기존 벽지 위에도 도배(벽지)가 가능한가?

기존 벽지가 합지(종이로 제작된 벽지)일 경우에는 가능하다. 그러나 기본적으로는 제거하는 것이 좋다. 기존 벽지 위로 도배를 하면 아무리 깔끔하게 하더라도 이음새 부분이나 미처

보지 못했던 자잘한 요철들이 표시가 날 수 있다. 기존 벽지가 합지가 아닌 실크벽지라면 접착성이 떨어지기 때문에 이 경우에는 필히 제거한다. 실크벽지 위에 시공 가능한 벽지가 있긴 하지만 장기적으로 보았을 때는 확실히 제거하는 것이 좋다. 참고로, 뜯어낸 벽지는 100리터 일반쓰레기 봉투에 담아 버리거나, 지역에 따라 일반쓰레기가 아닌 폐기물로 버려야 하는 경우도 있으니 관할 주민센터에 문의하여 알맞은 방법으로 처리하기를 바란다.

Q7-1. 몰딩과 걸레받이 철거를 혼자서 할 수 있을까?

마음만 먹는다면 불가능하지는 않지만, 셀프 리모델링에 있어서 철거작업만큼은 (특히 혼자 작업한다면 더더욱) 말리고 싶다. 철거작업 자체가 생각보다 많은 힘을 필요로 하기 때문에 체력적으로 쉽게 지칠 뿐더러, 한번 시작하면 복구 자체도 힘들다. 결국 고생은 고생대로 하다가 더 이상 손댈 수 없는 지경에 이르렀을 때 업체를 불러 추가비용만 발생하는 경우가 정말 많아 쉽게 권하고 싶지 않다. 또한 벽지와 달리 몰딩과 걸레받이는 무조건 철거 폐기물로 처리되기 때문에 폐기비용도 고려를 해야 한다. 만약 흠집이 나 있거나 벌어져 있는 틈이 신경 쓰이는 것이라면, 우드필러를 이용하여 보수작업이 가능하니 기존의 상태로 해결할 수 있는 방법을 찾아보는 것을 추천한다.

Q7-2. 몰딩과 걸레받이 위로 도장을 하고 싶은데 방법은 벽체 도장과 동일한가?

그렇다. 몰딩과 걸레받이는 대개 어두운 색이 많기 때문에 기존 벽지 위 도장 작업과 마찬가지로 젯소 작업이 필요하다.

Q8 창틀과 벽체 사이에 틈이 있을 땐 어떻게 해야 하는가?

간단히 우레탄폼을 이용하여 해결할 수 있다. 우레탄폼을 사용할 때는 한 번에 많은 양을 채우기보다 틈새의 가장 깊은 곳부터 바깥(방 내부)까지 여러 층을 쌓아 올린다는 생각으로 여러 번 반복하여 쏴주는 것이 좋다. 우레탄폼은 굳는 과정에서 본래의 부피보다 40% 가까이 팽창하므로 이 점에 유의하며 작업하자. 굳고 난 후에 틈새를 비집고 나온 부분은 커터칼로 쉽게 제거가 가능하다.

Q9 방바닥 가운데가 움푹 꺼져 있는데 어떻게 보수해야 하는가?

몰탈(mortar, 시멘트의 일종) 시공이 필요한 부분이다. 장판을 걷어낸 후 몰탈 시공의 접착력을 높이기 위해 프라이머 작업을 우선으로 진행한다. 1시간 정도의 건조시간을 거쳐 초속경몰탈을 해당 부분에 올려준다. 이때 초속경몰탈의 최소 두께는 3mm로 균일하게 작업되어야 한다. 3~4시간의 건조시간을 거친 뒤 다시 장판을 깔아주면 끝이다.

Q10 전체적인 리모델링을 할 때 시공의 순서는 어떻게 정하는가?

몰딩 → 도배 or 도장 → 바닥 순서다. 순서가 제대로 지켜지지 않는 경우도 심심찮게 볼 수 있다. 만약 바닥을 가장 먼저 했다면 이후 이루어지는 시공과정에서 손상될 수 있으니 꼭 보양지를 깔아 사전에 훼손 및 오염에 대한 대비를 해주어야 한다. 몰딩은 도배작업보다 우선적으로 진행이 되어야 하는데, 그 이유는 반대 순서의 경우로 시공이 됐을 때 몰딩과 벽 사이에 뜬 공간이 생기기 때문이다. 모든 건축물의 벽면은 자로 잰 듯 딱 떨어지지 않고 직선을 유지하고 있지도 않다. 비교적 반듯한 직선으로 제작된 몰딩과 그렇지 않은 벽이 만났을 때 그 사이 공간이 생길 수밖에 없으나, 이미 도배가 되어 있는 상황이라면 몰딩 작업 후 코킹으로 깔끔하게 메꾸어주자.

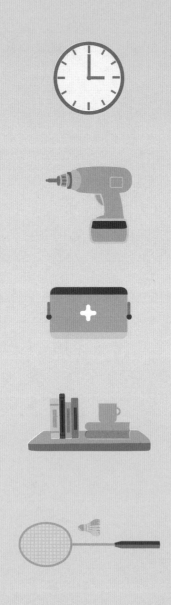

PART 4

Fun

1

누구든 살면서 행복을 누리고 싶어 한다. 세상의 모진 풍파와 거친 시선에 둘러싸여 있는 비혼인들도 행복하게 잘살고 싶다. 행복하게 살 권리는 인간이라면 누구나 가질 수 있다. 주변 사람들에게 "넌 사는 게 행복해?"라고 자주 묻는다. 선뜻 "응, 행복해!"라는 대답을 들려준 사람을 찾기는 어려웠다. 뒤이어 "그럼 넌 뭘 할 때 행복해?"라고 물으면 다들 각자의 이야기를 쏟아낸다. 공통 대답은 '즐거울 때'였다. 그래서 즐거운 비혼을 위한 '나 돌보기'에 대해 함께 생각해보려 한다.

1

이렇게 하면
널 가질 수 있을 거라고 생각했어

내가 선택한 삶의 모습 끝에는 자유롭게 여유를 즐기며 사는 모습이 그려졌으면 좋겠다. 상상 속의 나는 무척이나 행복하게 웃고 있었다. 행복한 상태가 항상 즐거움을 느끼는 상태는 아니지만, 즐거움을 느끼는 상태가 '지금 행복하다'로 이어지게 만든다는 데는 이견이 없다.

사람마다 즐거움을 느끼는 요소, 상황, 이유는 제각각 다르다. 누군가는 남에게 인정받을 때 즐겁고, 누군가는 자신의 세계를 홀로 깊게 탐구할 때 즐겁다. 이렇듯 각자의 즐거움은 다르지만 즐겁고 싶다는 욕망은 누구에게나 있다. 비혼의 삶을 행복하게 만들어줄 수 있는 즐거움에는 어떤 것들이 있을까? 한층 더 즐겁게 살기 위해서, 궁극적으로 행복한 삶을 위해서 우리는 어떤 것들을 해볼

수 있을까, 무엇을 하면 더 큰 만족감을 얻을 수 있을까. 이런 고민은
그 자체로도 즐겁다.

어떤 상태가 나를 즐겁고 행복하게 만들까. 가장 먼저 머릿속에
떠올랐던 건 버지니아 울프의 말이었다. 『자기만의 방』에서 그는
자신이 하고 싶은 일을 지속적으로 해내기 위해서 "연간 500파운
드와 자기만의 방이 필요하다"고 말했다. 이렇듯 인간의 기본권을
지키기 위한 기본적인 소득과 내가 안전할 수 있는 공간이 필요하
다. 무언가를 가진다는 것. 자본주의 사회에서 살아가는 우리에게
안정적인 소득과 공간은 일상을 영위하기 위한 충분조건은 아닐지
몰라도 최소한의 필요조건이다.

살면서 무언가를 가지고 싶다는 욕구에 대해서 진지하게 생각
해본 적이 있는가? 보통 '갖고 싶은 것을 어떻게 하면 가질 수 있을
지' 고민하는 시간보다 '갖고 싶은 걸 모두 가질 수 없다'는 이성과
타협하는 데 더 많은 시간을 보낸다. 물론 재화는 한정되어 있고, 수
요와 공급의 법칙으로 돌아가는 세상에서 인간의 무한한 욕구와
어느 정도 협상할 필요는 있다. 그러나 '가지고 싶다'는 욕구는 그
자체로 온당하다.

가족들과 함께 사는 집에서 나만의 방을 갖거나 더 나아가 혼자
만의 독립된 공간을 가지면 안녕과 안정이 찾아온다. 비혼의 삶을
선택했다면 주저 없이 나만의 공간을 확보하기 위해 자본을 집중
하고 인프라를 확충하는 노력을 기울이라고 권한다. 온전히 나만

Fun _____

을 위한 공간이나 타인과 확실하게 분리되어 있는 공간은 내가 생각하는 방식대로 라이프스타일을 만드는 기반이다. 새벽녘 스며들어오는 햇빛을 온전히 맞이할 때, 늦은 밤 답답함을 달래려 바깥으로 한 발짝 나가볼 때 누군가의 눈치를 살피지 않아도 된다. 모든 행동을 내 방식대로 선택할 수 있다. '나 스스로 주체적으로 결정할 수 있는 삶'이라는 말은 어찌 보면 너무 당연하다. 하지만 내가 무언가를 하고 싶은 상황에서 그때그때 솔직하게 반응할 수 있는 삶을 사는 사람은 의외로 드물다.

이렇게 자신에게 필요한 무엇인가를 가지면 풍요로워진다. 그렇다고 꼭 커다랗고 부담될 만한 무언가를 가져야 하는 건 아니다. 내가 무엇을 갖고 싶어 하는지 모르겠다면 상상을 해보자. 앞서 공간에 대한 이야기를 했으니 집을 채우는 상상부터 해볼까? 어려서부터 나는 '집' 하면 카펫이 깔린 바닥 위에 자리잡은 그랜드 피아노를 떠올렸다. 이유는 알 수 없지만 막연하게 멋있어 보인다고 생각했던 것 같다. 상상 속에서 햇살이 떨어지는 창 안쪽에 자리잡은 피아노는 여유와 아늑함 그리고 따뜻함을 가져다주었다. 혼자 독립하면서 사무실 겸 주거공간으로 마련한 집에 피아노를 들여놨다. 상상했던 이미지와는 좀 다르게 업라이트 피아노였고, 그 위에는 잡동사니가 잔뜩 올라가 선반이 되어버렸지만, 내가 원할 때 피아노의 선율이 집에 가득해진다는 사실이 집을 돌아오고 싶은 공간으로 만들었다. 혹시 당신이 영화를 좋아하는 사람이라면 좋은 빔프로젝터와 사운드 스피커를 가져보자. 그 두 가지는 그 자체를 소유하는 데에서 오는 만족도 있지만, 불만 끄면 극장이 되는 공간을 가질 수 있다는 점에서 매력적이다. 여기에 따뜻하고 폭신하게 몸에 착 감기는 침구와 빛을 완벽하게 차단해주는 암막 커튼도 곁들여보자. 어둑한 방에서 선명한 화면으로 좋아하는 영화를 틀어놓고 맞이하는 하루의 마무리, 치열한 일과를 마무리하는 그 순간을 상상하면 달콤해진다. 이외에도 집안 곳곳의 소소한 물건들은 삶을 조금 더 편리하고 풍요롭게 한다. 에어프라이어, 전자레인지, 각종 청소도구, 러그, 원목의자, 전자시계, 응급키트… 물건들을 하나씩 마련해가는 것도 마치 게임 퀘스트를 진행하는 것처럼 재미있다.

맥시멀리스트여서 필요한 모든 것을 채워 넣어야 하는 사람들도 있지만 미니멀라이프를 지향하는 사람들에게도 자신마다 아끼는 아이템이 하나씩은 꼭 있기 마련이다. '생각만 해도 기분 좋아'라고 생각되는 그런 아이템. 누군가는 동그란 원목 쟁반이, 누군가는 소리의 매끄러움을 느낄 수 있는 스피커가, 누군가는 기분이 좋아지는 향을 집안 가득 채워 넣을 수 있는 디퓨저가 그렇다. 꼭 공간을 채울 수 있는 아이템이 아니어도 좋다. 가방에 달아놓고 쓸 수 있는 다회용 장바구니는 예기치 못한 상황에 감사함을 느끼게 만든다. 조금 욕심을 내어 '내 차'를 가져보는 것도, 차를 소유하는 데서 오는 기동력을 가져보는 것도 즐겁다. 생활반경이 넓어지면서 자유의 만족도가 올라가는 경험은 마치 어릴 적 처음 버스를 타고 더 넓은 세상을 접했을 때 느낀 설렘과 비슷하다.

이처럼 '갖는다'는 개념은 일차원적으로 물질적인 욕구나 눈에 보이는 결과물을 취득하는 개념이다. 조금 더 확장해서 취향을 갖는 것도 생각해볼 수 있다. 고등학교 시절 한 친구가 유독 미키 마우스를 좋아했다. 책, 옷, 필통, 양말, 볼펜, 지갑, 카드 등 그 친구의 모든 물건에는 미키 마우스가 그려져 있었다. 언젠가부터 길을 걷다 미키 마우스가 그려져 있는 무언가를 만나면 괜히 반가웠다. '어 이거 ○○이 거다!'라는 생각이 들고, 심지어는 무심결에 그 물건을 집어 들고 '이거 주세요' 해본 경험도 있다. 그렇게 수년이 흘렀다. 이제는 노란색에 빨간색이 배색되어 있는 그림만 만나도 그 친구가 떠오른다.

당신은 이렇게 '나'를 떠올리게 하는 대상을 가지고 있는지 한번 생각해보자. 우리는 이걸 보통 '취향'이라고 한다. 국립국어원에 따르면 취향은 하고 싶은 마음이 생기는 방향 또는 그런 경향이다. 쉽게 말해서 '좋아하는 것'이나 '하고 싶은 것'이다. 물질적인 욕구를 매워주든, 정서적인 빈자리를 채워주든 어떠한 '취향'을 갖는 건

Fun _____

매력이 있다. 비혼으로 살수록 유무형의 어떤 것을 좋아하는 마음의 소리를 정확하게 들어주면 좋겠다. 내가 좋아하는 장소, 나만의 아지트, 나만의 스트레스 해소법, 나만의 아이템, 나의 시그니처 등.

우리는 온전히 내가 무엇을 원하는지보다 사회가 정해놓은 답을 좇아 '이래야만 할 것 같은 선택'을 마치 내가 온전히 선택했다고 착각하는 경향이 있다. '내 선택이 타인에게 어떻게 보일까'를 걱정하는 당신의 모습은 이상하지 않다. 우리가 사는 세상은 우리가 그렇게 생각하도록 프로그래밍되어 왔다. 당신이 아직 '내가 좋아하는 것'에 대한 정의를 정확히 내리지 못하겠다고 해도 걱정할 필요가 없다. 우리는 각자 서로 다른 외적 환경 속에서 다양한 형태로 자라왔다. 그 속의 다양한 상호작용에서 어떤 특정한 의식이나 행위에 대한 기호가 생겨나는 상태를 '아비투스 habitus'라고 한다. 아비투스는 아주 어릴 적 인간이 사고를 키워가는 순간부터 함께 자란다. 그러니까 지금 당신이 하고 있는 그 고민은 아주 당연하다. 우리 모두가 거쳐가는 순간이라는 얘기다.

사회의 주류를 차지하고 있는 사람들은 그들이 가진 지위나 관습을 통해 자신들의 문화양식이 자연스러운 질서를 가지고 있다고 여기며 산다. 그 사회에서 태어나고 길러진 사람들은 사회가 규정하는(나와도 합의되었다고 생각하는) 틀에서 조금이라도 벗어나거나 흠결이 발생하면 두려움을 느끼고 그런 일을 금기시하려고 한다. 동시에 동일한 사회에 속한 사람들은 서로에게 주변인으로서의 역할을 학습한다. 타인에 비해 열악한 환경에 놓여 있으면서도, 이에 순응하고 심지어 행복을 느낀다는 착각을 학습한다. 이 틀을 깨고 나와야 한다. 고요한 생각의 호수에 '정말 내가 이걸 좋아할까?', '정말 나는 이걸 원하고 있는가?' 하는 질문의 조약돌을 던져 물 위에 이는 파장을 느껴보자. 이러한 경험은 꼭 필요하다.

　비혼이라는 단어를 만난 사람들은 세상이 우리에게 말해주지 않았던 '결혼하지 않아도 괜찮다'라는 사실을 느끼고, 알고, 이해하기까지 많은 생각과 고민을 거친다. 그 결과 비교적 쉽게 별 생각 없이 비혼을 선택한 사람도 왜 결혼을 하지 않느냐는 질문에 이유를 몇 가지 이상 쉽게 말할 수 있다. 우리는 '결혼하지 않을 거야'라고 말하는 자신의 솔직한 목소리를 들어본 경험을 가지고 있다. 결혼이 너무나 당연한 사회에서 '결혼해야 한다'는 고정관념을 벗어나 스스로의 주관적 자아가 내리는 판단에 귀 기울여본 그 경험, 그거면 충분하다. 이제 내가 어떤 상태를 갖고 싶고, 어떤 물건들을 갖고 싶은지에 집중해보자. 그것이 사회적인 합의 때문에 나도 가져야 하는 것인지, 내 취향이어서 나만 갖고 싶은 것인지 깊게 들여다보자. 무의식 속에 내재된 아비투스를 벗어나서 바라보는 훈련은 내가 즐겁기 위한 시작이다. 스스로의 기분을 좋아지게 하는 무언가를 갖는다는 건 정말 중요하다. 내가 정말로 좋아하는 것은 무엇인지, 이것을 왜 좋아하는지, 본인이 선호하고 사랑하는 것들에 대한 나의 욕구를 잘 이해해보자. 내 욕구에 걸맞는 것들을 갖는 즐거움은 온전히 당신의 몫이다.

2

Cheer up &
Growing up

보슬비가 내리면 바위틈으로 기어 다니는 달팽이나 쳇바퀴 도는 조그마한 햄스터를 지켜본 적이 있는가? 아니면 소소하게 키운 허브로 음식을 해먹거나, 볕이 듬뿍 드는 창 옆에서 푸르게 자라나는 화분을 본 적이 있는가? 그렇다면 이번 장에서 이야기할 '키움'과 '성장'의 즐거움에 대해 당신은 이미 잘 알고 있을 수도 있다.

성장이라는 키워드의 연관 감정 키워드는 웃다, 기대, 행복, 사랑 등이다. 살면서 우리는 '자라나는 순간'을 많이 만난다. 내가 주체가 되어 무언가를 키우면 대상과 나의 교감으로 즐거워진다. 나를 즐겁게 하는 객체가 커가는 과정 속에 이뤄지는 상호작용에서 고마움, 경외심, 희망, 뿌듯함, 자부심 등 다양한 감정이 생겨난다.

식물을 키우든, 반려동물과 함께하든 객체와의 긍정적인 교감은 사람의 정서적인 부분을 채워준다. 이 충만한 만족은 우리를 즐겁게 한다.

이러한 키움의 즐거움에 대해 이야기할 때면 빠지지 않고 육아에 대한 이야기가 따라온다. 하지만 꼭 육아에서만 그러한 즐거움을 느낄 수 있는 것은 아니지 않을까. 나의 삶을 통제하고 내가 원하는 대로 흘러가게 선택해서 최대한 돌발적인 변수를 지우고 안정을 찾고 싶은 비혼인들도 얼마든지 키우는 즐거움을 느낄 수 있다.

누구랑 함께 살까

어렸을 때 베란다 한가득 여러 식물들을 키우고 있는 친구네 집에 놀러간 적이 있다. 그 집에 갈 때마다 자라나는 식물들을 보고, 직접 열매를 따보고, 씨앗을 심었다. 손에 들린 열매나 씨앗을 바라볼 때 느꼈던 몽클한 감정을 한동안 잊고 살았다. 나만의 공간이 생긴 이후 작은 화분을 들여놓고 싶어졌다. 1인 가구의 공간에서 크게 시간을 들이지 않고도 잘 키울 수 있는 식물은 무엇이 있을까?

키우기 편한 식물로 잘 알려진 스투키Sansevieria stuckyi. 스투키는 두 달 정도는 물을 주지 않아도 거뜬히 살아남는다. 적도 아프리카가 본 고장인 스투키는 다른 열대식물과 달리 매끈하고 쭉쭉 자라는 깔끔한 생김새를 자랑한다. '물을 주면 죽는 화분'이라는 속칭

이 있을 정도로 큰 관심을 두지 않아도 된다. 더군다나 벌레가 꼬이는 일도 없고 공기정화까지 해주는 똑똑한 아이다. 보통 낮 시간에 호흡하는 식물들과 달리 스투키는 밤 시간에 이산화탄소를 흡수하고 산소를 배출하는 CAM Crassulacean acid metabolism 식물이다. 때문에 사람이 집에서 생활하는 시간에 공기 질을 바꿔준다. 지켜주어야 할 환경의 조건은 18~27℃의 온도를 유지하고 통풍이 잘 되는 창문 옆에서 키우는 것 정도. 단, 직사광선이 너무 잘 드는 곳은 피해야겠다.

너무 푸르기만 한 것보다 조금 따뜻한 실내 분위기를 연출하고 싶다면 칼랑코에Kalanchoe를 키워보자. 흡사 네잎클로버를 닮은 모양의 화려한 색의 꽃은 마음의 여유를 한층 깊게 만들어준다. 대표적으로는 노란색 꽃을 볼 수 있으며 품종별로 빨간색, 주황색, 분홍색, 노란색, 흰색 꽃을 만나볼 수 있다. 마다가스카르에서 온 칼랑코에는 돌나물과의 다육식물이다. 바닥에 깔리는 두꺼운 잎에 수분을 저장하는 특성 덕에 스투키와 마찬가지로 흙이 건조해도 어느 정도 생명력을 유지할 수 있고 벌레가 잘 꼬이지 않는 식물이라 실내에서 키우기 적합하다. 빛을 많이 좋아하는 식물이니 볕이 잘 드는 창가에 자리를 잡되 직사광선만 피해주자. 10℃ 밑으로 온도가 떨어지지 않으면 대체로 꽃이 개화되어 있는 상태로 자라는 식물이니 참고하면 좋겠다. 주의해야 할 점은 식물이 가지고 있는 성분 중에 반려동물이 섭취 시 심장질환을 일으킬 수 있는 성분(부파디에 노리드)을 가지고 있다고 하니 다른 반려동물과 함께하는 공간에서는 잘 고민해보고 키워야 한다.

'식물 하면 뭐니뭐니 해도 커다란 잎이지!'라고 생각하는 사람들은 몬스테라Monstera를 키워보면 어떨까? 커다란 잎 덕에 몬스테라를 키우려면 충분한 공간이 필요해보이지만 작은 화분으로도 키울 수 있다고 하니 용기를 내보자. 평범하게는 델리시오사라는 품종을, 무늬가 들어간 잎을 선호한다면 바리에가타 품종을 선택하면 된다. 몬스테라 역시 과습에 약한 식물이라 물을 과도하게 많이 주는 것은 좋지 않다. 크게 위치적 영향을 많이 받지는 않는다고 하지만 아무래도 식물이다 보니 통풍이 잘 되고 햇빛을 많이 받는 환경에서는 더 큰 잎과 많은 구멍을 감상할 수 있다. 10℃ 이하의 너무 추운 환경에서는 잎이 늘어지지만 베란다가 아니라 실내에서 키울 거라면 문제가 되지 않는다. 일핵 현상(잎에 물방울이 맺히는 현상)이 일어나면 과습 상태이니 물주는 방식을 조절해야 한다. 때문에 물 빠짐이 좋은 흙을 사용하는 것이 좋다. 아쉽게도 몬스테라 역시 반려동물에게 해로운 성분(옥살산칼슘)을 가지고 있다고 하니 동물이 있는 집이라면 주의를 기울일 필요가 있다.

이 외에도 벤젠이나 포름알데히드 등의 인체에 유해한 성분을 제거해주는 고무나무, 암모니아 성분을 제거하는 데 탁월한 능력을 보이는 관음죽, 페인트나 니스 등의 유독가스 정화에 특화된 테이블 야자, 가습 효과와 전자파 흡수 능력을 가진 금전수 등 다양한

식물들을 만나볼 수 있다. 이렇게 식물을 키우다 보면 뭔가 실용적인 식물도 키울 수 있을 것 같은 용기가 샘솟는다. 요리로 곁들여 먹기 좋은 식물들을 위주로 키워보는 건 어떨까.

바질이나 루꼴라 등 식재료로 사용할 수 있는 허브 식물들은 자라고 있는 줄기를 분양해도 쑥쑥 자라고, 아예 씨앗을 사서 화분에 바로 심어도 볕을 잘 쬐어주면 귀여운 잎을 금방 키울 수 있다. 바질 중에서도 우리가 식재료로 사용하는 바질은 스위트 바질Sweet Basil 이다. 스위트 바질은 화분에 바로 심으면 3~4일 정도 시간이 걸리므로 물에 적신 휴지에 씨앗을 올려 발아를 먼저 시키고 화분에 옮겨 심는 방식으로 재배를 시작하면 좋다. 하루가 다르게 쑥쑥 자라나 키우는 내내 성취감과 기대감을 한 번에 맛볼 수 있다. 바질은 꺾꽂이로 개체수를 늘리기 좋은 식물이다. 새순이 올라오는 줄기가 손가락 3~4마디 정도 자라면 잘라서 물에 며칠 꽂아두면 잔뿌리가 생겨난다. 이걸 소중히 화분으로 다시 옮겨 심고 고운 흙으로 덮어주면 바질 개체 수 늘리기 성공! 꺾꽂이 후에는 바로 햇빛에 놓아두기보다 반그늘에서 2~3일 정도 놔두어 물을 충분히 흡수할 수 있게 도와주면 잘 자란다.

꼭 보기 좋은 식물을 길러야 하는 것이 아니라면 파를 한번 길러보는 것도 좋겠다. 우선 시장에 가서 흙을 많이 털어내지 않은 싱싱한 대파를 구한 다음, 아래 하얀 뿌리 부분들만 잘 잘라서 화분에 심는다. 배양토와 마사토를 적당히 섞어 사용하면 물 빠짐이 좋은 화분을 만들 수 있고, 그 위에 파 뿌리를 손가락 한마디 정도 깊이로 심어준다. 흙을 너무 단단하게 눌러주면 뿌리가 파고들 때 너무 힘드니까 살짝 고정될 정도로만 자리를 잡아주자. 물을 흠뻑 준 다음 볕이 잘 드는 데 놓아두면 채 하루가 지나기 전에 몸통을 밀어 올리는 파를 볼 수 있다. 4~5일이 지나면 첫 수확이 가능하다. 위로 숭숭 자라난 파는 가위로 잘라 잘 손질해서 필요한 용도에 맞게 사용하면 된다. 뿌리 쪽이 영양분을 뺏기고 말라가기 때문에 2~3번 정도 수확을 하고 나면 새로운 파뿌리로 바꾼다.

마음을 풍요롭게 만드는 선물, 반려동물

내가 만난 비혼인 중 많은 이들이 반려동물에 관심을 보였다. 반려동물을 긍정적으로 생각하게 되는 데에는 아무래도 마음의 안식처를 갖고 싶다는 생각과 인간관계에서는 느끼기 어려운 반려동물의 사랑과 지지, 충성 등에 대한 욕구가 작용한다. 보편적으로 알려져 있듯 반려동물을 키우면 현대인의 감기와도 같다는 우울감이나 무력감, 스트레스, 외로움 등이 확실히 감소된다. 그리고 일단 반려동물들은 귀엽다. 일상에 지친 사람의 마음을 무장해제시킨다. 대중적으로 반려동물의 절대 다수를 차지하는 강아지와 고양이 외에도 토끼, 기니피그, 앵무새, 뱀, 이구아나, 햄스터, 고슴도치, 거북이 등 요즘에는 키울 수 있는 동물의 종류도 많고 정보를 교류할 수 있는 곳도 금방 쉽게 찾을 수 있다.

반려동물을 키우는 비혼인들은 입을 모아 반려동물을 키우기 전 정말 자신이 반려동물과 함께 살 수 있는 사람인지 점검을 먼저 해보라고 권한다. 반려동물과 함께하는 삶에는 마음가짐부터 물리적인 조건까지 준비해야 할 것들이 있다고 이야기한다. 어떤 종류의 동물이든 정기 건강검진이 필요하고 각 동물의 특성에 맞는 놀이공간을 조성해줄 수 있는 충분한 공간이 확보되어야 한다. 그리고 교감과 공생을 위한 여정을 시작하는 것인 만큼 주인은 반려동물에게 쓸 수 있는 시간을 확보해야 한다. 그렇지 않으면 반려동물에게 쉽게 생길 수 있는 분리불안 등의 문제에 민감하게 반응할 수 없다. 말을 하지 못하는 반려동물이 아플 때 즉각적으로 조치를 하기 위한 시간의 유동성이나 금전적 여유도 있어야 한다. 동물들은 사전에 의사표현을 할 수 없어 주인이 눈치 챌 정도로 증상이나 이상 현상이 크게 보이면 빠른 시간 내에 치료를 위해 병원을 방문해야 한다. 안타깝게도 동물병원의 모든 진료는 비보험이다. 때문에 제대로 된 치료를 위해서는 적게는 30만 원에서 많게는 수백만 원까지 비용이 발생한다. 이런 점이 부담된다면 자칫 나의 삶을 풍족하게 하려고 함께하는 반려동물을 괴롭히게 되어버릴 수도 있다. 내가 함께하기로 결정한 생명에 대해 지속적으로 책임져야 하는 것은 당연하다.

반려동물 하면 가장 친숙하게 떠올리는 건 강아지다. 문을 열고 나설 때 잘 다녀오라고 인사해주고, 집에 돌아왔을 때 꼬리를 흔들며 누구보다 나를 반기는 친구가 생긴다는 건 상상만으로도 즐겁다. 강아지를 키울 때는 하루에 적어도 30분 이상, 일주일에 최소 4일 이상 반려견을 산책 시켜줄 수 있는지를 먼저 체크해보자. 산책을 할 때는 인내심과 느긋함을 꼭 챙겨야 한다. 주인이 걷는 대로가 아니라 강아지의 사회생활인 냄새 맡기를 충분히 보장해주고, 보다 넓은 장소에서 안전하게 뛰어놀 수 있도록 배려해주면 좋다. 혹시 자신이 키우는 강아지가 실내 배변을 하지 않는 경우라면 하루에도 몇 번씩 강아지의 배변을 위해 밖으로 나가야 할 수도 있다. 어쨌거나 많은 사례를 통해 강아지들은 주인이 목줄을 집어 들기만 해도 문 앞에서 꼬리를 흔들고 신나 한다는 사실을 쉽게 알 수 있다. 이런 반려견의 활동성을 보장해줄 수 있는 시간적 여유가 주인에게 꼭 필요하다. 또 강아지는 견종별로 각기 다른 성격과 특징을 지니고 있기 때문에 이에 따른 단점들을 각기 알고 있는 꼼꼼함이 필요하다. 그래야 내가 키우는 반려견에게 조금 더 맞춤형 케어를 해줄 수 있다. 강아지는 오랫동안 주인과 떨어져 있는 것이 반복되면 분리불안이 생긴다. 분리불안이 생긴 강아지는 아주 시끄럽게 하울링(울부짖으며 소리 내는 행동)을 하기도 한다. 대부분의 강아지들은 인간에 빗대어 평균 지능 2세 정도라고 생각하면 알맞다. 때문에 의도하지 않은 실수 아닌 실수를 자주 한다. 주인이 늦게 귀가하거나 하면 온 집안을 누비며 하지 않던 행동들(쓰레기통을 뒤엎는다

거나, 벽지, 장판을 뜯어내거나, 가구를 다 갉아 놓는 등의 일)을 하기도 한다. 이런 어려움이 있지만, 평생 자라지 않는 0~5세의 아이를 사랑하며 키워낼 마음가짐이 있다면 얼마든지 강아지를 반려동물로 맞이할 수 있다.

2019년, "나만 없어 고양이"라는 말이 급격하게 유행을 탔다. 급기야 고양이가 주인공인 영화가 만들어지고 〈나만 없어 고양이〉라는 노래까지 나왔다. 그만큼 고양이는 이제 보편적인 반려동물로 자리매김했다. 고양이는 털이 엄청나게 많이 빠진다. 단모종이라고 예외는 없다. 집밥에서 털 몇 가닥쯤 나와도 넘어갈 쿨함과 털을 뒤집어쓰고 다니거나 바닥에 모래가 굴러다녀도 그러려니 할수 있는 약간은 해탈한 위생 관념이 아니라면 되레 고양이 덕에 주인이 스트레스를 받기도 한다. 온몸을 핥아먹는 고양이의 습성을 위해서라도 매우 부지런히 청소를 해야 할 수도 있다. 고양이를 키우는 주인들은 보통 '집사'라는 호칭으로 자신들을 묘사하는데 이는 손이 한 번이라도 더 가는 고양이의 특성 탓이다. 고양이들은 영역동물이기에 밖으로 산책을 나가지 않지만 집의 모든 공간이 자신의 영역이다. 즉 집안의 모든 가구와 공간이 놀이터가 된다. 또 엄청난 호기심을 가지고 있기 때문에 피규어, 캔들, 화병 등이 높은 곳에서 떨어지면 어떻게 될까 매일 궁금해한다. 톡 치면 툭 떨어져버리는 물건들은 자칫 고양이나 주인의 생명을 위협하는 순간들을 만들어내곤 한다. 이런 부분들을 해소시켜주려면 집안 곳곳 스크레처나 캣타워 등 고양이가 좋아하는 장소들을 만들어주고 적정량의 일조권과 충분한 수직 공간을 확보해주어야 한다. 이런 환경이 충분히 마련되지 않으면 집안의 소파, 식탁, 침대, 옷가지들이 이 역할을 대신하게 된다. 또 고양이들은 방광질환에 쉽게 노출된다. 자연 생식에 비해 10%의 수분밖에 담겨 있지 않은 건사료를 급식하는 고양이라면 충분히 급수할 수 있는 환경을 보장해주는 것 또한 꼭 신경 써야 한다. 강아지와 마찬가지로 고양이도 주인과 너무 오래 떨어져 방치되면 분리불안이 생겨날 수 있다. 그러므로 집에 며칠씩 두고 여행을 다녀온다든가 하는 것은 삼간다. 당신이 밖에 나가서 활동을 많이 하지 않는 성향이라면 반려묘에게 안성맞춤인 집사가 될 수 있다.

이 외에 다른 동물들도 각각의 동물이 가지고 있는 고유의 특성들이 있다. 내가 반려동물로 특정 동물을 키우려고 마음먹었다면 여러 날에 걸쳐 각각의 특징들을 잘 알아보고 결정하는 것이 좋다. 그렇지 않으면 상상치 못한 활동력으로 온 집안을 스크레처로 활용하는 토끼를 보며 당황해하거나, 진료하는 병원이 드물어 발을 동동 구르며 앵무새가 담긴 케이지를 들고 이곳저곳 헤매야 할 수도 있다. 당신이 삶의 한 켠을 반려동물에게 내어주었다는 것은 평생을 오롯이 나만 보고 살게 되는 동물들의 입장을 이해하고 이런 어려운 난관들을 이겨낸 멋진 사람이라는 증거다.

나를 한번 키워볼까?

식물이나 동물을 키우는 것은 정말 멋진 일이다. 그리고 이런 키움의 즐거움을 느끼려면 사실 가장 먼저 내가 나를 키우는 연습을 해야 한다. 성인이 되어버린 나의 이성적인 생각 말고, 내 안의 내면에서 정말 하고 싶은 이야기가 무엇인지 체크해보면 분명 잘 알지 못했던 사실들을 깨달을 수 있다. 현대 사회에서 우리는 너무 빠르게 어른이 될 것을 요구받고, 그 안에서 성숙한 사람이 될 것을 강요당한다. 때문에 나 스스로에게 솔직해지는 것을 어색해하는 사람이 많다. 쉬고 싶은데 뭔가 하지 않으면 쓸모없는 사람이 되는 기분을 느낀다거나, 놀고 싶은데 타인에게 뒤처지는 감정이 들어 스스로를 한심하게 느끼는 순간들. 이런 순간을 마주한 적이 있다면 스스로를 책망하고 극한의 한계까지 몰아붙이는 감정이 무엇인지 알 것이다.

3

새로 배우기
좋은 나이

나의 기능적 측면을 확장하는 배우는 즐거움도 있다. 한국 사회에서 초중고 12년, 대학교 2~6년 도합 14여 년을 살아온 우리는 사실 '배움'이라는 단어가 즐겁지 않다. 우리에게 배움은 곧 학업이었다. 답은 항상 정해져 있고, 시간 내에 선택하지 않으면 마치 인생이 끝나버릴 것 같은 걱정과 압박이 전제 조건인 배움은 즐겁기 어렵다. 배움에 대해 사전적 정의를 찾아보면 새로운 지식이나 교양을 얻는다는 뜻 외에도 다른 뜻이 있다. '배우다'는 새로운 기술을 익히고 경험하여 알고, 남의 행동이나 태도를 본받아 따르는 것까지 포괄적으로 아우른다. 성인이 되고 나서 무언가를 배운다는 사실이 사람을 설레게 한다는 걸 깨달았다. 언어, 기술, 운동, 공예, 학문 등 배움이라는 건 보통 실질적으로 내 손에 잡히지 않는 것을 습득하는 것, 내가 갖지 못한 능력치를 향상시키는 것을 의미한다. 기본적으로 시간을 투자할 의지와 몰입하는 집중력을 필요로 한다.

말콤 글래드웰은 자신의 저서 『아웃라이어』에서 어떤 분야의 전문가가 되려면 최소한 1만 시간 정도의 훈련이 필요하다고 했다. '1만 시간의 법칙'에서 1만 시간이란 하루 3시간, 1주일에 20시간씩 10년 또는 하루 6시간씩 5년의 시간을 말한다. 이 계산법에 따르면 우리가 하루에 1시간씩 시간을 쏟아붓는 취미가 생기고 그 1시간을 즐겁게 보내는 시간이 30년 이상 지나면 더 이상 그 취미는 취미가 아니게 된다. 취미로 시작했던 일의 전문가가 되는 건 짜릿하다. 100세는 거뜬히 사는 세상에서 비혼으로 혼자 살아가기 위해 나만의 두 번째 전문 영역을 만드는 건 굉장한 메리트다. 내가 좋아하는 취미를 갖고, 푹 빠져들어 스킬을 얻고, 그 취미를 통해 성취와 자신감을 고양하는 경험은 새로운 자극을 가져오는 멋진 일이다.

어렸을 때는 무얼 하든 어떤 것을 이뤄내든 '와, 내가 이걸 해냈어!'보다 '다행이다'라는 감정을 더 많이 느꼈다. 그래서 새로 배우는 모든 것이 부담이었다. 배우는 대상에 온전히 집중하지 못하고 자꾸 그 배움을 통한 다음 단계에 대해 생각했다. 그렇게 흐르던 생각의 끝에는 '이걸 제대로 해내지 못하면 나는 실패하는 거야', '남들은 다 하는데 이걸 못하는 나는 바보야' 하는 자책이 있었다. 그땐 괜찮았다. 성공한 사람들은 아직 나보다 나이가 한참 많거나, 경험이 훨씬 많은 사람들이었으니. 어느 날 문득 주위를 둘러보는데

Fun _____

점점 또래의 사람들이 내가 관심 있던 분야에서 각광을 받기 시작했다. 미디어에 비친 타인의 단면들을 나의 삶과 비교하는 과정은 유쾌하지만은 않았다. 거기에 그들의 성공이나 번영을 온전히 축하하거나 인정해주지 못하고 시기하는 모습에 스스로가 더욱 초라하게 느껴지면서 괴로웠다. 문득 그들과 나는 무엇이 다르지? 하는 생각이 들었다. 답은 의외로 간단했다. 순간순간에 집중해서 무언가 배워나가는 습득의 과정 자체를 즐기던 사람들이 시대적 시류와 만나 반짝하고 빛이 나는 것이었다. 그걸 깨닫자 거짓말처럼 모든 배움이 즐거워졌다.

배움은 별 게 아니다. 우리가 익숙하게 당연히 하고 있던 활동에 대해 지식을 조금 얹는 것도 배움이다. 예를 들어 영화를 그냥 재미로 보는 것도 즐겁지만, 관람 전 영화에 표현된 촬영기법이나 특이한 장치들을 미리 알아보거나 감독의 서사, 배우들 간의 관계, 시나리오의 맥락과 배경 등을 미리 조사하고 작품을 감상하면 훨씬 깊은 재미를 느낄 수 있다. 미술관에서 전시를 관람하거나 콘서트홀에서 음악회를 관람할 때도 마찬가지다. 스포츠 분야도 물론이다. 스포츠 중계 하나를 보더라도 각 종목별 패턴이나 게임, 리그의 특성 혹은 선수 개개인의 스토리를 알고 즐기면 진정한 재미를 느낄 수 있다.

융합적인 형태의 배움도 재미있다. 지식을 더해가는 것에서 더 나아가 직접 참여해보는 형태다. 요즘에는 어플이나 SNS 등을 통해 손쉽게 다양한 원데이 클래스를 접할 수 있다. 미술사를 섭렵하는 것을 넘어서 직접 내가 붓과 펜을 잡고 그림을 그려보고, 음악을 귀로 듣는 데서 그치지 않고 직접 손으로 악기를 만져보는 배움, 화면이나 현장에서 관객으로 참여하는 스포츠가 아니라 직접 뛰어들어 필드 위에서 공을 던지고 몸을 날리는 경험을 하는 배움은 오감을 자극한다. 와인을 맛보는 법을 배우거나 도자기를 구워보고, 서핑이나 다이빙 등에 도전해보는 기회를 가질 수도 있다. 눈으로만 보거나 귀로만 듣는 수동적인 형태가 아니라 직접 참여해서 체감하는 방식이라는 점에서 특별하다. 이렇게 취미로 시작한 배움으로부터 전문성을 쌓아 인생의 전환점을 찾는 사람들도 많다. 그리고 그게 당신일 수도 있다.

이런 시작을 망설이게 하는 요소가 있다. 바로 '잘할 수 있을까?' 하는 두려움이다. 답부터 말하면 잘하지 못해도 괜찮다. 이제껏 우리는 무언가 배울 때 그 결과를 성적이나 결과로 증명했어야 했다. 때문에 '잘해내야 한다'는 생각을 넘어 '잘하지 않으면 안 된다'는 강박을 갖곤 한다. 하지만 진짜 배움은 나 스스로를 단단하게 채워 나가고 탄탄하게 만드는 과정이다. 잘 모르던 분야에 대해 눈을 뜨고, 익숙하지 않은 동작이나 프로세스와 친해지는 것. 그 속에서 느껴지는 만족감 자체가 우리 삶의 지층을 한 층 쌓아올린다.

어떤 취미들을 배워보면 좋을까. 악기 하나쯤은 어떤가. 가령 우리가 가장 친숙하게 접할 수 있는 보편적인 악기인 피아노. 어릴

때 누구나 한 번쯤은 다 눌러보았던 88개의 건반, 그 옆에 수첩을 펴놓고 동그라미를 하나씩 지우며 달걀 모양으로 구부려 꼼지락거리던 손가락의 감촉이 기억나지 않는가?

뭔가 활동적인 운동을 해보고 싶다면 얼티밋 프리스비를 추천한다. 쉽게 말하면 원반을 던지고 받는 게임이다. 생각보다 규칙이 간단하면서도 몸을 움직이는 활동량이 커서 만족도가 높다. 장소적 제약에 가로막혀서 하지 못했던 야외 스포츠와 달리 많은 기술 없이도 쉽게 즐길 수 있다.

이것저것 만드는 걸 좋아한다면 가죽공예나 목공예를 배워보는 건 어떨까. 짧게 2~3시간 동안 작은 카드지갑이나 코스터 등을 만드는 체험을 할 수 있는 프로그램이 요즘에는 아주 잘 되어 있다. 그 시간을 통해 몰입하는 경험을 해보기를 추천한다.

언어를 배워보는 일도 즐겁다. 공교육을 통해 기본적으로 영어를 많이 접하면서 살았지만, 눈으로 읽고 귀로 듣는 것만큼 말하기를 잘 하는 사람들은 드물다. 다른 나라의 언어를 할 줄 알면 원하는 순간에 더 방대한 지식을 더 수월하게 얻어낼 수 있다. 언어는 자신이 가진 인프라의 확장과 직결되는 능력이다. 아는 만큼 세상을 이해할 수 있듯, 언어는 우리의 시야를 넓혀 더 많은 세상을 이해하고 살아갈 수 있게 해준다.

요즘과 같이 뉴미디어가 각광받는 시대에는 영상 편집 기술을 배워도 좋다. 예전에는 전문가들의 영역이었지만, 요즘에는 태블릿PC나 스마트폰 등으로 손쉽게 영상이나 사진을 찍은 그 자리에서 바로 결과물을 만들어낼 수 있다. 조금만 품을 들이면 수십, 수백을 주고 전문가에게 맡긴 영상보다 감각적이고 센스 있는 영상을 돈 한 푼 들이지 않고 내 손으로 만들 수 있다. 영상을 만드는 일에 익숙해지면 1인 방송을 시작해보는 것도 좋다. 1인 방송은 돈을 벌 목적의 직업이 아니더라도 내 삶을 영상으로 기록하고 순간을 기억할 수 있게 하는 목적으로도 탁월한 저장소가 된다.

춤을 배워보는 건 어떨까. 생각하는 것을 몸으로 표현할 수 있다는 점에서 춤은 참 매력 있는 예술이다. 주변에 생각보다 쉽게 접할 수 있는 클래스가 많다. 몸을 움직이는 데서 오는 집중력과 그 흥겨운 감정은 높은 수준의 성취감을 가져다준다. 많은 사람들이 직접 춤을 배우고 싶어 하지만 뭔가 뚝딱거릴 자신의 모습에 겁을 내 시작하지 못하기도 하는데 생각보다 박자에 맞춰 몸을 움직이는 순간의 짜릿함은 오랫동안 뇌를 자극한다.

조금 더 실용적인 배움에 관심이 간다면? 비혼을 선택하면서 재테크나 경제력에 대한 관심도 무척이나 많아졌다. 아플 때 내 한 몸 편히 뉘일 곳이 필요하고, 배고플 때 내가 먹고 싶은 것을 맛있게 먹을 수 있으려면 능력이 필요하니까. 주식의 차트를 공부하고 재무제표와 기업분석에 대해 배워보자. 혹은 나의 안정적인 주거환경을 마련하기 위해 부동산에 대해 공부하고, 공격적으로 투자를 위한 경매 등을 배워봐도 좋다. 이런 것들이 다 머리 아프다면 매일 아침 경제뉴스 한 꼭지를 찬찬히 읽어보는 것으로 경제관념을 익혀보자.

살면서 알아두면 지출을 막을 수 있는 기술들이 있다. 집수리 기술 및 다양한 공구 사용법 같은 거. 문 손잡이를 갈다가 기존 손잡이의 나사못이 마모되어 빠지지 않거나, 콘크리트 벽에 선반이나 거울 등을 달려고 못을 박았는데 지지받는 힘이 없어 못이 빠져버리는 황당한 순간을 만나는 건 예삿일이다. 전자의 경우 히다리탭이나 역탭을 사용하면 쉽게 문제를 해결할 수 있지만 공구함 뚜껑도 한 번 열어보지 않은 사람들은 우선 생소한 이름 앞에 당황한다. 후자의 경우는 쉽게 앙카? 하고 떠올리는 사람들이 생각보다 많을 수 있겠지만 앙카는 석고벽에 사용하는 도구이고 콘크리트 벽에는 칼브럭을 이용해 앙카를 사용한 것과 동일한 효과를 낼 수 있다. 이런 간단한 지식을 습득하는 것만으로도 생존에 유용한 스킬을 얻을 수 있다. 하나도 모르겠다고? 익숙하지 않은 것을 배우는 즐거움은 그 모르는 상태에서 시작된다.

무엇이 되었든 어떤 것을 배우는 데는 이미 늦었다고 생각하는 지금이 적기다. 나이가 한 살씩 더 들어가면서는 점점 더 가진 게 많아지고, 또 새로운 것에 시간을 투자하기엔 확보된 안정들을 조금씩 내려놓아야 하는 순간도 많아진다. 더 늦기 전에 학창시절 속 '학습'이라는 단어가 주는 주입식 교육의 이미지를 벗어던지자. 모든 종류의 앎은 내 삶을 향상시킨다. 영국 소설가로 시, 희곡, 소설 등의 많은 작품을 남기고 1950년대 '앵그리 영맨'을 대표하는 작가 도리스 레싱Doris Lessing은 이야기한다. "여기 배움이라는 것이 있습니다. 당신은 불현듯 당신이 자신의 삶을 이해했다는 것을 이해하게 되죠. 하지만 새로운 방식으로요"라고. 새로운 배움은 나만의 유토피아를 건설하기 위해 숨겨진 보물을 찾아내는 과정이다. 경험의 구슬이라는 보물을 한 조각 찾아낼 때마다 채워지는 즐거움의 에너지가 쌓이면 내 삶에 멋진 여정이 펼쳐진다.

4

Let me make something

배워서 머리로 알고 몸으로 익혔다면 그 결실을 손에 쥐어보는 즐거움을 느껴볼 차례다. 좁은 의미로 직접 물건을 만드는 DIY do-it-yourself 부터 기획의 과정을 거쳐 무형의 아이디어를 만드는 일, 집단이나 관계를 맺기 위한 커다란 울타리를 만드는 일 등 창조적인 활동은 생동감을 넘치게 한다. 일단 만드는 일은 성취감과 긴밀하게 상호작용한다.

앞장에서 말한 배우는 일 중에는 자연스럽게 무언가를 만드는 결실로 이어지는 행위들이 있다. 가장 손쉽고 빠르게 성취를 느낄 수 있는 만들기로 요리가 있다. 요리는 순간의 결실을 바로 눈앞에서 확인할 수 있다. 그리고 완성된 결과물이 인간의 기본 욕구인 식욕, 수면욕, 배설욕 중 하나를 충족시킨다. 선호하는 재료를 고르고,

재료의 양을 가늠하고, 내 입맛에 맞게 간을 맞추고, 불의 세기를 조절하다 보면 몰랐던 것들을 알아가는 재미까지 곁다리로 늘어난다. '파스타를 만들 때는 버진 올리브유를 사용해야 한다'거나 '달콤한 양념장을 만들 땐 올리고당과 매실청이 들어가면 풍미가 올라간다' 등의 팁들이 머릿속에 차곡차곡 쌓이면 누구나 요리 고수가 될 수 있다.

비혼을 선택하고 1인 가구가 되면서 생각보다 음식을 사 먹거나 대충 호로록 때워버리는 경우가 많아졌다. 이유는 다양하다. '혼자 먹는데 뭐 그렇게까지' 하는 마음 때문이기도 하고, 작은 공간 안에서 무언가를 만드는 게 번거롭게 느껴지기도 한다. 하지만 무언가를 만든다는 것은 특별하다. 신선한 재료를 공수해 투닥투닥 만들어 제대로 플레이팅을 하고 상 위에 식기를 세팅하고 앉아 수저를 드는 그 순간을 상상해보자. 대접받는 기분과 사람 사는 여유가 느껴진다.

손재주가 좋다면 도기를 굽거나 가죽으로 벨트, 가방 등을 직접 만들어서 사용해보자. 언젠가는 목공예를 배워 집안에서 쓰는 가구를 내 손으로 만들어보고 싶다. 엄청 거창해보이지만 두세 시간 만에 뚝딱 만들어 집으로 들고 올 수 있는 패키지 프로그램을 운영하는 공방들도 의외로 곳곳에 많다.

좀 더 생산적인 만들기는 없을까? 한창 무언가를 좋아하는 '덕질 인생'에 빠져본 적이 있는가. 옛날 옛적 드림위버나 자바스크립

트를 만지작거리며 홈페이지를 만들었던 경험들을 의외로 많은 사람이 가지고 있다. 커뮤니티에 HTML 명령어를 써가며 나만의 태그를 만들어 올리는 것도 유행이었다. 요즘은 초등학교에서 코딩을 배운다. '코딩'이라는 단어 자체에 대한 낯섦과 두려움 때문에 거리감이 느껴지지만, 코딩은 우리 생활 전반에 포진해 있다. 거창한 프로그램을 만들거나 당장 무슨 앱을 개발해야 한다고 하면 부담감이 호기심을 압도하면서 재미없는 일이 되어버린다. 간단하게는 블로그를 운영하며 태그를 얹는 것부터 내가 살아가는 모습을 전시할 수 있는 홈페이지를 만들어보는 것부터 살살 시작해보는 게 좋다. 어떻게 시작해야 할지 모르겠다면 유튜브에 생활코딩에 관련된 영상들을 찾아보자. 세상엔 친절하게도 자신의 지식을 나눠주는 사람들이 많다. 우선 맛보기로 코딩에 대한 접근성을 높이고 지속해서 어떤 걸 만들 수 있을지는 그때 가서 생각해봐도 늦지 않다.

자신이 악기를 다룰 줄 알거나 춤을 출 수 있다면 유형의 자산을 넘어 시공간을 만드는 쾌감을 느껴보는 것도 짜릿하다. 무대에 올라서 느끼는 전율은 말로 아무리 설명해도 한 번 느껴보는 것을 뛰어넘지 못한다. 이런 즐거움을 누리려면 약간의 용기가 필요하다. 공연을 기획하고 장소를 대관하고 관객들을 모아 무대를 만드는 그 과정을 거치는 게 쉽지는 않지만 하려고 하면 못할 일도 아니다. 의외로 공연장은 많고 가까운 생활권에서 문화공연을 찾는 사람도 많다. 오프라인에서 공연을 만드는 것이 부담스럽다면 온라인으로 나서는 것도 좋은 방법이다. 디지털 시대가 되면서 예술의 범주는 훨씬 더 넓고 깊게 확장될 수 있다. 표현할 수 있는 장이 어디가 되었든 나 혼자 표현해내던 가치를 벗어나 스케일 크게 놀아보자.

사람은 이렇게 물리적으로 무언가를 만들어내면서 실존을 느낀다. 새로운 체험을 하면서 늘어가는 상상력과 창의력은 삶을 윤택하게 하는 조미료다. 실제로 어떤 '상태'의 발현은 스스로에 대한 믿음이 된다. 일단 자기 스스로를 표현해내면 뿌듯해진다. 스스로에게든 타인에게든 자기 자신의 유능을 인정받는 과정은 정서적 안정에 도움이 된다. 꼭 이렇게 답이 딱 떨어지는 경험 외에도 우리가 만들 수 있는 것들이 있다. 바로 인식에 대한 프레임이다. 사람은 자신이 태어난 순간 사회가 규정해둔 틀 안에서 눈을 뜬다. 대부분은 '원래 그렇다'라는 무형의 범주 속에서 허락된 변화를 추구하고 허가된 관점으로 생각한다. 어떤 규칙이나 룰 안에서 그에 맞는 결과물을 만드는 것도 의미가 있지만, 때로는 그 규칙 자체를 내가 만들어보는 경험이 무엇보다 중요하다.

병원놀이를 하고 싶어 인형의 옆구리를 뜯었다 꿰맸다 하고, 레고 한 박스를 미처 채 완성하기 전에 다른 레고 세트랑 한 박스 안에 섞어서 설명서에 없는 건축물을 만들어내는 재미를 느껴본 적이 있는가? 이렇게 틀과 프레임을 깨는 일은 왠지 모르게 재미가 있고 카타르시스가 있다. 창조적 상상은 클래식 음악사에서 현대음악이라고 불리는 화성파괴 음악을 만들어냈고, '이게 될까?' 하는 용기는 이 세상의 모든 새로운 문법들을 만들어냈다. 철학, 과학, 의학, 법학 등 대부분의 학문은 어떤 무질서 속에서 '이건 필요하지 않나?' 하는 질문으로부터 시작되었다. 이렇게 전통, 관습, 문화, 법, 제도 등 이미 있어왔고 당연히 그러해야 했던 무형적 환경요소들도 생각해보면 누군가의 아이디어였고 사람들이 합의하에 만들어낸 결실이었다.

비혼인들은 이미 모두가 한 번씩 이런 고착화된 프레임에서 벗어나는 자유를 느껴봤다. 세상 모두가 당연히 해야 한다고 강요하는 정해진 인생의 경로를 벗어나 온전히 홀로 서기 위해 많은 노력들을 했을 터다. 새롭게 만들어가는 길 위에서 어디로 향할지 좌표를 찍고 움직이는 당신은 이미 자신의 삶의 경로를 멋지게 만들고 있다. 자기만의 내적 동기를 가지고 확신을 가진 자기 선택을 통해 방향성을 구체화하는 경험을 해본 사람들은 중독된 듯 계속 어떤 결과물을 만들어낸다.

내 삶을 지휘하는 지휘자가 되어 내가 원하는 나의 모습을 만들어내려면 우선적으로 '나'를 잘 만드는 것부터 시작해야 할 수도 있다. 내가 무엇을 선호하는지 고민하는 시간을 꼭 가져보자. 어떤 것들을 좋아하는지 알아보기 위해 찬찬히 생각을 곱씹어보는 것도 중요하다. 잠시 주춤하고 고민하는 시간들은 결코 시간 낭비가 아니다. 방향성을 잃지 않고 나아가기 위해서 필요한 필수과정이다.

이런 과정을 거쳐 비혼공동체를 만들었다. 바로 지금 나와 같은 사람들이 모여 시너지를 낼 수 있는 지지기반이 필요하다고 느꼈다. 흩어져 있으면 각기 개별로 존재했어야 하는 사람들이 공동체라는 이름으로 모여 조금 더 단단하게 결속을 가질 수 있게 하기 위해 시스템을 만들고 프로그램을 기획했다. 회원들이 매우 긴밀한 연결고리를 갖고 모든 일에 항상 언제나 함께하는 건 아니지만 하나의 이름을 테두리로 언제든 커넥팅할 수 있다는 그 확신은 비혼을 결심하고 주변 세상과 왠지 동떨어져 나만 별난 것 같았던 일상을 평온하게 돌려놨다. 이런 울타리를 만들고 싶다는 결심을 하기까지 많은 걱정이 있었는데 막상 부딪혀서 만들고 나니 속이 후련했다.

누구나 어떤 사회적인 틀과 규정, 그리고 만들어진 인식 가운데 태어난다. 때문에 나를 둘러싼 공기와도 같은 테두리가 사실은 어떤 이나 집단의 사고와 질문에 의해 형성된 것이라는 점을 인지하기 힘들다. 관건은 우리 스스로가 얼마나 객관화해서 현실을 보고, '원래 그랬던 것'에서 벗어나 멋진 삶의 요소들을 하나씩 만들어갈 수 있느냐다. 그게 무엇이든 직접 참여하고 시도하여 결실을 맺는 경험을 꼭 해보기를 바란다.

5

Hi Hello Hola
こんにちは 你好 안녕

인간 사회에서 타인과 관계 맺지 않고 살아간다는 것은 불가능하다. 문명화된 사회는 너무도 복잡하다. 아무리 혼자가 편해도, 그것이 곧 완전한 혼자가 편하다는 의미는 아니다. 비혼인들이 선택한 삶은 독립적으로 살겠다는 뜻이지 모든 관계를 끊어내고 혼자 고립되겠다는 선언이 아니다. 비혼인들은 대부분 1인 가구의 형태로 살아가겠지만, 그 형태가 곧 삶의 전반을 꼭 혼자 살아내야 한다는 것을 뜻하지는 않는다.

비혼에 대한 관심과 비혼의 삶에 대한 긍정적인 면이 세상에 부각되면서 "나 비혼이야"라고 말하는 사람들이 늘어났다. 그러면서 자연스럽게 비혼 가구의 집합체에 관심을 갖는 사람들도 많아졌다. 사실 비혼인들의 모임도 크게 일반적인 사교 모임들과 다를 바 없다. 우리는 반찬을 같이 만들고 나누며, 집수리가 필요할 때 서로 품 앗이를 하며 시간을 보낸다. 트랙을 같이 달리는 친구와 매일 얼굴을 보고, 특별한 날을 함께 기념하며 지난날을 추억하는 사이. 그런 일상을 함께할 수 있는 관계가 비혼인에게도 필요하다. 인간은 사회적 동물이다. 이렇게 사람들 속에서 서로 부대끼고 시공간을 공유하며 살아가는 건 당연하다. 무언가를 배울 때 '함께' 배우고, 무언가를 만들 때 '같이' 만들고, 그 결실을 '우리끼리' 나누는 과정에서 사회적 에너지가 생성된다.

독립적인 인간이 되라거나 의존하지 말고 살아가라거나 하는 조언들과 상반되게도 사람에겐 정서적 지지기반이 필요하다. 돌이켜보면 온전히 '내 편'이 되어줄 수 있는 타인이 한 명만 있어도 개인의 삶은 매우 안정된다. 어린 시절 친척집에 놀러가 한창 재미있게 놀다가 사촌동생과 눈이 마주치면 둘이 쪼르르 엄마와 이모에게 달려가 물었다. '우리 집에 언제 가?' 떨어지기 싫고 헤어지기 싫은 그 순간, 두 아이는 앞으로 얼마나 더 이렇게 재미있는 상태로 함께할 수 있는지 궁금해했다. 별 거 아닌 것 같지만 함께하고 싶다는 감정을 느끼게 하는 대상이 있는가 없는가에 따라 인생의 안정감이 달라진다.

그런데 사회는 여태 이러한 안정감을, 그러니까 불가분 절대적인 대상하고만 느껴야 한다고, 그리고 그게 당연한 이치라고 가르쳤다. 자연히 우리는 짧게 20~30년, 길게는 40~50년 또는 그 이상을 '1:1의 관계'를 맺지 않으면 안 되는 줄 알고 살아왔다. 비혼을 택하고 사람들을 만나는 범주가 더 다양하게 늘어나면서 사회적으로 학습했던 관계에 대한 고정관념들이 많이 깨졌다. 우리는 결혼이라는 형태로 결합하지 않아도 괜찮은 관계들을 얼마든지 맺을 수 있다. 여태 당연하다고 생각했던 생각의 프레임을 깨고 나오면 더 재밌고 신나는 경험들을 할 수 있다.

비혼을 선택하면 좀 더 유연하고 신축성 있는 인간관계를 지향하게 된다. 타인에게 굉장히 의존적이었던 사람도 타인보다 나에 온전히 집중하는 것에 익숙해진다. 혼자이고 싶을 때 얼마든지 혼자일 수 있게 되면, 신기하게 어떤 사람과 만나도 그 관계가 단단해진다. 이렇게 흩어져 있는 사람들이 편하게 함께하고 보다 더 생산적 관계로 자리 잡았으면 좋겠다는 생각에 비혼공동체를 운영한다. 그 안에서 만나는 '우리'는 혈연, 지연, 학연이 전혀 이어져 있지 않는데도 함께하고 싶을 때 언제든 부를 수 있는 친구로 만난다. 비혼인들의 사회적 관계망이 형성되는 것이다. 비혼을 선언하면 이런 관계 맺음을 하지 못하고 살까 봐 두려워하는 이들이 많다. 그들에게 꼭 이렇게 얘기해주고 싶다. 모르는 세계에 대한 두려움을 조금 뒤로 미루고 직접 움직여보는 용기를 내어보라고.

분명한 건 우리는 더 다양한 자리에서 만날 수 있다. 내가 겪거나 운영하는 공동체들만 해도 굉장히 다양한 형태로 관계를 맺으며 서로 만날 수 있는 공간을 확보하기 위해 노력하고 있다. 요즘과 같은 언택트 시대에는 또 다른 형태의 만남을 위해 여러 가지 고민도 함께 나눈다. 이렇게 만나는 사람들과 하루하루가 다르게 서로 발전하며 공존하는 모습을 확인하는 것도 삶의 즐거움이다. 비혼인들끼리의 만남을 늘려간다고 해서 이제껏 누려왔던 관계망들을 모두 허물거나 무너트리지 않아도 된다. 서로가 서로에게 긍정적인 영향을 끼치는 데 집중할 수 있게 되는 만남, 그런 만남이 있는 삶은 행복하다.

A. 한 달에 한 번, 모든 구성원이 같은 책을 읽고 스터디 카페나 화상회의 플랫폼에서 만나 비혼인의 관점으로 본 세상에 대한 생각을 나누고 책에 대한 토의를 한다.

B. 때로는 약한 유대관계일 때 더 편하게 자신의 속마음을 이야기할 수 있다. 서로 알지 못하는 관계에 있는 사람들이 '비혼'이라는 주제로 간헐적으로 (온오프라인으로) 모여 이야기를 나눈다.

C. 사회적 공감대를 이룰 수 있는 비슷한 연령대의 비혼인 친구들과 취미생활을 공유하고 시공간을 함께 쓰며 시간을 보낸다.

D. 비즈니스 네트워킹이 가능하도록 커뮤니케이션의 장을 만들고 다양한 분야의 사람들이 자신의 관심사나 이해관계에 따라 관계망을 만들 수 있는 시공간을 확보한다.

E. 명절이나 특별한 이벤트가 있는 날 맛있는 음식을 함께 먹고 따뜻한 덕담을 나눌 수 있는 절대적인 신뢰관계를 확인하는 시간을 함께 보낸다.

F. 명확한 목적과 비전을 공유하며 최상의 결과를 내기 위해 자

발적으로 참여하고 그 성과의 긍정적 효과를 공유한다.

모임의 주제는 무궁무진하다. 독서모임은 그중 가장 접근성이 쉬운 정적인 모임이다. 독서모임은 효율적으로 서로의 생각을 나눌 수 있다. 자신의 가치관을 사람들과 나누면 세상의 범주도 따라서 넓어진다.

경제스터디는 어떨까? 비혼의 삶을 택하면 재테크나 경제력에 대한 관심도 자연스레 생기기 마련이다. 주식, 펀드, 부동산, 경매, 보험 등 혼자 알아보려 했으면 시간에 치이고 정보의 양에 눌려 엄두도 내지 못했을 것들. 막막해보이는 정보일지라도 사람들과 파트를 나눠 자신이 익혀온 감각을 공유하는 방식으로 공생할 수 있다.

문화생활도 가능하다. 다 같이 영화나 공연 등을 보고, 작품에 담긴 의미를 해석하고 그 해석을 넘어 보이지 않는 맥락에 대한 관점을 나눈다. 사람들과 영화를 보고 한 시간 정도 각자 생각을 정리한 뒤, 다시 만나 의견을 나눠보는 방식으로 모임을 진행했을 때 반응이 좋았다. 작품을 감상하는 것에 그치지 않고 함께 작품을 만들어볼 수도 있다. 가치관이 맞는 사람들이 서로의 작품의 방향성을 함께 고민하고, 막히는 부분에 대한 토의와 토론을 통해 결과물을 찾아가는 과정 자체를 즐길 수 있다.

여건이 허락된다면 여행 모임도 좋다. 모여서 출발하는 형식이어도 좋지만 목적지를 정해놓고 각자 가서 만나도 좋다. 낮 시간은 따로, 저녁시간은 함께 혹은 그 반대로 각자의 기호에 맞는 여행을 해보는 방식도 신선하고 색다른 경험이 된다.

이런 관계에서 중요한 건 집착을 버리는 것이다. 언제든 필요할 때 활용 가능한 시공간에서 모이지만 각자만의 시간이 필요할 때는 뿔뿔이 흩어져도 불안하지 않은 상태. 서로 간의 거리를 유지할 수록 관계를 더 유기적으로 연결할 수 있다. 비혼의 가치관을 공유하는 사람들끼리 모이면 지금의 추억이 미래의 어느 순간 나만의 것이 되리라는 막연한 불안감을 갖지 않아도 된다. 이 얼마나 편안한가. 그러한 기본적 신뢰 안에서 관심사가 같은 사람들끼리 하는 활동을 세분화 하면 모임의 형태는 또다시 얼마든지 무궁무진하게 확장될 수 있다.

인간은 관계를 통해 복합적인 긍정 체험을 한다. 목적이 뚜렷하지 않더라도 그 과정에서 얻어지는 감정 자체가 스스로에 대한 만족감을 높인다. 그러나 이런 부분들이 어렵다고 느껴지는 사람도 분명 있다. 단언컨대 그건 당신의 문제가 아니다. 세상의 구조가 그렇게 만들어져 있다. 옳으냐 그르냐, 기냐 아니냐의 선택을 매순간 강요당하는 삶 속에서 좀처럼 갈피를 잡을 수 없는 타인과의 관계를 바르게 맺는 건 생각보다 쉽지 않다. 바르게 쌓아올렸다고 생각되는 관계가 나의 실수로 와르르 무너지기도 하고, 생각보다 공을 들이지 않은 관계인데 예상을 벗어나 오래 유지되고 지속되기도 한다.

생각보다 면대면으로 이런 사회적 관계망을 형성하는 데 서툰 사람들도 많다. 온갖 영역에서 4차 산업혁명을 이야기하는 요즘, 디지털 미디어가 보급되면서 사람들은 '간섭받지 않는' 온라인의 영역으로 급속하게 빠져 들어갔다. 이제 전화보다 카톡이 편하고, 문자보다 SNS DM Direct Message이 익숙한 세대의 영역이 점차 늘어난다. 유기적인 관계를 맺기 위해 오프라인으로 나오는 것을 어색하고 두렵게 느끼는 사람이 많다. 당신만 그런 줄 알았다고? 아니, 서로 말하지 않아 확인할 수 없을 뿐이다. '나만 그런가?' 하는 질문은 잠시 넣어두자. 실은 꽤 많은 사람들이 전반적으로 그렇다.

이런 세상에서 우리는 필요한 관계를 꼭 오프라인에서 만들어야 할까? 그렇지 않다. 온라인으로도 얼마든지 긍정적인 영향을 주고받는 사람들을 만날 수 있었다. 어플에서 친구를 맺어 먼 거리에서 운동하는 친구에게 응원의 박수를 보낼 수도 있고, 행아웃, 스카이프 등 화상통화 플랫폼을 통해 연결될 수도 있다. 온라인 세계 속 관계는 10여 년 전만 해도 마치 '존재하지 않는 가상의 대상'을 뜻하는 것처럼 느껴졌다. 그러나 하루가 빠르게 바뀌어가는 지금은 온라인과 오프라인의 경계가 쉽게 무너지고 있다. 지금 당장 문을 열고 나가 사람과 대면하는 일이 어렵거나 망설여진다면 이렇게 온라인에서 사람들과 소통하는 것부터 찬찬히 시작해보면 어떨까. 메시지나 소모임을 찾는 어플 등을 통해 비혼의 가치관을 공감할 수 있는 대상들이 모여 있는 곳을 찾아가 보자. 망설일 땐 알지 못했던 새로운 세상이 당신을 기다리고 있다.

한 가지 파격적인 제안을 해보자면 한국 사회에 익숙하지 않은 문화지만 상대방의 나이를 궁금해 하지 말고 사람 대 사람으로만 관계를 가져보자. 세상에는 제각각 경험을 가진 수많은 사람들이 있다. 비혼공동체를 운영하면서 20대부터 40대까지 다양한 연령층의 사람들을 만났다. 우리가 운영하고 있는 단체는 따로 회원들의 나이나 서로 간의 삶의 궤적을 묻지 않고 만남 안에서 보이는 모습만으로 서로를 판단하고 이해하고 소통하는 구조를 가지고 있다. 누구도 상대방의 나이로 선입견을 갖지 않는다.

한국 사회는 보통 어떠한 집단 속에서 '나이에 따른 서열'을 자연스럽게 여긴다. 때문에 나이가 많은 사람이 '뭘 몰라서 그래'라며 자신보다 어린 상대방을 넘겨짚거나, 나이가 적은 사람이 '저 사람은 꼰대라서 그래'라며 자신보다 나이가 많은 사람의 말을 흘려들어버리는 상황이 종종 발생한다. '나는 그렇지 않아'라고 생각할지 몰라도 한국 사회에서 오랜 시간 몸담고 살아왔다면 이러한 문화에 익숙할 수밖에 없다.

나이에 서로 연연하지 않는 만남을 갖다 보면 다른 사람들과 격의 없이 지내며 나누는 많은 이야기들이 의외로 삶의 시야를 굉장히 넓혀준다는 사실을 느끼게 된다. 인생의 경험에 따라 생각의 크기와 방향이 분명 차이가 나긴 하지만 나중에 나이를 우연히 알게 되었을 때 '아니, 이 나이에 어떻게 이렇게 일을 잘했지?', '이렇게 어린데 어떻게 이런 멋진 생각을 할 수 있지?', '친구인 줄 알았는데 이런 경험치를 가졌던 거였어?' 하고 놀라는 순간을 심심치 않게 만날 수 있다. '나이에 따른 서열문화'에 가려 보지 못한 상대방의 인사이트까지 공유하게 되면 그만큼 내 삶의 인프라가 확장되는 건 두말하면 잔소리다.

살면서 만나는 모든 사람은 멘토인 동시에 멘티다. 좋은 사람, 나쁜 사람 혹은 내가 이해할 수 있는 사람, 이해할 수 없는 사람으로 무 자르듯 가를 수 없다. 누구든 좋은 점과 나쁜 점을 동시에 갖고 있으며, 나와 잘 맞는지, 맞지 않는지의 차이가 있을 뿐이다. 어떤 사람을 주변에 두느냐에 따라 안정감이 올라갈 수도 있고, 불안과 긴장이 야기될 수도 있다. 그러므로 우리는 나와 주파수가 잘 맞는 사람을 옆에 두는 안목을 갖추고, 때로는 내가 함께하고 싶은 사람의 주파수에 내 신호를 맞춰보면서 건강한 만남을 지속적으로 실천할 수 있어야 한다. 나와 잘 맞는 부분이 무엇인지 알고, 내가 뭘 원하는지 정확하게 알아내 내가 어떤 사람을 만나고 싶은지 잘 생각해보자.

Hi, hello, Hola, こんにちは, 你好, 안녕. 낯선 나라에 가서 새로운 친구를 만나면 상대가 마음을 열 수 있는 간단한 인사말로 마음의 문을 두드리는 것처럼, 일상에서 마주치는 관계에서도 찬찬히 스텝을 밟아보자. 인류학자 로빈 던바 Robin Dunbar에 의하면 개인이 수용할 수 있는 인간관계의 수가 150명 정도라고 한다. 스치듯 아는 관계 말고, 내가 직접 소통하고 '교류한다'는 만남의 감정을 느낄 수 있는 대상이 아무리 노력해도 기껏해야 150명이라는

이야기다. 여기서 150명을 다 채워야 할까를 고민하거나, 150명과 교류하지 못하는 내가 부족하게 느껴져 괴로워할 필요는 전혀 없다. 다만 내가 갖게 될 관계망의 숫자가 한정적이라면 그만큼 나에게 좋은 사람들, 나와 잘 맞는 사람들, 나와 상생하는 상호작용을 할 수 있는 사람들을 보는 안목을 길러 즐거운 만남을 가져보자. 그 과정 속에서 자신의 울타리의 범위를 더 잘 알게 되고 그 안에 채워질 수많은 만남들을 스스로 선택할 수 있게 된다.

——— 6

나 우울한 것 같아 :
우울을 친구로 두는 법

이 사회는 사랑에 미쳐 있다. 음원 사이트에는 사랑을 주제로 한 노래가 1위부터 100위까지 줄지어 있고, TV를 틀면 병원에서 연애하고, 학교에서 연애하고, 회사에서 연애하고, 심지어 차원을 넘나들며 연애하는, 설정은 다르지만 결국 비슷비슷한 이야기들이 방영되고 있다. 이뿐만이 아니다. 영화관에는 사랑 이야기가 걸려 있고, 포털사이트와 SNS에서는 데이트코스, 데이트 맛집 등 '데이트가 아니면 갈 수 없는 건가?' 싶게끔 모든 장소를 데이트에 최적화된 듯 광고한다. 여기저기 눈을 돌려봐도 "연애가 최고예요!"라고 외치는 듯하다. 그야말로 연애 공화국이다. 실제로 (연애를 하고 싶은 이들을 대상으로 한) 데이팅 앱 시장은 매년 2배의 성장률을 보이며 2018년 기준 2,000억 원대의 시장 규모를 보였다고 한다. 실로 입이 떡 벌어질 수밖에 없는 엄청난 수치다. 이런 현상만 보면 모든 이들이 연애를 통해 행복해하고 있는 것처럼 보인다. 다시 말해 행복한 삶을 살기 위해서는 연애가 필수적인 것마냥 여겨진다.

연애 공화국은 연애를 안 하는 이를 가만히 두지 않는다. '모솔' 부터 심하면 '연애고자'라고 서로 지칭한다. 심지어 이런 단어를 쓰며 본인을 깎아내리는 행동도 서슴지 않는다. '연애 세포'라는 단어는 어떤가? 연애라는 것이 세포화되어 있어서 인간의 생존에 필수적인 것처럼 읽히진 않는가? 이처럼 현 사회는 연애를 삶의 필수요소이자 안 하면 큰일 날 것처럼 만들고 있다. 얼마 전 갓 중학교에 올라온 친구들과 만날 일이 있었는데, 성인이 된 후 꿈꾸는 것이 모조리 '연애'와 관련된 것이었다면 믿기는가? 갓 14살이 된 아이들이 말이다. 물론 사랑을 주고받고 싶은 욕구 자체는 문제가 되지 않는다. 누군가에게 소중한 사람이고 싶은 마음은 모두 있을 것이다. 하지만 사랑과 연애가 한 몸처럼 여겨지는 현 사회에서는 사회가 규정한 정상성을 벗어나는 이야기들은 수면 아래에 잠기기 마련이다.

미디어가 만드는 사랑과 연애의 모습은 다양한 듯 보이지만 사실 굉장히 획일적이다. 이성 간의 사랑이 99%이며, 사랑은 꼭 연애로 이어져야만 한다. 하지만 우리의 삶을 돌아보고, 주변을 둘러보면 사랑의 형태가 비단 그것 하나만은 아니었을 거다. 본질적인 물음으로 들어가 보자. '사랑'은 무엇인가? 내가 생각하는 사랑과 사

랑하는 것들에 대해서 진지하게 고민해본 적이 있는가? 사회가 일
관적으로 주입하는 사랑의 개념으로 보면 우리 집 반려동물을 무
척 사랑하는 누군가는 연애하지 않는다고 해서 '사랑을 모르는 이'
일 수밖에 없는가? 현 사회가 말하는 사랑과 연애의 과정에는 꽝장
히 아이러니한 지점이 있다. 사회가 규정한 '이성'을 사랑하고 연애
하는 형태가 아닌, 동성을 사랑하고 만나고 있는 이들, 누군가를 사
랑은 하지만 연애는 하고 싶지 않은 이들, 반려동물을 사랑하는 이
들, 친구들이 소중하고 그들의 사랑으로 충분한 이들 등 사랑의 범
위를 넓게 보면 연애를 안 하는 (것처럼 보이는) 이들이 사랑을 모르
는 바보는 아니다. 사회의 이러한 이성애 주입으로 인해 많은 이들
이 '다양한 사랑의 선택지 목록'을 갖지 못한다. 슬픈 일이다.

그래서일까? "나 요즘 우울해"라고 하면 "요즘 연애를 안 해서
그런가 봐, 좋은 사람 소개해줄까?"라는 대답을 종종 아니, 꽤 많이
들을 수 있다. 연애가 당연하다고 여기는 사회인지라 누군가가 '우
울하다' '외롭다'라는 말을 꺼내기가 무섭게 연애를 권한다. 사랑=
연애, '사랑을 못 받아서 우울해진다' 또는 '우울하니 연애를 해서
사랑 받아라 그러면 괜찮아진다'는 논리인데 과연 그럴까?

앞서 짚어봤지만, 연애를 하지 않는 상태라고 해서 사랑을 하지
않는 상태는 아니다. 사랑하는 대상을 누군가에게 말하기 어려울
수도 있고, 남들이 '그게 무슨 사랑이야~'라고 쉽게 치부하는 것들
을 아주 깊이 사랑하고 있을 수도 있다. 흔히 비혼을 결심한 후 주변

에 이야기하면 '우울할 것 같다'든지, '외롭지 않냐'는 이야기를 많이 듣는다. 실제로 연애를 하지 않으면, 누군가와 특별한 관계로 있지 않으면 우울할까?

여기 흥미로운 연구결과가 있다. ① 남편과 자녀가 있는 여성 집단 ② 독신 여성 집단 ③ 아내가 있는 남성 집단 ④ 독신 남성 집단. 이 네 개의 실험군을 두고 우울증에 걸릴 확률을 알아보았다. 결과는 의외였다. 언뜻 생각해보면 독신 여성 집단이 가장 높은 확률일 것 같다. 그러나 실상은 남편과 자녀가 있는 여성 집단이 가장 높다. 물론 이에는 여러 가지 다른 사회·문화적 요소가 반영되어 있지만, 혼자라서 우울해진다거나 누군가와 함께한다고 안 우울할 거란 것은 편견임을 보여준다. 또 다른 통계치를 함께 보도록 하자. 다음 지표들은 건강보험심사 평가원에서 발표한 국내 우울증 환자의 진료 인원에 관한 결과다.

이를 보면 매년 우울증이 꾸준히 늘고 있으며, 우울증을 가진 연령대는 20대부터 노년까지 골고루 분포하고 있음을 알 수 있다. 통계 결과상 50대가 가장 높은 비율을 차지하고 있지만, 실질적으로 우울증 진료를 본 이의 수만을 반영한 것이다. 10대와 20대는 경제적 여건과 다른 제반 상황으로 인해 실질적 진료를 받지 못하는 경우가 많기 때문에, 이 점을 고려하면 대체로 전 연령대에 골고루 분포하고 있다고 볼 수도 있다. 특히 혼자 살기보다 가족들과 함께하는 40~60대 집단의 지수가 더 높게 나오는 것을 보면 알 수 있다. 이 통계치만 봐도 혼자이기 때문에 우울하다고 단편적인 결론

2015~2017년 진료 인원

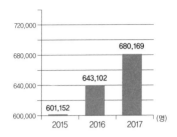

720,000

680,169

680,000

643,102

640,000

601,152

600,000 (명)

2015　2016　2017

2016년 연령별 점유율

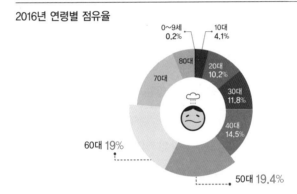

0~9세
0.2%

10대
4.1%

80대

20대
10.2%

70대

30대
11.8%

40대
14.5%

60대 19%

50대 19.4%

을 내기는 어렵다.

　실제로 우울의 원인은 매우 복합적이며 다양하다. 크게 분류하면 생물학적 요인, 유전적 요인, 사회심리학적 요인으로 나눌 수 있다. 생물학적 요인으로는 뇌의 화학물질 변화나 호르몬 이상, 신경전달 물질의 이상 등이 있고, 유전적 요인으로도 다양한 가족 연구를 통해 '우울증에 유전적 소인이 있을 수도 있다' 정도의 연구결과들이 발표되어 왔다.

마지막으로 사회심리학적 요인. 우리가 보통 우울의 이유로 생각하는 수많은 요인들이 이 사회심리학적 요인에 포함되어 있다고 생각하면 된다. 매우 축소해서 적었지만, 우울의 원인은 무척 다양하고 많아서 이것만으로도 몇 권의 책을 쓸 수 있을 정도다. 중요한 것은 개개인이 겪는 우울의 정도가 다르고 당연히 개인의 우울에 대한 원인은 다를 수밖에 없으므로, 심각한 상태라면 전문가의 도움을 필히 받아야 한다는 점. 따라서 자신의 우울이 어느 정도인지 객관적으로 파악할 필요가 있고, 병원이나 센터의 도움을 받을 정도가 아니라고 느껴진다면 내 우울이 어디서 오는지, 그리고 이런 감정을 어떻게 바라보고 다루면 좋을지를 생각해두어야 한다. 우울은 단순히 연애를 한다고 해결되지 않는다.

그렇다면 어떻게 현재 내 우울함의 정도를 파악할 수 있을까? 우선 우울로 인해 내 일상에 무리가 가는지 면밀히 살펴볼 필요가 있다. 일상의 범주라 한다면 먹고, 자고, 일하고, 씻는 정도를 생각하면 좋다. 대표적인 예로는 '과도한 수면이나 불면, 식사의 어려움이 있는 경우, 학교나 직장에 가지 못하거나 가도 전혀 집중할 수 없고 고통스러움'과 같은 증상이다. 이러한 불편감이 2주 이상 지속되었다면 전문기관의 도움을 받는 것이 좋다. 특히 자살사고나 충동, 시도가 있었다면 지체하지 말고 당장 전문기관을 찾아 가자. 전문기관으로는 지역센터, 심리센터, 정신과 등 다양한 기관들이 있다. 연령과 환경에 맞춰 나에게 맞는 곳을 선택하면 된다. 요즘은 지역별로 센터나 병원을 추천하는 글도 올라오고 있고, 추천 글을 찾기 어렵더라도 그 기관이나 병원에서 운영하는 홈페이지, 블로그 등을 찾아본 후 전화로 예약을 잡거나 간단한 상담을 받아도 좋다.

만약 심각한 정도는 아닌 것 같다면, 이젠 내 우울이 어디서 기인하는 것인지 고민해볼 차례다. 주기적으로 우울한 시점이 있을 수도 있고, 나를 우울하게 만드는 상황이나 사람이 있을 수도 있다. 내 우울이 어디서 시작하는지 알아야 해결의 실마리를 찾을 수 있다. 어렵겠지만 우울의 원인을 찬찬히 짚어보자. 글로 적으며 우울의 목록을 만들어도 좋고 지난 일기를 찾아봐도 좋으며(지난 일기를 찾아보면 내 감정의 패턴을 알 수 있고, 그 패턴이 일어나는 원인을 찾기 수월해진다), 믿는 이와 감정에 대해 허심탄회하게 이야기를 나눠봐도 좋다. 대화를 나눌 때 주의해야 할 점은 단순히 나의 힘든 감정을 상대에게 쏟아붓는 것이 아니라 그에게 조언을 구할 상황을 정확히 말하고 조언을 잘 수용하는 태도를 갖추는 것이다. 우울의 감정이 오래되면 오래됐을수록 원인을 찾기 어려운 것은 당연하다. 가장 좋은 방법은 조급한 마음이 들더라도 나를 위해 노력한다는 마음을 갖고, 내면의 방을 활용하여 꾸준히 나를 찾고 돌보는 감각을 익히는 것이다.

반대로 내 우울이 실제보다 크게 느끼도록 증폭됐을 수 있다. 앞서 사회가 어떻게 가치를 만들어내고, 그 틀을 벗어난 이들이 어떻게 불안감을 느끼도록 조성되어 있는지 확인했다. 이처럼 내 우울도 실재하는 우울이 아닌, 누군가로 인해 증폭된 감정일 수 있다.

그 누군가는 타인일 수도 있고 내 안에 있는 또 다른 나일 수도 있다. 실제로는 크게 우울하지 않은데 연애를 하지 않기 때문에 우울함이 더 커진다고 느끼는 이들이 여기에 해당한다. 또한 감정을 잘못 인지하는 경우도 많다. 우울한 감정이 아닌데 익숙한 감정인 우울로 짐작하는 상황이다. 간단한 예를 들면 이런 것이다. 요즈음 일이 너무 바빠서 몸과 마음이 피곤했는데, 몸이 가라앉으며 기분도 처지는 것을 '나 너무 우울하다'라고 느끼는 것이다. 이 외에도 누군가에게 화가 나는데 화를 내지 못하는 본인에게 화가 나서 나를 공격하다 보니 그 감정이 우울로 느껴지는 경우도 있다. 이렇듯 우리는 실상 자신이 느끼는 감정을 명확히 인지하지 못한 채 그저 익숙한 감정인 우울, 짜증, 분노 등의 몇 가지 감정에만 주목하는 경우가 많다.

우울에 대한 이런저런 글을 적었지만 완벽하게 우울하지 않은 삶은 없다. 나 역시 행복하기 위해 부단히 노력했던 시간이 있었다. 하지만 이상하게도 행복에 집중하면 할수록 행복하지 않았다. 너무 의식하다 보니 뭔가 좋은 일이 생겨도 '나 지금 행복한가?'라는 질문만 던져댔다. 행복은 뭘까. 오랜 시간 고민했지만 명쾌한 답은 얻지 못했다. 인생이 굳이 행복해야 하나? 일주일이 있으면 2일 정도는 꽤 괜찮고, 3일은 그냥 그렇고, 남은 2일은 좀 힘들다 싶은 게 삶 아닐까? 하루로 따지면 상사 때문에 열 받아서 가슴 속에 품은 사표를 얼굴에 던지고 싶다가도 점심식사가 맛있으면 또 그럭저럭

버티면서 오후를 보내고, 퇴근 후에는 친구와 맥주 한잔하면서 "그래도 이 맛에 산다!"라고 외치는 거, 그런 게 삶 아닐까. 물론 일상생활에서 행복을 찾아내서 꼭꼭 씹어 되새김질하며 무럭무럭 키우는 사람도 있다. 그런 이를 보면 부럽기도 하다. 하지만 그걸 찾아 노력하는 게 나에게는 효율적이거나 더 큰 행복을 주진 않는다. 이 글을 읽는 당신에게도 자신만의 기준이 있을 테다.

우리에게 '우울이라는 감정이 그렇게 나쁜 감정일까?'라는 질문을 던져보자는 얘기다. 우울은 나쁜 감정이기 때문에 무조건 없애야 하는 것이 아니다. 물론 잘 다뤄야 하는 예민한 감정이긴 하다. 하지만 '이 감정을 없애기 위해 집중하는 삶이 과연 내 삶에 효율적인가', '나에게 도움이 되는가'라고 생각하면, 종종 마음 깊은 곳에서 치고 올라오는 우울을 "어, 그래. 너 또 왔구나" 정도로 받아주는 것도 나쁘지 않다. 우울해지면 외쳐보자. "우울해서 그게 뭐? 그럴 수 있지."

7

결혼 안 하면 외롭겠지 :
외로움 즐기기

많이들 우울과 외로움을 혼용해서 사용한다. 하지만 정확한 뜻을 알고 구별해서 사용해야 한다. 그 이유는 우울과 외로움의 원인과 결과가 다르기 때문이다. 그렇기 때문에 문제해결을 위한 방법을 모색할 때도 분리하여 생각해야 한다.

외로움이란 무엇일까? 사전적 정의에는 '혼자가 되어 쓸쓸한 마음이나 느낌'이라 적혀 있다. 우울함이 '근심스럽거나 답답하여 활기가 없음' 또는 '반성과 공상이 따르는 가벼운 슬픔'인 것에 비해 외로움이라고 하는 감정은 원인이 정확하다. '혼자'가 주원인이다. 뜻을 찾아보면 확연히 다른 두 개의 단어가 혼용되는 이유는 무엇일까. 앞에서도 다뤘지만, 대개 '혼자면 외롭다, 그래서 우울하다'로 사고가 연결되는 경우가 많기 때문이다. 틀린 말은 아니다.

실제로 외로움이 심화되면 우울의 경향을 보일 확률이 높다. 그렇다면 "외로우면 안 되니까 누굴 만나야 할까요?"라는 질문이 나올수 있다. 대답은 "YES"이다. 조금 전에는 우울하다고 누군가에게기대는 것은 위험하다고 하더니 '이번에는 왜 만나라는 거지?'라는의문이 들 수 있다. 하지만 조금만 면밀히 들여다 보면, 질문을 들은우리가 고를 수 있다고 여기는 선택지가 매우 협소했음을 알 수 있다. 그렇다. 누군가와 함께한다는 것은 꼭 1:1의 관계만을 의미하지는 않는다.

외로움에 관한 편견과 이에 대한 흥미로운 연구결과가 있다. BBC와 영국 대학 3곳의 학자들은 전 세계 5만 5천 명을 대상으로외로움에 관한 온라인 설문조사를 공동 진행했다. 설문조사는 우리의 흥미를 끌 만한 재미있는 결과를 몇 가지 보여 주었다. 우선한국 사회에서 사람들이 흔히 생각하는 것과는 다르게 노년의 외로움이 상대적으로 높지 않았다. 75세 이상 노인은 27%만이 자주외로움을 느낀다고 답변한 것에 반해, 16~24세의 젊은 층은 무려40%가 자주 외로움을 느낀다고 답했다. 여기서 더 재밌는 점은 사람들에게 삶에서 언제 외로움을 느꼈는지 물었을 때 연령과 상관없이 '젊었을 때'를 지칭했다는 것이다. 이는 단순히 옆에 누가 있고 없고의 환경적 문제로 인해 외로움이 발생하지는 않는다는 것을 보여주는 단적인 지표. 10~20대는 보편적으로 새로운 사람들을 만날 기회가 많고, 그 속에서 관계를 만들기도 용이하기 때문이다. 연구는 여기서 끝이 아니다. 외로움은 부정적인 감정 같지만,

연구에 참여한 사람 중 41%는 외로움을 긍정적으로 받아들이고 있었다. 이들은 외로움을 느끼기 때문에 새로운 사람을 찾으려는 노력을 하고, 원동력을 얻는다고 답하였다. 우리는 사회성이 낮고 부족해보이는 사람들이 주로 외로움을 느낀다고 생각하기 쉽다. 하지만 실제로는 외로움의 여부가 사회성과 큰 관련이 없었다. 연구결과를 종합해보면 주변에 사람이 많이 있을 수 있는 환경이든 아니든 그건 개인이 느끼는 주관적 외로움에 부정적인 영향을 주진 않았다. 뿐만 아니라 외로움을 느끼는 이들은 사회성이 낮지도 않고 오히려 공감 능력이 더 좋은 경우도 많았다. 여기서 우리는 사람들이 주변에 사람이 없어서, 사회성이 떨어져서, 공감 능력이 부족해서 외로움을 느끼는 것이 아니라는 점에 대해 생각해볼 수 있다.

인간은 혼자 살 수 없다. 특히 현대 사회에서는 더더욱. 모두가 하하호호 모여서 무리를 짓고 살아가는데 나 홀로 아무와도 교류하지 않고 살아간다? 외로움이 더 극심해질 것이다. 어렸을 때를 떠올려보자. 별로 하고 싶은 마음이 들지 않아서 참여하지 않았던 활동에 다른 친구들이 우르르 몰려가서 하는 걸 보고 갑자기 외롭게 느껴졌던 기분. 모두 한 번쯤은 겪어보았으리라. 인간에게는 필연적으로 타고나는 '소속 욕구'가 있다. 학자들이 말하는 '사회적 욕구'는 단순히 뭉쳐서 살지 않으면 생명이 위태롭던 부족사회 시대를 떠올리며 생존만을 말하는 게 아니다. 생존에서 더 나아가 공동체 속에서 인정받고 그것을 통해 행복·만족감·자기 효능감을 느끼는 존재라는 뜻을 내포한다. 이런 만족감과 안정감은 인간을 새

로운 도전에 뛰어들게 하며, 계속 나아갈 힘을 주는 원동력이 된다. 즉, 어느 누구와도 교류하지 않은 채 사는 삶은 행복도 만족감도, 자기 효능감도 느끼기 어렵다는 것이다.

우리 중 누군가는 "아, 전 사람들 속에 있으면 너무 피곤하고 재미없고 힘들어요"라든지, "극 내향형 인간이라 집이 제일 좋아요"라고 말할 수 있다. 하지만 우리가 흔히 말하는 내향/외향은 사회적 관계 맺기가 그 사람에게 필요하냐/안 하냐, 원하냐/원치 않냐의 문제와는 별로 상관이 없다. 대체로 인터넷에서 우스갯소리로 표현하는 내향인은 사람을 기피하며 집에만 있고 싶어 하고, 할 말도 제대로 못 하는 이미지로 소비되는 경우가 많다. 반대로 외향인은 누구와도 잘 지내고, 어디에 있어도 나서서 일을 도맡으며, 항상 에너지가 넘치는 이로 그려진다. 그러나 인간은 이렇게 하나만의 모습으로 평가하고 정의할 수 없다. 실제로 내향과 외향의 차이는 '에너지 수준'과 '에너지의 방향'의 차이일 뿐, 누군가의 관계 형태를 획일화시켜 설명하는 요소가 아니다. 내향인이어도 타인과 소통하고 관계 맺는 것을 좋아하는 이가 분명히 있고, 외향인이어도 지치거나 재미없는 관계가 분명 있을 수밖에 없다. 그러니 '나는 내향인이니까' 혹은 '외향인이니까'라며 관계의 형태를 한정 짓지 말자.

만약 본인이 사람을 만나는 것이 힘들고 그래서 관계에서 어려움을 겪고 있거나, 나아가 단절을 경험하고 있다면 그건 단순히 당신이 내향적이거나 성격이 이상하거나, 사회성이 떨어져서가 아니다. 분명 아직 발견하지 못한 다른 이유들이 있을 것이다. 그 이유를 찾기 위해서는 우선 자신의 관계 패턴을 돌아보고 그것이 적절한 수준으로 이뤄지고 있는지 확인해야 한다. 관계를 맺고 있는 이가 너무 많거나 혹은 너무 자주 만나거나, 오랜 시간을 보내야만 하는 경우에도 사람을 만나는 행동 자체가 버거워질 수 있다. 또 관계를 맺고 있는 이들과 에너지의 수준이나 방향이 안 맞아도 힘들다. 소규모의 실내 활동을 좋아하는 이가, 단체로 외부활동을 하는 모임에 가면 힘든 것은 당연하다. 또 이런 경우도 있다. 관계 안에서 착취가 일어나는 경우. 이는 쌍방이 될 수도 있고 일방향일 수도 있다. 착취의 범위는 흔히 금전과 폭력에 국한된다. 하지만 그 이외에도 타인의 시간과 감정에 대한 착취도 꽤 많이 일어난다는 사실을 간과해서는 안 된다. 이런 부분들을 고려해서 내 관계 패턴을 조목조목 따져보면 분명히 톱니바퀴가 잘 맞물리지 않는 부분이 있다. 그 부분부터 시작해야 한다.

인간관계에서는 나를 믿고 지지해주는 깊고 끈끈한 관계도 중요하지만, 얕고 느슨한 관계도 꼭 필요하다. '느슨한 연대의 힘 Strength of Weak ties'이라는 말을 들어보았는가? 미국 스탠퍼드 사회학 교수인 마크 그라노베터 Mark Granovetter가 1973년 발표한 논문이다. 그는 우리가 흔히 깊고 끈끈한 관계라고 생각하는 가족, 친한 친구, 연인보다 친하다고 하기는 애매한 지인 정도의 이들에게 실질적인 도움을 받는 경우가 훨씬 더 크다고 말한다. 실제로 이 논문에서 연구한 결과로는 27.8%가 느슨한 연결을 통해, 16.7%가 강한 연결을 통해, 55.6%가 중간 정도의 연결을 통해 직장을 구했다고 한다.

직장까지 구할 정도는 아니더라도 우리는 삶에서 느슨한 연결을 꽤 많이 본다. 특정 자동차를 가진 이들의 동호회, 어느 지역 아파트 모임, 자녀의 학교를 통한 학부모 모임 등 이미 이 사회에서도 느슨한 연결을 통한 이익 교류와 감정 교류를 자주 볼 수 있다. 첫 목적은 자동차, 아파트 관련 정보, 자녀의 학업 정보였지만 그 속에서 관계가 형성되면 그 외에도 많은 정보를 주고받는 것 또한 우리 모두 잘 알고 있는 사실이다. 우리가 미처 알아채지 못했지만 사람들은 다양한 형태로 연결되어 있고 그 속에서 끊임없이 뭔가를 창

출해낸다.

　외롭냐, 외롭지 않느냐는 결국 누군가와 의미 있는 관계를 얼마나 맺고 있느냐에 달려 있다. 다만 그 누군가를 사회가 규정한 혈연 중심의 가족 형태나, 이성 간의 연애 또는 결혼의 대상으로 한정하지 않아도 된다. 비혼은 결혼하지 않고 나 홀로 내 삶을 일구겠다는 삶의 형태이지, 모든 인간관계를 단절하고 사회 구성원으로서의 삶을 포기하겠다는 선언이 아니다. 삶의 주기에 따라 함께하는 이들이 달라지는 것은 당연하다. 모두가 자신의 라이프스타일에 따라 새로운 관계를 만들고, 지난 관계와는 멀어지기도 하면서 사는 것 아닐까? 물론 현 사회에서 비혼인에 대한 인식은 아직 미흡하고 조명되지 못하고 있다. 그래서 기혼자들 사이에서 미운 오리 새끼 마냥 겉도는 이미지가 씌워진 것일 수도 있다. 하지만 점점 늘어가고 있는 1인 가구와 다양해진 삶의 형태들을 볼 때 비혼은 더 이상 유별난 소수가 가는 길은 아니다.

　눈을 크게 뜨고 찾아보면 내 주변에도 꽤 많은 비혼인들이 살고 있다. 우리는 관계에 있어서 좀 더 용기를 갖고 자발성을 가져도 된다. 어쩌면 누군가 손 내밀어 주기를 바라던 비혼인이 반갑게 당신의 손을 잡을지도 모르는 일이다. 이미 이 사회에서 비혼을 결심하고 나아가고 있는 것만으로 당신은 도전하는 이가 분명하다. 그러니 본인을 좀 더 믿고 새롭고 즐거운 관계 속에 풍덩 빠져보자. "결혼 안 하면 외롭겠지?" "아니, 전혀! 완전 즐거운데!"라고 대답하는 그날까지.

8

입이 트이는
비혼

지금까지 우울이나 외로움과 같은 감정을 다스리는 법, 그리고 그 해결방안을 찾는 일을 고민해보았다. 또한 즐겁게 살기 위해 나에게 맞는 것들을 찾아가는 방법도 알아보았다. 이제 우리는 비혼의 삶에서 마주할 수 있는 여러 감정들에 대해 좀 더 깊이 있게 바라볼 수 있게 되었다. 하지만 살아가다 보면 홀로 있을 땐 잔잔한 호수처럼 지낼 수 있다가도 외부에서 날아오는 돌로 인해 파문이 이는 날도 있을 것이다. 한국에서 비혼인으로 살기 위해서는 외부에서 생각 없이 날리는 돌멩이들을 적당히 피해버리고, 때로는 받아치는 기술도 장착할 필요가 있다. '아, 비혼인의 삶이란 왜 이리 고단할까?' 싶지만 당장 내일 사람들의 인식이 마법처럼 바뀌지 않는 이상 어쩔 수 없이 감수해야만 한다. 그렇다면 이런 피곤한 일을 어떻게 하면 덜 피곤하게 해결할 수 있을까.

외부에서 만나는 사람들이 큰 생각 없이 던지는 말 중 지겹고, 짜증나고, 넌덜머리나는 몇 가지의 패턴이 있다. 지금 당신의 머릿속에서도 몇 가지의 말들이 둥둥 떠다닐 것이다. 그렇다면 한 번 고민해보자. 그들은 왜 그런 말을 악의도 없이 (악의가 없다고 가정하자) 타인에게 계속 던지는 것일까?

나는 태어나면서부터 비혼을 외치며 세상에 나온 아이는 아니었다. 오히려 20대 후반까지는 '언젠가 결혼하겠지'라고 생각하는 사람이었다. 그러던 내가 어느 날 비혼을 선언했을 때 주변 사람들은 의아해했다. 날 생각해준다는 허울 아래 상처가 되는 말을 아무렇지도 않게 날리는 사람도 많았다. 무수한 편견과 무례 속에서 때로는 같이 빈정대보기도 하고, 웃음으로 무마도 해보고, 대꾸하지 않는 등 다양한 방법을 써보았다. 그러나 어떻게 대처해도 마음의 상처는 계속 쌓여갔다. 하루는 악의는 없지만 무례한 질문을 던지는 이에게 답변하다 문득 의문이 들었다. 왜 나는 나를 잘 알지도 못하는 사람들이 던지는 저런 말에 계속 휘둘리고 대꾸해야만 할까? 나는 내 삶에 만족하고 '내 삶의 방향을 이제야 알게 되다니! 유레카!'를 외칠 정도로 행복하고 명확해졌는데 말이다. 내가 그들에게 나를 설명하고 계속 답해줄 필요가 있을까? 저들은 어떤 믿음을 갖고 어떤 사고를 하기에 타인의 삶에 저리들 관심을 두고 무례한 언사를 멈추지 않을까? 사실 그들은 답을 원하는 게 아니지 않을까?

정확히 따지면 그들은 우리를 걱정하는 게 아니다. 저러한 언행을 일삼는 사람들이 진정으로 비혼인들을 걱정한다면 '왜 비혼을 하느냐'고 말을 얹기 전에, 이 한국 사회가 비혼인들을 어떻게 악의적인 이미지를 만들어 낙인찍는지, 정책에서는 어떻게 배제하는지 궁금했어야 한다. 그리고 비혼인이 감수해야 하는 위험과 부당함에 대해서 같이 공감하고 분노했어야 한다. 하지만 그들은 오히려 비혼인을 특이한 사람으로 낙인찍는다. 그리고 낙인에서 벗어나고 싶으면 자신과 같은 선택을 하길 강요한다. 그저 '애정한다'는 이유로 자신만의 잣대에 맞춰 사람을 재단하고, 고분고분 말을 듣지 않았을 때 바보, 칠푼이라고 정의하는 것이다. 물론 이렇게 깊게 생각해보지 않고 행동하는 사람이 더 많을 수 있다. 그러나 타인의 삶에 왈가왈부하며 부정적 언사를 던지는 이들의 말은 그들의 사고와 시선을 여과 없이 보여준다. 오히려 우리가 그렇게 자신의 속내를 훤히 내보이는 그들을 안타까워해야 할 지경이다.

하지만 머리로는 알아도 매번 속을 긁는 말들에 '그래 당신은 내 마음속 고요를 깨뜨리는 돌을 던지고 있지만, 난 어떻게든 평정을 유지할 거야'라며 태연히 넘기기 어렵다. 명절 때마다 인터넷을 떠도는 잔소리 메뉴판을 만들 수도 없고 말이다. (잔소리 메뉴판은 명절과 같은 상황에서 상대 입장을 생각하지 않고 무례한 말을 하는 이들을 퇴치하기 위해 생겨난 인터넷 유머로, '살이 왜 그렇게 쪘어?: 만 원', '연봉은 얼마니? 그거밖에 못 받아?: 2만 원' 등 잔소리에 해당되는 발언을 할 거면 돈을 주고 하라는 의미가 내포되어 있다.)

가상의 상황을 만들었다. 결혼주의자들이 범하는 실례를 세 가지로 압축해 가져왔다. 한번 같이 읽어보고 나라면 어떻게 대처할지 빈 칸에 적어보자.

[사례1]

김얄밉 : 결혼 안 한다던 사람들이 꼭 먼저 가더라고요~

김비혼 : 더 나이 먹어도 결혼할 생각 없어요.

김얄밉 : 비혼 씨가 아직 좋은 사람을 안 만나봐서 그래요. 아직 어려서 세상 물정을 몰라서 그러나?

김비혼 : _____

[사례2]

박오지랖 : 가족이 최고지! 그러니 얼른 결혼해.

김비혼 : 전 결혼 생각 없어요.

박오지랖 : 아니 나중에 늙고 병들어서 가족도 없으면 고독사해! 배우자가 있고 자식이 있어야 돌봐주지!

김비혼 : _____

[사례3]

이헛소리 : 비혼 씨, 진짜 결혼 생각 없어?

김비혼 : 네.

이헛소리 : 요즘 혼자 사는 사람들 너무 이기적이야. 자기만 잘살

려고. 세금 혜택은 다 가져가고. 나중에 우리 애가 독거 노인들 먹여 살려야 하잖아.

김비혼 : _____

벌써 머리가 아프고 피곤하다. 당신은 이런 상황에서 어떻게 대답할 것인가? 매번 하하 웃으며 말을 돌릴 것인가? 그러면 그 사람은 본인이 누군가에게 불편함을 준다는 사실도 모른 채 다음에도 무례를 저지를 것이다. 아니면 다시는 말을 못 꺼내게끔 논리정연하게, 설명해줄 것인가? 물론 그렇게 하면 속은 시원할 수 있다. 하지만 우리가 살고 있는 한국 사회의 대화 특성상, 그러면 10번 중 7~8번은 분위기가 안 좋아지며 열심히 대답한 나를 예민한 사람으로 몰고 갈 확률이 높다. 이럴 때는 받은 질문을 그대로 되돌려 다시 질문하는 방법을 추천한다. 이는 단순히 방어하기엔 답답하고 반격을 하기엔 사회생활이 걸려 있어 힘든 이들에게 좋은 수단이다. 그럼 질문을 사용하여 다시 한 번 사례들을 살펴보자.

[사례1]

김얄밉 : 결혼 안 한다던 사람들이 꼭 먼저 가더라고요~

김비혼 : 더 나이 먹어도 결혼할 생각 없어요.

김얄밉 : 비혼 씨가 아직 좋은 사람을 안 만나봐서 그래요. 아직 어려서 세상 물정을 몰라서 그러나?

김비혼 : 좋은 사람은 어떤 사람이에요? / 얄밉 씨 배우자는 그 정

도로 좋은 사람인가 봐요? / (결혼을 안 한 상대라면) 얄밉씨는 그런 사람 만나려고 기다리는 중이에요?

[사례2]

박오지랖 : 가족이 최고지! 그러니 얼른 결혼해.

김비혼 : 전 결혼 생각 없어요.

박오지랖 : 아니, 나중에 늙고 병들어서 가족도 없으면 고독사해! 배우자가 있고 자식이 있어야 돌봐주지!

김비혼 : 오지랖 씨 주변엔 배우자가 아플 때 극진히 간호해주는 경우가 많나요? (실제로는 배우자가 중병에 걸리면 이혼율이 높아진다.)

[사례3]

이헛소리 : 비혼 씨, 진짜 결혼 생각 없어?

김비혼 : 네.

이헛소리 : 요즘 혼자 사는 사람들 너무 이기적이야. 자기만 잘살려고. 세금 혜택은 다 가져가고. 나중에 우리 애가 독거노인들 먹여 살려야 하잖아.

김비혼 : 1인 가구가 세금 혜택을 많이 받아요? 어떤 혜택이요?

어떤가. '에이 뭐야 일침까지는 아니더라도 이거 너무 시시한 거 아닌가요?'라는 생각이 들 수도 있다. 하지만 일상생활에서 어떻게 매번 일침을 날리겠는가. 현실적으로 어렵기 때문에 흔히 말하는 '사이다 썰(속 시원하게 대처하는 사람들의 일화)'이 큰 인기를 얻는 것 아닐까? 처음에는 상대가 이를 악물고 질문에 대답할 수는 있겠지만, 매번 무례한 말을 할 때마다 대답하기는 어려울 것이다. 차츰 상대가 나에게 무례한 말을 던지는 횟수를 줄이는 것이 우리의 목적이니 꾸준히 되물음을 던져보자.

누군가가 "혹시 비혼이야?"라고 묻기 전까지 굳이 내가 비혼주의자, 비혼인임을 떠들고 다닐 필요는 없다. 그냥 나라는 사람은 비혼을 선택한 한 사람이다. 내 삶의 방향과 방식에 대해 타인에게 증명하며 살아갈 필요는 없다. 중요한 지점은 숨기는 것이 아니라 굳이 말할 필요가 없다는 점이다. 긁어 부스럼 만들 필요 없다는 말도 있지 않은가? 상대방의 견해를 전혀 받아들일 수 없는 이에게 계속 내 삶의 방향을 이해시키고, 또 그 과정에서 말하는 나까지 스트레스를 받는다면 이것은 대체 누구를 위한 것이겠는가. 만약 이런 과정을 반복하고 있다면 내가 왜 계속 상대를 이해시키고 싶은 것인지, 그의 말에 왜 계속 기분이 나쁜 것인지 생각해볼 필요가 있다. 삶에서 가치관이 체화되어 드러나는 자연스러운 행동과, 매 삶에서 시시각각 타인에게 증명하고 인정받는 행동은 아주 다르다.

그리고 누군가가 '결혼을 왜 안 하냐?', '결혼의 즐거움을 모른다'와 같은 이야기를 한다면 지금 자신의 삶을 솔직하게 보여주면 그만이다. '나는 지금 기대하고 꿈꾸는 삶이 더 멋있어서 지금은 이 삶에 충실히 임하려고 한다'라거나 '지금 하고 있는 일이 너무 재밌고 주변에 좋은 친구들도 많아서 혼자 사는 것만으로 충분히 즐겁고 바쁘다'라고 해도 좋다. 그런데도 '나중에 외롭지 않겠냐'라고 묻는다면 앞에서 고찰해봤던 내용을 말해주거나 상대에게 '결혼하면 외로운 게 전부 사라지느냐'고 되물어보자. 모든 것은 결국 그 사람의 편견에서 시작되기 때문에 내가 답을 주려고 하기보단 질문을 되물음으로써 그 사람에게 생각할 거리를 주는 게 좋다. 물론 생각할 거리를 계속 던져줘도 눈치 없이 혹은 생각하고 싶지 않아서 등의 이유로 끊임없이 나를 괴롭히는 이들도 있을 것이다. 그렇다면 때로는 효율성을 추구하여 이기는 대화보다는 경제적인 대화를 하자. 어느 정도 흘려들으며 무시하는 것이다. 사실 그들도 그동안 살아왔던 관성에 젖어 결혼해야만 행복하고 결혼을 해야만 사회 구성원 구실을 하는 것이란 생각에서 헤어 나오지 못하는 것일 수 있다. '저 사람은 저렇구나'라고 여기고 홀홀 털어버리자.

가장 중요한 건 사회의 편견 어린 시선과 잣대 속에서 이 모든 생각이 정말 거짓 없이, 꾸밈없이 나와야 한다는 점이다. 그러기 위해서는 내가 나를 잘 알고 있어야 하고 나의 모든 것들을 이해하고 받아들일 수 있어야 한다. 그래야만 내 안에 확고한 중심이 서기 때문이다. 비혼인으로 살아가고 있거나 비혼을 결심했거나 비혼을 고민하고 있는, 당신 스스로가 본인의 선택에 자신감을 가져야 한다. 자신을 믿자. 자신감을 가지자. 그리고 스스로에게 관대해지자.

단호함이 필요한 순간은 타인이 나의 선을 침범하려고 할 때다. 나의 기분을 좌지우지하고 내 삶을 판단할 권리를 타인에게 넘겨주지 말자. 내 삶의 주인은 나다.

エ
ピ
ロ
グ

그리고 그들은 행복하게 살았습니다

책을 찬찬히 읽으며 여기까지 왔다면 분명 느꼈으리라. 이 책은
사회가 비혼을 어떻게 규정하고 있는지에 대한 거시적 관점에서
시작하여, 비혼인으로 살아가는 개개인의 이야기를 담은 미시적
관점으로 점차 좁혀 들어가는 구성으로 집필되었다.

　Part 1에서는 비혼에 대한 거시적인 측면들을 다루었다. 대표
적으로 비혼에 대한 사회적 인식을 다뤘고 흔히 혼용하는 미혼·비
혼의 개념에 대해 고찰해보았다. 이를 통해 비혼이란 것이 단순히
결혼을 하지 않은 상태를 지칭하는 게 아니라, 능동적으로 선택하
여 내 삶을 온전히 홀로 일구어 나가겠다는 의지임을 알 수 있었다.
비혼을 다짐한 당신은 망망대해에 홀로 남겨진 외로운 부표가 아
니다. 이는 세계적으로 결혼을 하지 않는 이들의 증가와 그들에게
주목하며 발 빠르게 움직이고 있는 정책, 그리고 사회 문화 속 미디
어 등의 흐름으로 충분히 입증되고 있다.

Part 2에서는 사회적 측면에서 좀 더 범위를 좁혀 비혼을 선언한 개인에게 초점을 맞춰 내 삶의 가능성을 찾는 방법에 대해 알아보았다. 책의 시작에서 'WHY'라는 질문들을 던졌다면 Part 2에서는 이 질문을 통해 사회적 규범들의 모순을 파악하고, 비혼이기에 더욱 집중할 수 있는 것들을 찾아냈다. 사회적 인식과 미래에 대한 불안으로 작아진 이들을 위한 잠재력과 자신감 등의 이야기가 이에 해당한다.

Part 3에서는 앞서 알아본 내용들을 바탕으로 혼자서도 잘살기 위해 필요한 것은 무엇이고, 그것들을 어떻게 만들어낼 수 있을지에 대해 다뤘다. 특히 결혼하지 않는 삶을 선택은 했지만, 이제 어떻게 살아야 할지 막막했던 이들을 위한 실질적인 이야기를 다루려고 노력했다. 꼭 필요한 금전에 대한 것부터 세금, 보험, 부동산, 주거, 운동 등 비혼의 삶에 있어 필수요소를 꼼꼼히 챙겼다. 읽다 보면 '혼자 사는 데 챙길 게 참 많구나, 피곤하다'라는 생각이 들 수도 있다. 하지만 시작이 어려운 법. 이 책이 당신에게 행복한 비혼을 위한 도약의 발판이 되길 바라는 마음으로 썼으니, 그중 무엇이든 가벼운 마음으로 시도해보길 바란다.

Part 4에서는 사회가 이리저리 낙인찍어도 즐겁게 살아갈 수 있음에 집중했다. 개인이 갖고 있는 잠재력과 힘, 그리고 그것을 들여다보고 키울 수 있는 방법과 방향에 대한 이야기다. 외부로는 영향력을 넓혀가고 내면으로는 깊어지며 무르익는 과정을 담으려고 노력했다.

미혼未婚이 아닌 비혼非婚을 주목하는 시대가 되었다. '아직 결혼하지 않은 이'에서 '결혼을 선택하지 않은 이'가 되기까지 힘들고 지지부진한 시간이었다. 아니, 우리는 아직 그 시간을 지나고 있다. 하지만 많은 발전이 있었다. 이제는 미디어 매체에서도 비혼을 살아가고 있는 이들이 자신들을 더는 '언젠가 결혼할 이'라는 틀로 규정짓는 것이 아니라, 본연의 모습으로 자신을 설명할 수 있다. 많은 이들이 자신이 살아가고자 하는 삶을 이제는 외부에서 주입받은 선택지보다 더 많은 선택지 속에서 고를 수 있게 되었다. 이 글을 함께 써낸 공저자 다섯 명도 각자의 역사를 돌아보면, 누군가는 기억나지 않는 순간부터 비혼을 결심했고, 누군가는 사회에서 그렇게 해야 한다니까 따라야 한다고 생각했고, 또 누군가는 결혼은 삶의 당연한 수순이자 기쁨이라 생각했다. 하지만 우리는 각각의 삶을 살아내며 비혼의 삶을 자신의 선택지 목록에 추가하였고 기꺼이 선택하여 멋지게 살아내고 있다.

이 책을 함께 집필한 우리는 비혼인들의 연대와 도약을 위해 뭉쳤다. 처음 우리가 만났던 때를 돌아보면 의욕과 아이디어는 넘쳐났지만, 그것을 어떻게 실행해야 하는지, 기술도, 자본도, 공간도 아무것도 없었다. 그런데도 비혼인이라는 공통점 하나로 비혼인들과 함께하고 싶다는 열망을 원동력 삼아 여기까지 열심히 달려왔다. 서로를 잘 모르던 이들이 모여 손에 잡히지 않는 추상적인 개념의 가치를 좇아 달리는 과정은 생각보다 어려웠다. 우리끼리 농담

식으로 '맨땅의 헤딩'과 '주먹구구'를 합쳐 '맨땅 구구 5인방'이라며 웃었던 일들 뒤에는, 수많은 노력과 어려움이 있었다. 그럼에도 즐거웠다. 그 과정들을 헤쳐나가며 서로를 많이 이해하고 맞출 수 있게 되었다. 이제는 우리가 '맨땅 구구'보다는 삐거덕거려도 꽤 잘 굴러가는 자전거쯤으로 진화했다. 우리는 모두 본업을 갖고 있는 상태로 시작했고, 여전히 투잡, 쓰리잡의 형태로 공동체를 운영하고 있는지라 얼굴을 마주치면 일 얘기만으로도 항상 빠듯하다. 하지만 그 속에서 이해하고 맞춰가는 과정을 차곡차곡 쌓으며 어느샌가 서로의 든든한 지지자이자 울타리가 되었다.

처음 출판 제의를 받았을 때는 공동체를 기획하던 순간처럼 즐거움과 기대가 가득했다. 비혼에 대한 긍정적인 인식을 널리 퍼뜨리고, 비혼을 아직 고민하고 있는 이들에게 우리처럼 즐겁게 잘살 수 있음을 알려주고 싶었다. 외롭게 홀로 버티고 있을 이들에게도 책을 통해 손을 내밀고 싶었다. 누군가에게는 용기를, 누군가에게는 위로를 주고 싶다는 마음에 선뜻 시작했던 일은 이제 와 고백하자면 꽤, 힘들었다. 앞서 말했듯 모두 본업이 있는 상태에서 시간을 쪼개 공동체 일을 하고 있었고 5인 모두 글을 쓰는 전문인도 아니었다. 각자가 공동체에서 만들고 있는 잡지를 통해 글을 기고하거나, 개인 플랫폼을 통해 이야기를 생산하고는 있었지만 그것과 책 한 권을 완성하는 일은 전혀 다른 차원이었다. 책 한 권이라는 긴 호흡과 5명이 함께 머리를 맞대어 글을 잇는다는 것은 새로운 도전이었다. 하지만 꼭 필요했던 값지고 의미 있는 시간이었다. 책을 집필하는 과정을 통해 비혼의 삶에 대해 다각도로 깊이 있게 공부할 수 있었고, 이 책의 핵심 주제인 '함께하는 힘'에 대해 정말 마음 깊이 느낄 수 있었다. 서로가 없었더라면 절대 완주하지 못했을 일이다.

책 제목처럼 각각의 영역을 최대한 즐겁게 다루고자 했다. 비혼의 삶에 있어서 꼭 다뤄야 할 부분들을 추리려니 삶의 전반적인 영역을 다루었는데도 남은 말이 많아 아쉽다. 비혼을 대표하듯 말했지만, 우리도 그저 이 사회에서 비혼인으로 살고 있는 개개인이다. 현시대를 함께 살아가고 있고, 또 살아내고 있는 수많은 비혼인들 덕분에 이렇게 비혼에 대한 책을 만들 수 있었다. 공동체를 운영하면서도 항상 잊지 않으려는 점은, 우리는 비혼인들의 이야기를 전달하는 사람이라는 것이다. 앞으로도 많은 비혼인들이 눈치 보지 않으며 좀 더 당당하게 사회 구성원으로서 존중받고, 본인들의 몫을 놓치지 않고 누리는 삶을 살아가길 바란다. 시대가 바뀔 때마다 이상적인 삶의 형태와 가족의 형태가 바뀌듯, 지금 우리가 선택한 이 길도 현시대를 잘 살아내고자 고른 하나의 선택이라 믿는다.

마지막 부분에는 '나에게 쓰는 편지'가 수록되어 있다. 앞서 감정을 다루고, 나를 알아가는 것을 강조했던 것처럼 우리에게는 우리 자신을 스스로 잘 돌보고 알아주는 과정이 계속 필요하다. 이러한 필요에 의해 '나에게 쓰는 편지'를 싣게 되었으니, '어딘가 있는 비혼인 친구들은 이렇게 살아가고 있고, 이렇게 살아가길 원하는

구나'라고 생각하며 친구의 편지를 본다는 마음으로 읽어주시길 바란다. 그리고 자신에게 보내는 편지 칸도 마련했으니 부디 적어보고 오래 간직해주길.

비혼의 삶은 과거에도 꾸준히 있었을 것이다. 하지만 많은 이들이 조명되지 못해서, 기록되지 못한 채 사라졌다. 우리는 '우리 같은 비혼인들이 여기 있노라'라는 마음으로 글을 썼다. 망망대해 속 개인으로 떨어져 있던 비혼인들이 이런 계기를 통해 서로가 연결되어 있고 함께하고 있음을 느끼길 바란다. 우리의 삶도, 당신의 삶도 선택하던 그때 그 마음으로 항상 행복하고 건강하길.

비혼을 살아가는 나에게

나리

다양한 사람들과 함께 너의 길을 가고 있을 미래의 나에게

정확히 얼마나 먼 미래의 너에게 이 편지를 작성해야 할지 모르겠어서 한참이나 썼다 지웠다를 반복했지만 이거 하나만큼은 강한 확신이 들어. 당장 내일의 내가 되었든, 10년 후의 내가 되었든, 넌 언제 어디서나 네가 하고자 하는 일을 해내고 있을 거란 사실을 말이야. 그리고 분명 그 주위에는 너의 가치를 알고 서로를 소중한 존재로 여겨주는 사람들이 있겠지.

처음 비혼을 다짐했을 때 생각나니? 비혼에 대한 온갖 환상만을 가지고 있던 나의 눈앞에 펼쳐진 현실은 예상보다도 혼자 감내해야 할 일이 너무나 많아 버겁게 느껴졌고, 도저히 넘을 수 없을 것만 같은 높은 장벽들이 미로처럼 날 둘러싸고 있는 것 같아 지독한 무기력증까지 느꼈었지. 비혼이기 때문에 그 모든 걸 혼자서 책임지고 살아가야 한단 생각이 들어 더욱 두려웠던 거야. 그러나 비혼

을 택한 것은 인생에 단 한 명의 짝을 만나는 것이 아닌 여러 명의 동료를 만날 수 있는 결정이었어. 다행히 그 사실을 빨리 깨달았기에 방황하는 시간은 그리 길지 않았지만, 아직까지도 그때의 막연함과 두려웠던 감정들이 이따금씩 떠오르기도 해. 그런 상황 속에서 늘 내 주변에 있으며 나를 밀고 당겨줬던 사람들. 그 사람들 덕분에 용기와 위로를 얻고 당장 가능한 것들을 하나둘씩 도전하다 보니 더욱 다양한 분야의 사람들과 함께하는 즐겁고 새로운 일들의 연속인 삶이 되었어.

물론 너도 알다시피 늘 좋은 일만 있었던 건 아니야. 새로운 시도를 하다 보면 제대로 한걸음 떼보기도 전에 넘어지는 일이 비일비재했고, 잘 가고 있다 생각해도 어느 순간 정신 차리고 보면 완전히 다른 길로 가고 있어 좌절하는 순간들도 많았거든. 이 글을 읽는 너는 아직 내가 겪어 보지 못한 어떠한 경험들로 더 많은 과거를 회상하겠지. 그 많은 도전과 실패의 반복들이 너를 더 현명하고 강인한 사람으로 만들었을 거라 믿어. 가장 중요한 것은 역시, 그럼에도 불구하고 다시 시작할 수 있는 힘을 가진 용기 있는 사람이었다는 거니까. 그 어려운 일들을 혼자 해낸 것이 아닌 소중한 사람들과 함께 해냈을 거란 사실에 이미 넘치도록 행복해.

나이를 먹는다고 해서 뭐든지 완벽할 수 없단 건 지금도 잘 알고 있어. 아무리 완벽주의자를 꿈꾸는 너라도 늘 실수를 하고 실패를 경험하겠지. 그것이 일이 되었든 사람 간의 관계가 되었든 말이야. 너를 가장 잘 아는 나이기에, 미래의 네가 힘든 시기를 지나고 있다면 이런 위로의 말을 건네고 싶어. '우리 조금만 쉬었다가 다시 가자' 대신 조금만이야. 너무 오래 쉬어버리면 끝도 없는 무기력증으로 빠진다는 사실을 늘 명심해야 해. 그러니 우리 적당히 쉬었다가 다시금 발을 내딛자. 또 다른 부정적인 것들에게 발목 잡히기 전에, 너를 기다려주는 사람들이 있는 곳으로 나아가자. 힘들 때나 행복할 때나 늘 곁에 있어 주는 사람들에 대한 소중함을 잊지 말자. 비혼의 삶을 살아가며 나의 가능성이 더 늘어날 수 있었던 것은 나와 함께 발 맞춰준 사람들로 인해 가능했다는 걸 잊지 말자. 이건 지금의 나에게 하는 말이기도 해.

네가 살아가는 동안 많은 사람들에게 영감을 받고 위로와 용기를 얻듯이, 너 또한 누군가에게 긍정적인 영향을 끼칠 수 있는 사람이 되기를 진심으로 바라고 응원할게. 언제나 당당한 너로 살아가기를 바라며, 나 또한 그런 너를 떳떳이 마주할 수 있도록 노력하며 살게. 우리 곧 웃으면서 보자.

언젠가 이 책을 들춰볼 너에게

내가 나에게 편지를 마지막으로 썼던 건 언제였을까? 기억이 잘 나지 않는 걸 보면 그리 가까운 시일은 아니었을 거라 생각해. 남들이 보는 내 직업적 이미지와는 다르게 나는 나에게 쓰는 편지가 아직도 참 어색해. 타인에게는 술술 나오는 말과 애정이 나에게는 가끔 브레이크가 걸린 달까. 그래도 이 책을 다시 펼쳐볼 용기가 생길 즈음이라면 이 편지가 풋풋하면서도 감사하게 다가오지 않을까 싶어.

지난 시간을 돌이켜보면 좋고 싫음이 너무 뚜렷해서 싫어하는 것은 눈길조차 주지 않던 나였는데, 참 이상하게도 비혼을 결심한 후에는 죽도록 싫어하던 것들만 골라서 도전해본 것 같아. 혼자 있는 것을 좋아하고, 공동 작업은 너무 힘들어하는 타입이라 조별 과제가 많은 과 특성을 이기지 못하고 자퇴도 했었고, 친구도 소수로 깊이 사귀는 걸 선호했던 사람인데 공동으로 그것도 다섯 명이, 1년 넘게 일을 함께할 수 있다니 아직도 신기해. 심지어 사람을 많이 만날 수밖에 없는 성격의 일인데 일하는 게 즐겁다니!

우리 다섯 명은 여전히 우당탕탕 치열하게 고민하고 넘어지면서 나아가고 있지만 이젠 그 과정이 좋아. 물론 처음엔 증명해보이고 싶었던 마음도 있었고, 융화되지 못하는 것만 같은 생각에 사로잡혀 과하게 나를 드러냈던 시간도 있었어. 하지만 그럼에도 함께하는 시간을 즐겁게 느끼고, 성장할 수 있었던 건 그런 시행착오를 서로 이해하고 받아주는 환경이었기에 가능하지 않았을까?

이제는 '우정' 더 나아가 '연대'라는 개념이 뭔지 머리가 아닌 마음으로 느낄 수 있어. 훗날 이 편지를 읽게 되는 너도 여전히 너에게 주어진 걸 항상 감사히 생각하고 그들에게 돌려주는 사람이길 바라. 내가 단순히 비혼으로 가치관을 굳히는 것뿐만 아니라 그것을 삶으로 녹여낼 수 있었던 건 주변에 함께해준 소중한 비혼인들 덕분이니까.

불과 2~3년 전까지만 해도 결혼은 고민스러워도, 애는 낳고 싶고, 연애는 할 거라던 나였는데 전혀 다른 삶의 환경과 찬란한 미래를 꿈꾸게 되었다니. 인생은 속단하지 말 것! 이 말을 마음에 새겨두는 데도 때때로 놀랍고 웃겨. 바뀐 내 모습이 신기하기도 하고.

과거의 나는 열심히 달리면서도 어디로 달리는지도 모른 채 항상 숨이 턱 끝에 차서 괴롭다는 생각밖에 못했지만, 그럼에도 포기하지 않고 열심히 달려줬기에 지금의 내가 기회들을 잡고 나아갈 수 있는 거라 생각해. 다시 말하면 지금 내가 갖고 있는 불안과 두려움들도 꾸준히 '지금, 여기서' 할 수 있는 일들을 하다 보면 어느 샌가 내가 이고 지고 있던 짐들을 길 위에 놔두고 온 걸 깨닫지 않을까?

비혼을 결심한 건 분명 긍정적인 계기는 아니었어. 뭔가를 많이 포기하고 체념한다고 생각했지. 그럼에도 해야겠다고 느꼈기 때문에 했지만 말이야. 하지만 짧은 1~2년을 돌아보면 비혼의 삶이란 포기도, 체념도 아니었어. 1:1의 관계에서 끊임없이 갈구했지만 채워지지 않던 애정과 충만함을 이제는 가끔 느껴. (항상 느낀다는 거 짓말은 못하겠다. 이걸 다시 읽을 즈음엔 좀 더 많이 느끼고 있겠지?)

인생은 언제 어디로 튈지 모르는 모험이지만, 하나 확실한 건 이 연대와 애정을 잊지 말고 주변에도 나누는 사람이 되었으면 한다는 거. 그거 하나야. 믿을게. 때로는 너무 많이 쉬고, 가라앉아 있기도 하지만 그럼에도 다시 일어나서 툭툭 털고 한 발을 내딛는 너를 응원해. 건강하렴, 몸과 마음 모두.

비혼으로 살아가고 있을 미래의 예닮에게

미래의 내가 어떤 삶을 살고 있을지, 자본은 얼마나 모았는지, 삶의 형태는 어떠한지 아무것도 예상할 수 없다. 물론 바라는 모습은 있지만, 비혼으로 살아가는 삶은 너무나 많은 가능성으로 넘쳐나기에 쉽게 추측되지 않는다. 하지만 '비혼' 하나는 확실하기에 어떻게든 잘 살아가고 있으리라 믿어 의심치 않는다. 미래의 내가 결혼을 했을 거라는 걱정은 되지 않는다. '이런 책까지 썼는데'라서가 아니라, 아무리 마음이 약해지고 상황이 어렵고 경제적으로 힘들어도 자력으로 일어서려고 하지 결혼으로 도피해 그것을 극복이라 스스로 위로하진 않을 거라는 걸 누구보다 잘 알기 때문이다. 그렇지? 그렇다고 해.

이 편지를 보고 있을 미래의 나에게 가장 먼저 해주고 싶은 말은 '지금까지 살아오느라 수고했어'라는 말이다. 특별하지 않고 어쩌면 뻔한 말이지만 쉼 없이 달려온 이들에겐 생각보다 위로가 되는 말이다. 20대의 나는 그렇게 느꼈다. 30대의 나, 40대의 나, 그 이후의 나도 본질은 달라지지 않으리라. 그러니 자신에게 위로를 받았으면 좋겠다.

미래의 나는 많이 단단해졌을까? 지금도 물렁하다고 생각하진 않지만 지금은 수중에 집도 절도 아무것도 가진 게 없으니, 미래에는 자기만의 방과 자본을 기반으로 한 단단한 나였으면 좋겠다. 그렇다. 미래의 나에게 바라는 건 수중에 잡히는, 눈에 보이는 자본. 내 한 몸 누일 공간이 있었으면 하는 작지만 쉽지 않은 바람. 비혼에게 가장 중요한 건 역시 경제력이니까.

미래에는 지금 하려는 일을 여전히 하고 있을지도 궁금하다. 하려는 분야에서 열심히 일하고 있을지, 새로운 재능을 찾아 다른 분야로 이직했을지, 아니면 에미프를 본업으로 하고 있을지. 결혼, 임신, 출산, 육아 사회가 정해놓은 길에서 눈을 돌리니, 수많은 가능성, 수많은 길을 볼 수 있었다. 나에게 주어진 길이 하나뿐이 아니라는 것. 내 삶의 모습이 한 가지로 정해지지 않아서, 많은 모습을 상상할 수 있는 건 좋은 일이다. 그때도 여전히 고민하고 있을까? 그래도 나쁘지 않다고 생각한다. 뭘 해도 시작하기 늦은 나이란 없잖아.

미래에 에미프는 어떤 의미로 존재하고 있을까? 비혼의 의미가 옅어져서 에미프라는 공동체가 필요 없어지진 않을까? 이런 바람은 너무 낙관적인 생각일까? 죽기 전까지 비혼이 삶의 형태 중 하나로 존중받을 수 있을까? 비혼이라고 했을 때 밑도 끝도 없는 인신공격이 그때는 없을까? 없기를 바라며, 에미프를 하고 지금 이 책도 쓰는 것이니까. 에미프가 어떤 모습이든 에미프에서 만난 비혼여성들과는 서로를 응원하며 함께 삶의 모습을 구축해 나가고 싶다. 함께하는 것이 얼마나 큰 시너지 효과를 내는지 이미 경험했기 때문에 그 소중함을 놓지 못할 것이다.

이래저래 치열한 삶이 되겠다. 세상의 여러 가지 것들이 끊임없이 피로하게 할 것이다. 그러고 싶지 않아도 아마 그렇겠지. 하지만 그만큼 즐거운 삶일 것이다. 삶의 모습을 내 맘대로 만들어갈 수 있는 이 당연한 선택이 당연하지 못한 사회에 살고 있으니까. 부디 잘 살고 잘 살아남길 바랄 뿐이다. 그리고 패기 넘치던 과거의 예닮을 너무 많이 비웃지는 않기를.

잘 지내고 있니.

비혼을 굳게 다짐했던 그날로부터, 그리고 비혼인들의 연대를 위한 삶을 살겠다고 말한 날로부터 얼마나 시간이 지났을까. 주변환경이 바뀌고, 주변 사람들이 바뀌고, 만나는 사람들의 범주가 달라지면서 겪었던 혼란들이 이제 좀 잠잠해졌을까. 폭풍처럼 몰아치던 질문들을 더 이상은 하지 않는 그런 세상에서 살고 있니. 네가 싸우려고 비혼을 선택한 건 아니었는데. 사람들은 나한테 왜 이렇게 세상에 불만이 많냐고 물었잖아. 도대체 뭐가 부족하기에 왜 너 하고 싶은 대로만 하고 살려고 하냐고 물었잖아. 이젠 더 이상 그런 질문을 받지 않고 살고 있는 거야? 그랬으면 좋겠다. 너의 삶은 안녕했으면 좋겠어.

가장 궁금한 건 너, 지금 즐겁게 살고 있니. 힘들게 달리다가 쉬고 싶을 땐 잠시 쉬어갈 수 있는 삶을 살고 있니. 너를 좋아하는 사람들에게 더 관심 갖고 잘해주면서 지내고 있니. 이 질문을 보고 너의 기억 속에 떠오르는 그 얼굴들 중엔 함께해서 즐거웠던 사람들이 더 많기를 바랄게. 어쩌면 어제 아니면 오늘 만났을지도 모르는 그 친구들과 동료들의 소중함을 아는 나날이 오래 지속되는 삶 위에 네가 있을 거라고 믿어. 일 년에 한 명. 너처럼 살고 싶다는 친구들은 아직도 네 옆에서 소중한 삶의 동료가 되어주고 있니. 나랑 약속했잖아. 결국 나그네의 옷을 벗긴 해의 햇빛처럼, 내가 나아가는 삶의 방향이 멋있고 즐거워보여서 너처럼 살아야겠다는 사람들을 만들어가겠다고. 적어도 일 년에 한 명. 너랑 나란히 서 있음을 후회하지 않는 그런 친구들과 함께하는 삶을 살겠다고. 말보다 행동으로, 신뢰관계를 쌓아나가는 건강한 관계를 맺으며 살아야겠다고.

불안했지. 홀로서기라는 당연하지만 낯선 그 단어 앞에서 고민도 많이 했었잖아. 사람을 좋아하고 관계 맺는 걸 좋아했지 넌. 그래서 한 사람과의 영원을 약속하는 것보다 다수와의 교류를 더 선호했었어. 그런데 1:1의 관계에서 필연적으로 생기는 '배타적 이기심을 가져도 되는 대상'이 없다는 공허함에 한참을 방황하기도 했던 거 기억나? 무얼 해도 이상하지 않은 사이에서, 무언가를 하는 게 이상한 사이가 되는 그런 관계 맺기에서 온전히 벗어나는 게 쉽지 않았지만 이제는 좀 익숙해졌니. '단 둘'의 관계를 벗어나자 만나게 된 '우리'는 굉장히 넓은 범위를 포함했고 그런 즐거움이 여전히 너와 함께하고 있겠지. 더 이상 네가 불안을 느끼며 살아가지 않고 있는 것 같아서 나도 뿌듯해.

지쳤었을 거야. 네가 달리던 그 길 어디에선가. 하지만 멈추고 싶었던 그 순간들을 무사히 지났음을 축하할게. 그냥 너는 네가 선택한 삶을 행복하게 살고 싶었을 뿐인데, 편견 어린 시선과 마주해야 했지. 자신의 선입견을 입 밖으로 꺼내는 게 너무 쉬운 사람들 때문에 골머리를 싸매기도 했었잖아. 그때마다 관두지도 못 하고, 그렇다고 하염없이 앞으로 내달릴 힘도 없고 그저 지나온 길을 보며 말없이 속도를 줄여보던 그 순간들이 주마등처럼 스쳐가네. 그래도 나는 알아. 달리다 보면 지칠 수도 있지 하고 어렴풋 웃어보였을 너의 미소가 보인다. 지나고 보면 별것 아니었을 것들 때문에 너 너무 힘들었잖아. 하지만 결국은 네가 생각하는 대로, 네가 하고 싶은 대로 넌 살았고 그 모습이 멋진 거 너도 알지? 나는 그런 너의 모습이 너무 든든했어.

오늘은 어떤 모험을 끝마치고 나를 만나러 왔니. 지금도 폭풍 같은 아이디어를 벌여놓고 수습하느라 정신없는 삶을 살고 있겠지. 멋진 걸음 잘 걷느라 고생했어. 조금 덜 멋있어도 되고, 꼭 잘 걷지 않아도 되는데 넌 참 항상 멋지게 앞으로 나아가더라. 넌 여유 있는 사람이 되고 싶다고 했지. 품위 있고 품격 있는 삶은 여유로움에서 오는 거라는 할머니의 가르침을 5살 때부터 되뇌면서 살아왔잖아. 그런데 너 그거 알아? 나 오늘 깜짝 놀랐어. 왜냐고? 지금 네 표정 너무 행복해 보이거든. 네가 가지고 싶던 그 여유가 묻은 네 얼굴 정말 좋아 보여. "정말?"이라고 묻고 싶지. 거울을 한번 봐. 깊은 눈동자 끝에 어려 있는 네 모습. 정말 멋있고 사랑스럽다. 아, 나 이제 갈게. 너무 오랜 시간 너의 추억을 붙잡아뒀나 봐. 오늘은 여기까지. 하지만 언제든 내가 보고 싶으면 또 찾아와. 그날의 넌 어떤 모습일지 기대가 된다. 잘 지내.

현지

홀로 걷기를 선택한 너에게

안녕. 지금의 너는 어디서 이 편지를 읽고 있을까? 그 어디서, 그 어떤 삶을 살고 있을지 모르겠으나 어쨌든 너는 지금과는 틀림없이 또 다른 매일을 견뎌내리라.

우선 편지를 쓰고 있는 2020년을 기준으로 짧은 나의 생애를 요약하자면, 나는 참으로 요령이 없는 사람이다. 달려야 할 때면 숨이 튀어나올 만큼 사력을 다하고, 멈추어야 할 때면 그 자리에서 죽어 버렸다. 철없는 아이의 시기일까, 아니면 고유한 나의 특성일까. 지인들과 우스갯소리로 주고받는 '중간이 없다'라는 나를 규제하는 말이 새빨간 거짓만은 아닐 것이다. 그저, 너는 모든 일에 전력을 다했다.

사람 일에도 마찬가지다. 아주 어린 시절부터 너는 인간관계에 있어서도 중간이 없었다. 사람을 믿지 않거나, 혹은 너무 믿어서 문제가 되었다. 수많은 일들이 너를 울렸다. 사람을 믿어서 벼랑 끝까지 몰린 적도 있었고 사람을 믿지 않아서 힐난을 받은 적도 있었다. 그러나 잊지 말아야 할 사실은 그럼에도 너는 이 삶을 나아가야 한다는 점이다. 지금의 상처는 너를 다듬기 위해 밀렸다 빠져나갈 하나의 파도일 뿐. 유리 조각은 수십 년간 파도에 부서지면 아름다운 조각돌이 된다. 이 글을 읽고 있을 때쯤이면 넌 이미 혼자여도 단단하게 눈부신 사람이 되어 있으리라 믿어 의심치 않는다.

어른이 될수록 바람은 거세지고 파도는 높아진다. 미래의 내가 지금처럼 혼자 눈물을 훔치는 일이 없도록, 몰아치는 파도가 너를 삼키려들 때마다 이 글이 나침반이 되었으면 좋겠다. 어디로 가야 할지 도무지 모를 때. 네가 해야 할 일은 곁에 있는 사람들에게 손을 내미는 것. 혼자서 겪는 일은 기억이지만, 여럿이 겪는 일은 추억이 될 수 있다. 30년째 우려먹는 지겨운 무용담이 되어도 좋다. 제발 그만 듣고 싶다 아우성을 쳐도 좋으니 절대로 스스로 잠식되지는 말자. 네게 겨눈 화살은 본래 밖을 겨누기 위해 존재했다.

민중의 잉크도 마르지 않았는데 애늙은이 마냥 세상 다 산 듯 이야기한다고 웃을 수도 있겠다. 혹은 흑역사라며 페이지를 건너 뛸지도 모른다. 그럼에도 네게 이 편지를 전하는 이유는 넌 그만큼 무르지 않은 사람이기 때문이다. 소중한 사람들이 곁에 많아진 건 본인도 그만큼 소중하다는 반증. 충분히 힘내고 있을 네게 힘내라는 말 대신, 수고했다는 말을 전하고 싶다. 차마 형언할 수 없는 수천 가지의 마음을 담아.

나에게 쓰는 편지

참고문헌

단행본

Malcolm Gladwell, 노정태 역, 『아웃라이어』, 경기: 김영사, 2009.

A. V. Woolf, 정윤조 역, 『자기만의 방』, 서울: (주)문예출판사, 2011.

Pierre Bourdieu, *La distinction: Critique sociale du jugemmt*, Paris:Les Editions de Minuit, 1979.

현진건, 『술 권하는 사회 외』, 서울: 지식의숲, 2013

학술지

박혜선, 하미경, 「코하우징 유형별 특징 및 선호에 관한 연구 -건축적 특성에 의한 분류를 중심으로」(한국디자인지식학회, 2013), 27, 33-42쪽.

최정신, 조재순, 「스웨덴 +40코하우징 주민의 1인가구여부 및 여성1인가구여부에 따른 코하우징 삶의 차이」(스칸디나비아 연구, 2018), 21, 119-164쪽.

Mark Granovetter, The Strength of Weak Ties: A Network Theory Revisited, Sociological Theory, 1983, p1, pp201-233.

우해봉, 「혼인 이행과 생애 비혼의 동향과 특징」(KOSTAT 통계플러스, 봄호), 2020.

통계청, 「인구총조사에 나타난 1인 가구의 현황 및 특성」, 2018.

학위논문

김현지, 「우울증 성인여성의 미술치료 체험연구」(석사학위논문. 서울여자대학교 특수치료전문대학원, 2019)

이진주, 「우울증상 감소 및 행복증진을 위한 수용적 긍정심리치료 프로그램 개발 및 효과 검증」(석사학위논문. 아주대학교 대학원, 2012)

웹 사이트

건강보험 심사평가원 https://www.hira.or.kr/

다음소프트 https://some.co.kr/

세종시 홈페이지 https://www.sejong.go.kr/

엠브레인 트렌드모니터 https://www.trendmonitor.co.kr/tmweb/trend/allTrend/detail.do?bIdx
=1779&code=0401&trendType=CKOREA

유럽연합통계청 https://ec.europa.eu/eurostat/en/web/products-eurostat-news/-/DDN-
20180706-1

음성군 공식 블로그 https://m.blog.naver.com/eumseonggun/220861333613

인구보건복지협회 청년세대의 결혼과 자녀, 행복에 대한 생각, 2019

진주시 홈페이지 http://www.jinju.go.kr/00135/01112/01473.web?amode=view&gcode=2144&i
dx=10588907

Our world in data http://ourworldindata.org

기사

양사록, 서울경제, "'아자르'·'아만다'를 아세요? 매년 2배로 크는 '데이팅 앱' 시장"(https://
m.sedaily.com/NewsView/1S28HDTBEU/;#_enliple) 2020. 02. 18.

BBC 코리아, "외로움에 대한 5가지 놀라운 사실"(https://www.bbc.com/korean/news-
45696844), 2020. 03. 05.

Joseph Chamie, Inter press service, "The Rise of One-Person Households", (http://www.
ipsnews.net/2017/02/the-rise-of-one-person-households/), 2017.02.22.

비×혼×수×업